草の根歴史学ギャラリー

〈カラー図版1　鏡天神〉

学問の神さま、菅原道真《すがわらのみちざね》を描いた一幅《いっぷく》の絵画が、金沢市の西方に広がる寺町寺院群の一角でひっそりと伝えられていた。「鏡天神」。この絵の制作は、列島に伝存する天神像のなかでも最古に属する一五世紀前半にまでさかのぼる。両目を見開き、前歯で唇をかみしめて泰然と座す怒れる天神。この絵は、いつ、どこで、だれによって制作されたのか。知られざる天神像の歴史がいま明らかになる。

（→第一部第一章「鎌倉公方の天神像」をお読み下さい。）

〔カラー図版2　鬼子母神像〕

木造鬼子母神像《きしぼじん》。唐服をまとった等身の女神は、左に乳飲み子を抱き、右手に石榴《ざくろ》をとる。かつて小松城天守にまつられ、城主丹羽長重《にわながしげ》からのちの加賀藩主前田利常《まえだとしつね》の手にわたったと伝えられる。その来歴の向こうには、利常の実母寿福院《じゅふくいん》の影がちらつく。金沢市の東方に連なる卯辰山《うたつやま》寺院群で、今も母なる神が優しい微笑みをたたえている。

（→第一部第四章「前田利常の鬼子母神」をお読み下さい。）

〈カラー図版3　溝口勝政像〉

越後新発田《しばた》藩祖溝口《みぞぐち》秀勝《ひでかつ》の父、勝政《かつまさ》の肖像画。白の肌着に赤茶地の下着を重ね、紺の長直垂《ながひたたれ》の胸には「溝口菱」の家紋があしらわれている。この絵を描いたのは、一八世紀半ばに傍系から七代藩主の座についた稀代の文芸君主、溝口直温《なおあつ》であった。肖像画は、ただ鑑賞するためにつくられたわけではない。一二代、約二七〇年にわたって新発田の地に君臨しつづけた溝口家の願いを読み解く。

（↓第一部第五章「新発田藩主の肖像画」をお読み下さい。）

〈カラー図版4　溝口直養像〉

新発田藩八代藩主溝口直養《なおやす》の肖像画。歴代藩主像のなかでもひときわ繊細な筆致で描き込まれたこの絵は、当時隆盛をきわめていた江戸幕府御用絵師、木挽町《こびきちょう》狩野家の当主養川院惟信《ようせんいんこれのぶ》によって描かれた。そこには、お家騒動の渦中で病死した実弟への思いをかかえながら、福祉政策や学問振興などの藩政改革をなしとげた中興の祖・直養の最晩年の姿が仄《ほの》見《み》える。

（→第一部第五章「新発田藩主の肖像画」をお読み下さい。）

草の根歴史学の未来をどう作るか

これからの地域史研究のために

黒田智
吉岡由哲［編］

文学通信

装丁・本文デザイン＝岡田圭介・西内友美

第一部　絵画史料を読む

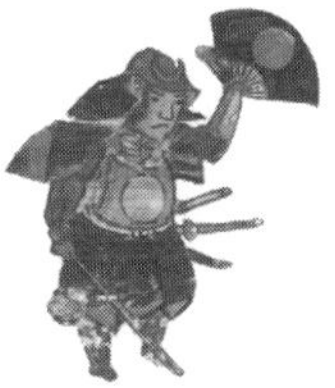

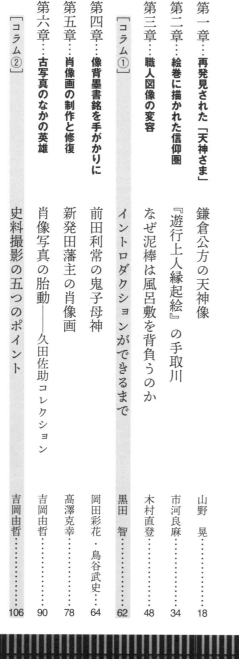

カット・絵馬（鵜川菅原神社蔵）

草の根歴史学の未来へ

❖黒田　智

〈史料学の時代〉の歴史学

二一世紀の歴史学は、設計図を見失っている。かつての歴史学の巨人たちの多くが鬼籍に入り、近代化という「大きな物語（グランドセオリー）」の終焉がさけばれ、言語論的転回以降の物語り論からの攻勢にさらされ続けている。日本の歴史学者たちは膨大な史料の森に迷い込み、おのおのがより細分化されたテーマの個別実証研究に忙しく、そこここで無手勝流の森なき植樹をくり返してきたようにさえみえる。▼注[1]

それでも、こうした史料への埋没は、あらゆるものに歴史をみようとする八〇年代の社会史の落とし種でもあり、歴史学における〈史料学の時代〉への扉を押し開くことになった。ここ三〇年ほどの歴史学では、古文書・古記録のみならず、石造物や木簡・木札・埋蔵文化財・絵画・地名・景観といった多様な対象へとその関心を広げ、さまざまな方法論が模索されてきた。古文書・古記録への偏愛から多少なりとも解放された新しい歴史研究は、乱雑で一筋縄ではない、データベース化された新しい歴史像を構築してゆく可能性を秘めている。

史料学的冒険と開拓を進めてきたのは歴史学だけではない。ほぼ同時期に文学、美術史、芸能史、宗教思想、民俗学といったさまざまな分野で進展をみている。歴史学とこれらの隣接諸分野とが相互に多大な影響を与えつつあり、その境界はますますあいまいになりつつある。周囲にそびえていた縦割りの学問の垣根はより低く薄く、透明なものになりつつあり、此岸と彼岸をへだてているのは小川か伏流にすぎず、両者はさしたる違いをもってはいないかのようにさえみえる。こうした史料学的開拓を押し進める諸分野の学際的協同は、今後もますます求められてゆくだろう。

既成の学問への脱領域的な問いが、国民国家のごとき単一の物語に還元されない、多様な新しい語りを生み出しつつある。近い将来、ふたたび国家ではなく社会・民衆へ、統合ではなく多元性への、小さくとも新しい設計図を描き直さなくてはならないと考えている。▼注[2] 民衆や境界、マイノリティーといった「小さな歴史」や集合的記憶（長期的持続）を明らかにするために、自由な着想で大胆に挑戦し、研究の沃野を切り拓き、新しい種をまき、独自に大切に育んでゆかなくてはならない。そのひとつの主戦場こそが地域史である。

〈草の根歴史学〉の地域史へ

ところが、近年の地域史研究は危機に瀕している。かつて地域の歴史学は、在野の研究者たちによって担われていた。彼らのほとんどは、地方国立大学出身の高校・中学校の社会科教員であった。郷土史家を任じる在野の研究者たちは、学校教育のかたわらで地域の史料を掘り起こして語り部となり、自治体史の編纂を実質的に担い、博物館や埋蔵文化財センターといった公共の研究機関で史料編纂から史料アーカイブ、講演、観光案内まで、実にマルチな活躍を一手に引き受けていた。しかし、学校現場の多忙化は、教師から地域史研究の芽を着実に摘みとってきた。博物館をめぐる文化行政の効率化・採算化は、学芸員から個人研究のための時間も体力もむしばんできた。

本書は、金沢大学学校教育学類社会科教育専修日本史ゼミ、および同大学院教育学研究科教育実践高度化専攻カリキュラム研究コース（社会科コース）の卒業生・修了生、さらには同大学院人間社会環境研究科の修士・博士後期課程の修了者らが執筆した日本史に関する論文集である。

本書の執筆陣のほとんどは、北陸・東海地域の小・中・高校で学校教育に携わっている現職教員である。彼らは、大学の学部の教員養成課程を修了しただけで、研究職を生業としている者ではない。そして、今もそれぞれの職場で教員として多忙な日々を過ごしている。その仕事の合間を縫うようにして、各自がもっていたテーマにさらなる成果を盛り込み、きわめて高い水準の研究論文をつくり上げた。

本書所収の諸論文が対象とする史料は実に多岐におよんでいる。第一部であつかう絵画史料や第二部でとり上げる寺社の縁起、近世の奇談・怪談のみならず、古文書や帳簿、系図、聖教《しょうぎょう》、天候、地名まで多種多様な史料を射程に入れている。若い執筆者たちがさまざまな史料と格闘して生み出した本書の成果こそは、新しい〈史料学の時代〉の地域史の担い手による〈草の根歴史学〉の胎動といえるであろう。

地域史研究は、たしかに歴史学の未来を切り拓く道なき森のしるべとなるだろう。ほの暗い草陰で風雪にたえながら、豊かな土壌の栄養を吸い上げ、大地に深く根を張る名もなき雑草のように、地域史研究がむせかえるほどの草いきれのなかで新しい風を吹きおこす。地域から新しい史料学を立ち上げ、新しい地域史研究の担い手を作り出してゆく試みを〈草の根歴史学〉とよんでおきたい。▼注[3]

ひとつは、史料学の成果を地域史研究に生かしてゆくこと。地域には、これまで縦割りに区分され、歴史史料としてみなされることのなかった手つかずの史料が膨大に眠っている。急速な過疎化とあいつぐ災害のなかで、これらの多様な史料を再発見し保全しながら、地域の新しい史料学を構築してゆく試みである。

もうひとつは、地域史にかかわる人の輪をつなぎ、広げてゆくこと。新しい人材を育成しながら、ほんの少しだけ地域の歴史文化に興味をもつ人から、歴史を研究することの愉しさを知る人、地域のエキスパートまで、人から人へと地域史の輪を広げてゆく試みである。

そのとき、あらためて学校教員が重要な役割をはたすはずである。本来、学校教員とは、幅広い知識と実践的な教育方法について琢磨されているのみならず、教員自身が深い専門テーマをもち、学問のおもしろさを身をもって語ることができる者であるべきである。それは、教育方法の研究に偏重することなく、たしかな教育内容研究、歴史の探究そのものこそが子どもの心を揺さぶると考え、地域の歴史文化の語り部たる学校教員の養成を実践してきたわたしの職場、金沢大学学校教育学類社会科教育専修の信念でもある。

本書は、大学教育の現場においても、学生の日本史論文の執筆などの際に参考図書となるだろう。各論文がもつ斬新な切り口は、研究視角や方法を見つけるための何らかの糸口になるやもしれない。本書はまた、学術的使命をもつ日本史論文集であるとともに、小学校から大学までの学校教育の現場に還元される教材でもあり、地域に根ざした郷土史研究、地域学習の教材としても活用されることを願っている。これから教師を志す若い人たち、学校教育の現場で悩んでいる教員の方々に、あらためて学ぶこと、教えることの楽しさを実感してもらいたい。さらに、教員養成のあり方、あるべき学校教員像に一石を投じる書となれば望外の幸せである。

絵画史料を読む

「絵画史料を読む」とした**第一部**は、絵画史料・歴史図像から読み解く日本文化史である。

〈史料学の時代〉の一翼をになう絵画史料論は、一九七〇年代末ごろから開始され、絵巻物や肖像画、絵図、懸幅《かけふく》絵画、屏風絵、絵本、写真といった、列島各地に膨大かつ多種多様に現存する図像群を分析・読解する試みが続けられてきた。▼注〔4〕〈カタドラレタ歴史〉の解明は、これまで古文書や古記録によって描き出してきたものとは別種の文化的営為や心性を明らかにするための新しい挑戦である。本書には、中世肖像画や絵巻物から、やがて新メディアの登場とともにマスカルチャー化する職人絵、近代の肖像写真、漫画まで、多様な視覚史料論がちりばめられている。

山野晃「鎌倉《かまくら》公方《くぼう》の天神像」は、一五世紀の関東鎌倉公方のもとで制作された新出の天神像に関する研究である。山野さんは、金沢大学学校教育学類、同大学院教育学研究科を修了して、現在は石川県の小学校教員をしている。コツコツとたしかな成果を積み重ねてゆける研究者気質の人である。大学院に入って金沢市内の菅原道真像の悉皆調査をするなかで、なかば偶然に出会ったのが西方寺の「鏡天神」であった。加越能地域には、まだまだ多くの絵画史料が眠っていることをあらためて実感する。第五八回北陸史学会大会報告（二〇一六年）をもとにしており、関連論文に「中世鎌倉の天神像」（『北陸史学』六六号、二〇一七年）がある。

中世手取川《てどりがわ》流域の信仰圏を考えるのが、**市河良麻「『遊行上人縁起絵』の手取川」**である。室町時代の絵巻物に描かれた時衆一行の渡河を助けた神仏たちの正体を追いながら、この地の白山信仰が時宗という新興の信仰を承認してゆく物語を読み取っている。みずからも手取川扇状地で生まれ育ち、石川県で中学校の教諭をしている市河さんは、バレーボールで鍛えた長身に、気配りの行き届いた繊細な一面を併せもつ。

一六世紀に突如として登場した「蔵回《くらまわり》」と呼ばれる職人の実像に、風呂敷を背負う現代の泥棒の原像を追ったのが、**木村直登「なぜ泥棒は風呂敷を背負うのか」**である。新潟生まれの木村さんは、今では石川県の高校日本史の教員である。三年次の演習でとり上げたテーマを卒業論文にまとめたもので、文学作品から漫画まで執拗な史料の調査収集と博捜をくり返して完成させた力作である。本論文は、『北陸史学』六四号（二〇一五）に掲載された論文「盗賊と古着——『七十一番職人歌合絵』「蔵回」を読む——」に加筆したものである。

金沢市卯辰山麓《うたつさんろく》にある真成寺の木造鬼子母神像を論じたのが、**岡田彩花・鳥谷武史「前田《まえだ》利常《としつね》の鬼子母神」**である。鬼子母神・十羅刹女像《じゅうらせつにょぞう》の像背墨書銘《ぞうはいぼくしょめい》を手がかりに、加賀前田家三代利常と生母寿福院《じゅふくいん》の信仰と伝承をたどっている。現在、岡田さんは愛知県の小学校教員で、成稿にあたって鳥谷武史さんが大幅な修正を加えている。二〇一四年春に行なった金沢真成寺の調査は、同期の学生総出で行なった最初の本格的な寺院調査になった。

髙澤克幸「新発田《しばた》藩主の肖像画」は、越後新発田藩主溝口氏の肖像画論である。歴代藩主肖像画の制作・修復の背景に、藩主溝口家と新発田藩政の歴史を読み解いている。歴史好きで、驚くほど博識の髙澤さんは、現在では新潟県の中学校教員として活躍している。同期の学生たちとはるばる新発田まで調査に出かけたことは思い出深い。

吉岡由哲「肖像写真の胎動――久田佐助《ひさださすけ》コレクション」は、日露戦争前夜にロシア船と衝突、沈没した青函連絡船東海丸の船長であった久田佐助の新発見の古写真をとり上げる。吉岡さんは、名古屋学芸大学で写真を学んだのち、金沢大学大学院教育学研究科にやってきた。当初は郷里の福井県で社会科教諭になる予定であったが、文化財撮影の道を志し、科研をはじめとする内外の各種の研究プロジェクトや学生・院生の調査にも随伴し、歴史史料や文化財の撮影を精力的に行なっている。調査の丁寧なコーディネートと創意工夫に満ちた質の高い撮影技術は、今ではわたしや学生たちの調査研究に不可欠の存在となっている。彼がいなければ、本書が刊行されることもなかっただろう。第五八回北陸史学会大会報告（二〇一六年）をもとにしている。

縁起と奇談の歴史学

本書のもうひとつの柱となるのが、寺社縁起と近世奇談である。

文化や表象・言説をめぐる新しい文化史が生み出され、知《エトス》や心性《マンタリテ》をめぐる研究はめざましい進展をとげつつある。▼注[5] 新しい文化史が対象とする問題群の射程はきわめて広範におよび、その最前線では「人が生きてゆくこと」という倫理的で、根源的な課題に肉薄しつつある。すべての史料は、事実の欠片ではなく、テクストにすぎない。「歴史は物語られる」ことに目を向け、物語る行為を出発点に表象の歴史的変化を浮かび上がらせる。それは、古文書・古記録を一次史料とする実証史学から離れて、偽文書や編纂史料、物語といった主観性やフィクションを認める詩学へと向かう。この〈カタラレタ歴史〉をめぐる研究は、とりわけ環境文化史のなかで目覚ましい成果が蓄積されつつある。

縁起研究や怪異学は、こうした新しい文化史の一翼をになう役割を期待されてもいるのである。寺社縁起の研究は、一九七〇年代後半を嚆矢として、九〇年代に美術史研究や各地の博物館・美術館でもとり上げられるようになった。文学でも早くから説話研究や唱導《しょうどう》・絵解き研究の蓄積があり、歴史学でも古代の資材帳や中世の勧進《かんじん》、近世の由緒論が進展をみて、寺社調査による多様な史料群の再発見や絵画史料論の深化がこれを後押ししている。今や縁起研究は、関連する人文諸分野が協同した総合的研究を推進すべき新しい段階に入っている。▼注[6]

第二部「寺社縁起と奇談」では、縁起に隠された寺社や家の由緒、奇談・怪談のなかで在地社会に語り継がれてきた知られざる歴史を論じている。北陸地域（富山・石川・福井県）は、堀麦水《ほりばくすい》『三州奇談《さんしゅうきだん》』や『咄随筆《はなしずいひつ》』、『北国奇談巡杖記《ほっこくきだんじゅんじょうき》』、『聖城怪談録《せいじょうかいだんろく》』など、全国屈指の近世奇談集・怪談集を伝える地域でもある。これらの物語もまた、新しい地域史を描く格好の素材となることがわかるであろう。

越前の戦国大名朝倉義景がつくった『赤淵大明神《あかぶちだいみょうじん》縁起』を読み解いたはじめての専論が、**木村祐輝「『赤淵大明神縁起』の誕生」**である。義景による一連の縁起制作の背景に、鎌倉将軍源頼朝のイメージが浮かび上がる。研究熱心な木村さんは、現在、福井県の高校の日本史教員として活躍している。本論文は、寺社縁起研究会関東支部第一一七回例会報告（二〇一六年）をもとにしている。

竹内央「大野《おおの》湊《みなと》神社縁起の誕生」は、一七世紀の大野湊神社縁起の成立背景に、ふたつの神主家の争いがあったことを論証している。竹内さんは、金沢大学大学院教育学研究科を修了。笑顔の奥にある情熱は、現在では石川県の小学校教員として子どもたちに注がれている。第五五回北陸史学会大会報告（二〇一四年）をもとにしている。

『三州奇談』を鮮やかに読み解いたのが、**土居佑治「夜の悪鳥・悪獣と女」**である。「応籟《おうらい》」「妖籟《ようらい》」と呼ばれる怪異が、送り狼や空声を発する梟の所業と推測し、謡曲世界と結び合っていることを明らかにしている。史料の読み解きの楽しさ、仕掛けの巧みさを味わっていただきたい。なんでも器用にこなす土居さんは、石川県内の高校で勤務した後、教育コンサルタントとして新しい一歩を踏み出している。

高澤由紀「忘れられた秀郷」は、『北国奇談巡杖記《ほっこくきだんじゅんじょうき》』をはじめ加越国境周辺で語り継がれてきた雨乞い伝承と俵藤太《たわらのとうた》伝説から、この地域に生き続ける藤原秀郷《ふじわらのひでさと》流武士団の痕跡を見いだしている。なんでも呑み込みの早い大西（高澤）さんが、時間をかけて膨大な昔話や伝説、系譜史料を渉猟した労作でもある。

能登半島の付け根に位置する「羽咋《はくい》」の地名伝承の起源を探ったのが、**河合柚「水犬の怪鳥退治——羽咋地名考」**である。気多社縁起《けたしゃえんぎ》の影響を強く受けながらも、怪鳥を退治する三匹の「水犬」の登場が、意外にも一九世紀後半にまでしかさかのぼれないことに驚かされる。また、羽咋の川渡し神事や唐戸山《からとやま》の相撲から、この地で育まれた七夕伝承についても指摘している。羽咋で生まれ育った河合さんは、現在は金沢市内で小学校教員となり、子どもたちとともに日々研鑽を続けている。

鳥谷武史「『江島五巻縁起《えのしまごかんえんぎ》』と仏牙舎利《ぶつげしゃり》請来譚《しょうらいたん》——慈悲上人良真と実朝の夢」は、江島縁起の悉皆的調査と類型化をほどこし、仮名本系が新たに付加した良真《りょうしん》遷宮譚に注目し、源実朝の渡宋計画や仏牙舎利請来譚との関係を探っている。鳥谷さんは、金沢大学人文学類の卒業生で、大学院進学前からわたしの授業の聴講に来て以来、今では吉岡さんとともに欠くことのできない研究仲間となった。ほどなく博士論文としてまとめた中世の弁才天信仰、とりわけ江島弁才天信仰研究の嚆矢となる本格的論考が公表されることになるだろう。

さまざまな歴史史料

「歴史史料の可能性」と題した**第三部**では、上記以外の多様な史料を手がかりに、中近世北陸の地域史をひもといている。

公用銭状と呼ばれる一五世紀後半に膨大に残存する荘園の支出用途を記した帳簿の分析・読解に真正面から立ち向かったのが、**山科建太「能登土田荘公用銭状の研究」**である。多様な文書様式をもち、複雑な支出項目・支出額が羅列されたこれらの帳簿を数量分析した結果、「十五人寄合《じゅうごにんよりあい》」や「神事用途」のなかに村の自立的なはたらきかけを見いだしている。卒論発表会で絶賛されたこの論文を書き上げた山科さんは、土田荘故地である志賀町の出身であり、現在は能登で小学校教員として教壇に立っている。

小川歩美「石動山《せきどうさん》史料と祈雨《きう》の記憶」は、聖教調査を実施した羽咋正覚院に残る水天供関係史料に着目し、中央の大寺院である高野山から地方寺院である石動山へと史料が集積されてゆく歴史的過程をたどっている。小川さんは、金沢大学大学院博士前期課程を修了後、学術資料の保存・活用をすすめる合同会社AMANEの社員として活動している。着実に仕事をこなす若手研究者で、早くから石動山史料や雨宝童子像に着目し、仏教図像や聖教のもつおもしろさを引き出すことに成功している。本論文は、第五九回北陸史学会大会報告（二〇一七年）をもとにしている。

一六世紀末、織田信長亡き後の後継の座を羽柴秀吉と争った柴田勝家は、なぜ賤ヶ岳合戦に敗れたのか。**中山貴寛「賤ヶ岳合戦の雪」**は、その背景に天正一一年（一五八三）の春の大雪の可能性をみる。一六世紀の古記録のなかから春の降雪日数をピックアップして、小品ながら環境史、気候変動論の試みとして貴重である。野球部監督を務める中山さんは、福井県の中学校・高校の社会科教員として校種をこえて活躍している。第五四回五学会連合発表会報告（二〇一四年）をもとにしている。

加護京一郎・黒田智「額氏系図《ぬかしけいず》」を読む――金屋彦四郎《かなやひこしろう》家の記録」は、近世金沢屈指の豪商金屋の系図を丹念にひもといた好論である。一向一揆で倒れた富樫氏を祖先とする一族が、金沢銀座役を務める家柄商人金屋として近世を生き抜く激動の歴史が叙述されている。加護さんは石川県の高校教員で、金沢市額町の出身。自分が生まれ育った土地の歴史をとり上げたいと、長文の系図の読解にいどんだ。成稿にあたって黒田が大幅に改稿している。

林亮太「加賀前田家年寄の後見制――本多政和《ほんだまさかず》を事例に」は、加賀八家と呼ばれる加賀藩年寄の世襲制を存続させるために生み出された後見制という独特のシステムについて論じている。林さんは、わたしの着任以前に金沢大学大学院教育学研究科の修士課程を修了し、金沢市立玉川図書館近世史料館等で勤務するかたわら、博士号を取得した。近世加賀藩の年寄の研究に邁進し、職制論だけではない新しい藩研究を切り拓こうとしている気鋭の若手研究者である。

西田夏希「東山の成立」は、金沢の「東山」という古くて新しい地名を手がかりに、遊郭の盛衰と地名の歴史的変容との関係を丹念に追った論考である。執筆者の西田さんは、わたしが金沢に来てはじめて担当した学生のひとりである。石川県の小学校教員となり、今は特別支援教育の現場で日々、子どもたちと向き合っている。

森石顕「橋本左内《はしもとさない》の建儲《けんちょ》」は、幕末の動乱期に福井藩のイデオローグとして生きた橋本左内の思想をとり上げている。左内の発給文書に登場する膨大な語彙を腑分けして、「建儲」という一風変わった言葉を見つけ出した。本論文は、この「建儲」という言葉に込められた橋本左内の国家構想を読み解いたものである。これも金沢大学で最初に指導した卒業論文で、二〇一一年秋の第五三回北陸史学会大会報告をもとにしている。森石さんは福井県の高校教諭をへて、現在は福井県職員として勤務している。

そのほか、本書にはこれまで地域史研究・歴史教育にたずさわってきた三名を加えて、六本のコラムを収録している。また、各論文の冒頭に短い紹介文を収録している。これは、二〇一八年度金沢大学学校教育学類の開講科目「日本史B」での書評会の成果であり（コラム①参照）、受講した同学類社会科教育専修三年生（当時）と小川歩美さん、大学院人間社会環境研究科博士前期課程の米田結華さんによる執筆である。さらに、本書でとり上げたいくつかのテーマについて簡単なブックガイドを付した。地域史研究、地域史教育に関心をもった方は、お手にとっていただければ幸いである。

なお、本書は、二〇一七〜一九年度文部科学省科学研究費基盤研究（C）「中近世加越能地域の村落と宝物」（研究代表　黒田智）の成果の一部である。

【注】

［1］キャロル・グラック「戦後史学のメタヒストリー」（『歴史で考える』岩波書店、二〇〇七年）、黒田智「あたらしい文化史の跫音」（『民衆史研究』八〇、二〇一〇年）。

［2］中世史では、八〇年代の網野史学と社会史という祭りの後で、ゼロ年代にはその関心が国家に向かったといわれている。「日本中世史における社会史的関心とは、あえて極論すれば社会の分裂的、多元的側面への関心にほかなら」ず、「政治史・国家史の方向へと大きく舵を切った」のは、「分裂から統合への関心の移動にほかならなかった」と指摘されている。桜井英治「中世史への招待」（『岩波講座日本歴史』中世1、岩波書店、二〇一三年）。

［3］地域の多様な史料の保存・アーカイブスをめぐるうごきが活発である。近年の地域の史料学に関する優れた成果として、馬部隆弘『由緒・偽文書と地域社会』（勉誠出版、二〇一九年）をあげておきたい。

［4］黒田日出男『姿としぐさの中世史』（平凡社ライブラリー、二〇〇二年）、藤原重雄「中世絵画と歴史学」（石上英一編『日本の時代史』三〇、吉川弘文館、二〇〇四年）、黒田智「絵画にかくされたもうひとつの日本文化」（秋山哲雄・田中大喜・野口華世編『日本中世史入門』勉誠出版、二〇一四年）。

［5］リン・ハント編『文化の新しい歴史学』（岩波書店、一九九三年）、ピーター・バーク『文化史とは何か』（法政大学出版局、二〇〇八年）、倉地克直『「生きること」の歴史学』（敬文舎、二〇一五年）参照。

［6］黒田智「縁起を物語る力」（『アジア遊学』一一五、二〇〇八年）。

第一部　絵画史料を読む

久田佐助関連古写真（鵜川公民館寄託）

第一章……再発見された「天神さま」

鎌倉公方の天神像

❖山野　晃

現代日本でも、厚く信仰されている学問の神様、菅原道真。その姿を伝える図像は数多く存在する。金沢市西方寺《さいほうじ》に残る「鏡天神《かがみてんじん》」もそのひとつである。またの名を「怒り天神」。その形相からつけられた呼び名である。本稿では、「鏡天神」作成の歴史的背景を探る。いつ、どこで、誰の指示でつくられたのか。そこにみえてきた室町将軍と鎌倉公方《かまくらくぼう》の対立。絵は、時としてわれわれの心を奪い、時としてわれわれに歴史を語る。——村中ひかり

一　西方寺所蔵「鏡天神」

恵光山西方寺《さいほうじ》は、金沢市寺町にある天台宗真盛派の寺院である。文化三年（一八〇六）「当寺《とうじ》并《ならびに》触下《ふれした》由来帳《ゆらいちょう》」

によれば、越前府中に在城していた前田利家の帰依を受けた盛尊和尚によって開創され、天正一一年（一五八三）利家の金沢入城とともに越前府中から金沢へ移転した。▼注[1]

この西方寺には、「鏡天神《かがみてんじん》」と呼ばれる絵画が伝えられている〔カラー図版1〕。

画幅上部には三つの色紙型《しきしがた》があり、三名による賛文《さんぶん》とおぼしき墨書が刻まれている。画面中央には、繧繝縁《うんげんべり》の上畳に斜め右を向いて座す衣冠束帯《いかんそくたい》姿の菅原道真が描かれている。肉厚な耳をもち、頬骨を張らせた輪郭で、目を見開き、吊り上がった目尻にはかすかに朱が入っている。小鼻を膨らまし、目元まで皺を寄せている。上の歯で下唇を噛み締め、わずかに前歯が三本ほどみえる。左手でもった笏《しゃく》をおさえるようにした右手の小指の先は伸びている。下部には、岩と梅樹が描かれている。

箱蓋裏書《はこぶたうらがき》によれば、一六世紀後半に関白をつとめた近衛前久《このえさきひさ》の著賛《ちゃくさん》とされ、西方寺の文物のなかでも最上級の什物《じゅうもつ》とされていた。軸に結ばれた紙札には、前田利家から西方寺に預けられたことが記されている。また、文化三年（一八〇六）「当寺幷触下由来帳」や明治二四年（一八九一）ころ成立の『金沢古蹟志《かなざわこせきし》』には、利家やその子利常に仮託したいくつかの諸説が混在している。

「鏡天神」は、近世加賀金沢において前田利家・利常奉納の伝承をもつ、きわめて重要な絵画として伝存してきた。加賀藩主前田家は、菅原道真の子孫を標榜し、代々天神を信仰してきた。▼注[2]藩主の信仰は、藩政後期には庶民にも広がりをみせ、宝暦二年（一七五二）の『北の梅』には「鏡尊影　西方寺」とあり、金沢二十五天神の二番目とされていた。▼注[3]こののち、明治二年（一八六九）三月の神仏分離令によって金沢市椿原天満宮へ移され、昭和三六年（一九六一）年にふたたび西方寺に返還された。その後、長らく非公開とされていたが、平成二二年（二〇一〇）の修復を経て額装となったことを機に、毎年正月に一般公開されるようになった。

二　鎌倉の天神像

「天神さま」として知られる菅原道真は、藤原時平《ふじわらのときひら》らの策謀により、延喜元年（九〇一）に大宰権帥《だざいのごんのそち》に左遷され、失意のうちに没した。怨霊として恐れられた道真は、北野天満宮に祀られ、やがて怨霊神から学問・詩文の神へとかたちを変えていった。

列島各地に膨大に残る菅原道真を描いた絵画や彫刻をみてみると、「鏡天神」は「束帯天神像」と呼ばれる絵画群のひとつに類別できる。[注4] なかでも「鏡天神」と同じ特徴が認められる作品に、A荏柄天神社所蔵絹本《けんぽん》著色《ちゃくしょく》「束帯天神像（立像）」、B個人所蔵絹本著色「束帯天神像」、C大阪天満宮所蔵絹本著色「束帯天神像」、D神奈川県秦野市菅原天神社所蔵絹本著色「束帯天神像」、E小松天満宮所蔵絹本著色「天満宮霊像」、F雪村筆紙本著色「束帯天神像」があげられる。これら六点の天神像は、いずれも「怒り天神」の図様をもち、顔部の各部位のディテールやしぐさに至るまで、「鏡天神」と一致している。

A・B本はともに鎌倉荏柄天神社《えがらてんじんじゃ》に所蔵され、D本もまた鎌倉宝戒寺《ほうかいじ》に旧蔵されていたことがわかっている。[注5] またF本は、長らく関東で活躍した雪村の筆になる。E本は、享保年間（一七一六～一七三五）に加賀藩五代主前田吉徳《まえだよしのり》周辺で制作された「鏡天神」の模本である可能性がある。[注6] 伝来が不詳であるC本も含めて、いずれもA・B・D本と同一ないしは同系統の祖本をもとに制作されたものと考えられる。つまり、これらは鎌倉を中心とする関東で制作・伝来した絵画様式の「束帯天神像」といえるだろう。

「鏡天神」が鎌倉様式であることを示すもうひとつの証拠を、梅樹の描き方にみることができる。[注7] すなわち、「鏡天神」の画面下方に、紅白の梅花をつけたいくつもの細い枝がへし折れた太い樹幹から伸びている。たとえば、鎌倉の祥啓《しょうけい》の画風を引くとされる荏柄天神社所蔵「束帯天神像」の白梅や、仲安真康《ちゅうあんしんこう》筆の栃木県立博物館所蔵「墨梅図」、『室町水墨画』第一集所収「墨梅図」にも、同じようなたち枯れの梅樹の表現が確認できる。[注8] こうしたたち枯れの梅樹の表現のなかにこそ、鎌倉独自の梅図の図像伝統が生き続けていたといえそうである。

以上のことから、西方寺所蔵「鏡天神」もまた、その制作・享受圏を鎌倉周辺に求めることができるだろう。関東鎌倉における天神信仰や天神像については、これまでほとんど研究されてこなかった。▼注[9]「鏡天神」をはじめとするこれらの天神像は、それを伝える貴重な作例のひとつに付け加えることができるだろう。

三　梵淳と帰才

「鏡天神」の上部の色紙型に書かれた賛文は、絹地の傷みがひどく、墨書の痕跡も薄れていて、肉眼ではほとんど判読することができない。そこで、赤外線撮影により賛文を読してみると、以下のようになった。

ⓐ□□□世才□□
□□□一枝影潜
□□□飛香□□
□□□□□□□
□□□□苑□
□□□□□□下

ⓑ堂々菅相國。直氣肅簪紳。
遺愛楳花在。調和天地香。
黄楳梵淳　印（朴中）

ⓒ七字尊榮天所封。西都北野託神蹤。

徳馨只在梅花上。貞節猶存一夜松。

珠泉歸才　印

向かって右側の色紙型に書かれたⓐについて、現状では損傷が激しくほとんど判読できない。それでも、七言絶句のうちに「一枝」や「飛」「香」という文字から、天神を賛嘆する内容がうかがえ、左端二行にわたって作者に関する情報が書かれていたと推測することができる。ⓑ・ⓒの五言絶句については、『古蹟志』の翻刻文が知られており、詩文に変更はない。しかし、今回の赤外線撮影によって、『古蹟志』では判読されていなかった作者の名前が明らかになった。すなわち、中央の色紙型に書かれたⓑの漢詩文の作者は、これまで『古蹟志』では「楳梵淳」と読まれてきたが、「黄楳梵淳」と読むことができ、また印章に「朴中」という文字が確認できた。左側のⓒでは、『古蹟志』に「林泉帰才」とされてきた人名は、「珠泉帰才《じゅせんきさい》」なる人物であることが判明した。

ⓑの「黄楳梵淳」は、朴中梵淳《ぼくちゅうぼんじゅん》という人物に該当する。▼注〔10〕 梵淳は、臨済宗夢窓派で、少壮のころは京都にあり、春屋妙葩《しゅんおくみょうは》や義堂周信《ぎどうしゅうしん》らと親近であった。のちに関東に移り、瑞泉寺で夢窓疎石の直弟であった適庵法順《てきあんほうじゅん》の法を嗣いで、円覚寺の第九八世住持となり、同寺に海會庵《かいえあん》を創始した。さらに、建長寺の第一三七世住持となり、永享七年（一四三五）までには没したという。成簣堂文庫《せいきどうぶんこ》に『足利中期抄本朴仲和尚拾遺録《しょうほんぼくちゅうおしょうしゅういろく》』が伝えられており、玉村竹二氏は、梵淳を応永期の関東の代表的文筆僧としている。

ⓒの「珠泉帰才」とは、『扶桑五山記《ふそうござんき》』に円覚寺の塔頭《たっちゅう》「珠泉庵《じゅせんあん》」をはじめたとされる学海帰才《がっかいきさい》である。同書によれば、臨済宗佛國派で大綱帰整《だいこうきせい》の法を嗣いだとされる。また『禅学大辞典』によれば、円覚寺の第一一〇世住持となり、建長寺に移り第一四一世住持をつとめて、永享一〇年（一四三八）一〇月に死去した。▼注〔11〕 梵淳と帰才が「鏡天神」に著賛したのは、ふたりの没年から考えて永享七年（一四三五）ごろまでを下限とする。

帰才は高峰顕日の佛國派、梵淳は佛國派夢窓疎石の夢窓派に属し、両者は同じ門派で、ふたりはともに鎌倉円覚寺、建長寺の住持を歴任しており、何らかの接点をもっていた可能性がきわめて高い。

以上のことから、「鏡天神」の制作時期が一五世紀前半にさかのぼり、やはり関東鎌倉の地で制作されたことが明らかになるのである。

四　制作時期の同定

梵淳と帰才の履歴から、「鏡天神」の制作年代にせまってみよう。

まずⓒ「珠泉帰才」について、珠泉庵は帰才が円覚寺につくった塔頭であるから、帰才が「珠泉」を名のるのは円覚寺在籍中のことと考えていい。しかも、当時の塔頭がしばしばその寺院の前住の退休寮として創始されることを考え合わせれば、円覚寺の住持《じゅうじ》をつとめた後のことと考えられる。▼注[12] そこで、帰才が円覚寺の住持として在任した時期を特定してみよう。

『会津旧風土記』には、応永二五年（一四一八）三月時点での諸山疏末《しょざんしょまつ》の列名が収録されている。このなかに「圓覺本雄（仲英）」なる人名があり、帰才の直前に円覚寺住持をつとめた仲英本雄《ちゅうえいほんゆう》が円覚寺住持として名を連ねていたことがわかる。また、応永二九年（一四二二）六月二一日「黄梅院奉加銭替銭結解状」▼注[13]により、このとき雪渓正安が京都から新しい住持として任命されていた。▼注[14] これにしたがえば、当時の円覚寺では、応永二五年（一四一八）三月に仲英本雄が住持をつとめてから、同二九年（一四二二）六月に雪渓正安が住持をつとめるまでの四年の間に、学海帰才、東白長旭《とうはくちょうきょく》、雲渓昌猷《うんけいしょうゆう》、南谷昌薫《なんこくしょうくん》、春渓景芳《しゅんけいけいほう》という順で、五人もの住持が在任していたことになる。▼注[15] なかでも帰才は、仲英本雄の直後の住持なので、ひとりあたりの任期が一〇カ月と推定すると、応永二五（一四一八）から二六年（一四一九）ごろが帰才の在任時期として妥当と思われる。▼注[16] つまり、「鏡天神」の制作年代は、もっとも早くて応永二五年（一四一八）ごろまでさかのぼることになる。

次にⓑ「黄棋梵淳《おうばいぼんじゅん》」について、その塔頭を示す「黄棋」とは、円覚寺内にあった夢窓疎石由縁の黄梅院のことと考えられる。しかし、管見の限り、梵淳が黄梅院主であったことを示す史料は見当たらない。▼注[17]そこで、彼の黄梅院院主であった時期を推定してみることにしよう。

応永二八年（一四二一）、円覚寺は火災に遭い、黄梅院は焼失した。応永三〇年（一四二三）ごろ、黄梅院主に京都の蘭室妙薫《らんしつみょうくん》が任命され、復興に尽力している。▼注[18]同年三月八日「昌等等連署奉加銭注文」から、このころには妙薫が鎌倉へ下向していたと考えられる。▼注[19]注目したいのは、応永三三年（一四二六）六月に作成された「黄梅院文書目録」で、「一、蘭室和尚造営帳」の後に「数通同附朴中和尚」の割注がみられる点である。妙薫の黄梅院再建造営帳には梵淳が書いた数通の文書が付属していたらしい。京都から派遣された妙薫とともに、梵淳が鎌倉側夢窓派の代表的立場で黄梅院再建にかかわっていたと考えられる。▼注[20]これらのことから、朴中梵淳が黄梅院主であった時期は、妙薫が院主をつとめる直前の応永二九年（一四二二）ごろまでと推定できる。

以上のように、「鏡天神」の制作時期は、帰才が珠泉庵《じゅせんあん》をはじめた応永二五年（一四一八）ごろから、梵淳が黄梅院院主をつとめた応永二九年（一四二二）ごろまでの間に限定されることになる。これまで一六世紀後半の近衛前久による著賛と考えられてきた「鏡天神」は、実は一五〇年近くもさかのぼる一五世紀初頭に制作された絵画だったのである。

五　発注者としての足利持氏

では、どのような人物が「鏡天神」の制作を依頼したのだろうか。結論をいえば、一五世紀初頭の鎌倉で「鏡天神」の発注者としてもっともふさわしいのは、第四代鎌倉公方《かまくらくぼう》足利持氏であると思われる。

応永一六年（一四〇九）にわずか一二歳で鎌倉公方となった持氏は、応永二三年（一四一六）に室町幕府の支援を受けて上杉禅秀《うえすぎぜんしゅう》の乱を鎮圧する。しかし、こののち持氏は幕府との対立を深め、永享一〇年（一四三八）の関東管領上杉憲実《うえすぎのりざね》との決裂を機に大乱となり、翌永享一一年（一四三九）二月一〇日に鎌倉永安寺で自害した。鎌倉五山の住持を歴任した朴中梵淳と学海帰才のふたりは、同時期に鎌倉公方であった足利持氏と浅からぬ関係をもっていたとみられる。

学海帰才と持氏との間に最初に接点がみられるのは、応永二九年（一四二二）二月一五日「足利持氏書状」である。仏涅槃にあたり、持氏は帰才が院主をつとめる円覚寺正續院に法衣と法華経一部を寄進していた。▼注[21] さらに、『満済准后日記《まんさいじゅごうにっき》』の応永三〇年（一四二三）六月五日条には、「関東の儀毎事物忩か。あまつさえ武蔵国へ進発あるべきの由その聞こえあるなり。随ひて去年以来の関東使者正續院院主学海和尚、當年におよんでいまだ御対面なし」とある。この当時、円覚寺正續院主だった学海帰才は「関東之使者」、すなわち鎌倉公方足利持氏の使者として前年の応永二九年（一四二二）から上洛していたのである。「物忩《ぶっそう》」とされた緊迫する政治状況下での「関東之使者」という記述には、持氏から政治的な使命を帯びて上洛を命じられた帰才の立場がよく示され、帰才と持氏との親密さがうかがわれる。

また朴中梵淳の『足利中期抄本朴仲和尚拾遺録』には、「関東都元帥三品相公」、すなわち持氏の名がたびたび散見される。たとえば、応永三二年（一四二五）三月に死去した将軍足利義量《あしかがよしかず》の供養のために、持氏は薬師如来を造らせ、梵淳に導師を命じている。また、応永三四年（一四二七）、持氏は梵淳に曇芳周応の頂相《ちんそう》への著賛を依頼している。鎌倉五山の代表的文筆僧であった梵淳は、持氏からしばしば説法や著賛を依頼されていたのである。

以上のように、鎌倉五山の重鎮であった学海帰才と朴中梵淳は、いずれも鎌倉公方足利持氏ときわめて近い関係にあった禅僧で、彼らに著賛を依頼し、「鏡天神」を発注した人物は足利持氏あるいはその周辺であった可能性が高い。

六　応永三〇年の東西緊張と鎌倉五山

「鏡天神」が制作されたとみられる応永二〇年代後半以降は、持氏が上杉禅秀の乱を乗り越え、その支配を盤石にしていく時期と重なっている。同時に、鎌倉府と室町幕府というふたつの政権の対立と緊張がもっとも高まった時期でもある。

上杉禅秀の乱後、鎌倉公方持氏は禅秀残党の掃討に尽力し、危機を感じた反持氏勢力は幕府に支援を求めた。反持氏勢力＝京都扶持衆《きょうとふちしゅう》によって鎌倉府を牽制しようとする幕府将軍義持と、禅秀に与した京都扶持衆を抑えて鎌倉府権力を強化しようとする鎌倉公方持氏の対立は、応永二九年（一四二二）の小栗満重《おぐりみつしげ》の鎌倉府への挙兵を機に本格化する。翌応永三〇年（一四二三）五月二八日、小栗氏討伐に持氏みずから出陣し、六月五日には京都にその一報が届いた。この前年から「関東使者」として滞京していた円覚寺正續院主の学海帰才が義持との対面をはたせず京都を出たのは、まさにこのときのことであった。

義持は、持氏の動きに迅速に対応して反持氏勢力を支援し、持氏呪詛を指示した。続く一一月には、関東征討軍を直接派遣し、持氏の軍勢と駿河方面周辺で交戦があったとみられる。[注22] 東西の緊張は、応永三〇年（一四二三）一一月に「関東使節勝西堂」が上洛してきたことでようやくやわらぎ、翌応永三一年（一四二四）一〇月までに両府の間の和睦が成立することになる。[注23]

持氏が幕府に対抗する目的は、幕府と対等かつ鎌倉府を頂点とした自立的国家を東国に確立することだったとされる。[注24] 自立を志向する鎌倉府と、その脅威を警戒し、干渉しようとする幕府の抗争の構図は、鎌倉五山の支配においても同じであった。

応永二八年（一四二一）、円覚寺が火災に見舞われると、室町幕府は翌二九年（一四二二）から雪渓正安《せっけいしょうあん》を円覚寺住持として特派した。先述したように、このとき蘭室妙薫《らんしつみょうくん》も関東に下向して、応永三〇年（一四二三）には黄梅院塔主として復興に尽力している。これら京都の禅僧の鎌倉五山への特派は、火災復興という名目はあるにせよ、幕府が鎌倉府との政治的対立のなかで鎌倉府管内の諸事に積極的に干渉しようとした結果とみられる。

通例では、鎌倉五山の住持は、鎌倉府によって推挙された人物を幕府が認可して任命されていた。しかし、持氏は、膝下の鎌倉五山を手厚く保護し、鎌倉五山の住持を幕府の認可なしに任命していたふしがある。▼注[25]また、円覚寺黄梅院の復興では、関東の代表的文筆僧で、しばしば持氏から著賛を依頼されてきた朴中梵淳が鎌倉夢窓派の代表として尽力していた。学海帰才は、室町幕府との対立がもっとも激化する応永二九年（一四二二）に鎌倉府の使節として京都に派遣されている。これらは、梵淳・帰才ら鎌倉五山の長老を引き立て、鎌倉五山への室町幕府の干渉を排除し、自立化した鎌倉公方による鎌倉五山支配を確立しようとする狙いがあったのではないだろうか。

ここで、もう一度、梵淳の賛文に注目してみると、最後の句に「調和天地香」の文言がある。これは、緊迫した東西の融和に関する記述とみることができないだろうか。

七　鎌倉公方と室町将軍の天神信仰

一〇世紀末以降、京都を中心に「天神さま」が国家を守護する文道の神に転ずる一方、東国武士たちによる自立化の色濃い国衙《こくが》支配のなかで、菅原道真は怨霊神として再生・展開していった。清和源氏は東国武士たちの心をとり込むために、怨霊神としての天神を利用した。源頼朝が鎌倉入りした際には、造営した御所の鬼門に鎮守社として祀ったのが荏柄天神社のはじまりであるという。[注26] また、『相模国鎌倉荏柄山天満宮縁起《さがみのくにかまくらえがらさんてんまんぐうえんぎ》』によれば、長治元年（一一〇四）にこの地に一幅の天神像が雷雨とともに憤怒の表情で降臨したのが同社のはじまりとされている。

こうして関東鎌倉を中心に醸成された怨霊神としての天神信仰は、鎌倉府が支配する一五世紀の鎌倉にも脈々と受け継がれていった。持氏期鎌倉府の顕彰を企図したといわれる『鎌倉年中行事』内閣文庫蔵本によれば、鎌倉公方は毎年正月二五日に荏柄天神社へ参詣し、天神社や公方邸では連歌会が開かれていた。[注27] 道真の命日にあたる二月二五日には、公方の参籠が行なわれていた。また、応永初年ころ、荏柄天神社での梅樹の植樹を記念して、鎌倉五山僧によって「荏柄天神社栽梅法楽詩板《えがらてんじんしゃさいばいほうらくしばん》」が造られた。さらに、荏柄天神社には持氏の子成氏の宝徳三年（一四五一）の御教書も現存している。鎌倉公方の年中行事に天神信仰が根づいていたのである。

他方、狂信的ともいえる信仰心をもつ京都の室町将軍足利義持は、応永二〇年（一四一三）以降、頻繁に北野天満宮への参籠をくり返していた。応永三〇年（一四二三）の出家後、義持は一年に一カ月以上も北野天満宮で過ごすことが慣例であった。[注28] また、荏柄天神社には義持の出家後の道号「顕山」を記す天神名号がある。

義持が北野社への参籠・参詣をくり返していたころ、京都では渡唐天神説話《ととうてんじんせつわ》の流行の真っ只中にあった。渡唐天神説話は、菅原道真が径山の無準師範に参禅し、法衣を授かるという説話である。北野信仰と禅を結びつけて、義持の信仰の中核的地位を占めようとした五山僧たちの戦略であったともされる。[注29] この説話に基づいた「渡唐天神像」は、中国風の頭巾に仙服をまとった道真が、正面を向いて梅枝をもって直立する姿で描かれる。穏やかで静的な描写に終始した唐人風の淡彩の肖像画は、怒れる怨霊とは異なる道真のイメージを創出したのである。

室町幕府と鎌倉府——。東西両府の政治的対立は、鎌倉五山をめぐる宗教対立でもあり、天神像をめぐる文化の抗争でもあった。同時期の鎌倉で「渡唐天神像」を制作した痕跡は見当たらず、一五世紀後半以降の祥啓らの画業まで下る。▼注[30] 関東の自立を目論む足利持氏が天神像を制作するとき、それは決して京都の「渡唐天神像」を模倣するのではなく、東国社会に根を下ろしていた怒れる怨霊神の図像化を選択したと考えられる。それは、関東鎌倉独自の天神信仰の要素をベースに、鎌倉五山に浸透しつつあった多様な天神イメージが付加されて誕生したはずである。それこそが、上部に憤怒の束帯天神、下部に素朴なたち切れの樹幹に鮮やかに咲き誇る紅白梅という、同時代にはほかに例をみない独自の構図をもつ「鏡天神」だったと考えられる。

応永末年(一四二七)、京都において義持の後押しのもと渡唐天神像が爆発的に流行する一方、同時期の鎌倉では持氏周辺で独自の図様をもつ「鏡天神」が制作された。鎌倉公方足利持氏の時代の関東鎌倉には、たしかに独自の文化が花開いていたのだ。「鏡天神」とは、それは、室町期関東鎌倉における天神信仰のみならず、これまでなぞに包まれていた「輝ける時代」、持氏期の鎌倉文化のようすがを知る重要な手がかりなのである。

【注】

[1] 文化三年(一八〇六)「寺社由来書上 当寺幷触下由来帳 西方寺」(石川県図書館協会、一九七四年)。

[2] 瀬戸薫「前田氏と金沢の天神信仰」(『城下町金沢』北國新聞社、一九九三年)。

[3] 藩主の信仰は藩政期の庶民にも広がりをみせており、天神を祀る城下町の寺社二五社は庶民から「金沢二五天神」として庶民から親しまれていた。菅公八五〇年の年忌である宝暦二年(一七五二)には、町民が金沢城下町二五カ所の天神を巡礼し発句集『北の梅』を編み、現椿原天満宮に奉納している。

[4] 東京国立博物館ほか編『天神さまの美術』(二〇〇一年)、京都国立博物館編『北野天満宮神宝展』(二〇〇一年)、九州国立博物館編『国宝天神さま』(二〇〇八年)、今泉淑夫・島尾新編『禅と天神』(吉川弘文館 二〇〇〇年)がある。山野晃「中世鎌倉の天神像」(『北陸史学』六六、二〇一八年)参照。

[5] 秦野市『秦野市史』第一巻(秦野市、一九八五年)。なおD本については、二〇一六年五月二六日に黒田智氏、吉岡由哲氏、鳥谷武史氏とともに神奈川県立歴史博物館で調査した。

［6］小松天満宮等専門調査会『小松天満宮と梯川』（小松天満宮等専門調査会、一九八六年）によれば、箱表書に「神像壹幅北藩府小臣」、裏に「享保十一年二月二十五日」の銘がある。享保一一年（一七二六）時点の「北藩」（＝加賀藩）の虎賁中郎将（＝左近衛権中将）は前田吉徳である。

［7］一五世紀後半以降、宗教画として白梅を描く「墨梅図」から装飾画の「花鳥図」へと変化する。加えて、一六世紀後半から一七世紀前半にかけて「花鳥図」に紅梅が描かれるようになる。紅白梅に注目すると「洛中洛外図」歴博甲本では紅白梅がほぼ皆無であるが、上杉本では紅白梅のセットで描かれる梅が半数を占める。紅白梅図は、一六世紀後半の制作とされるメトロポリタン美術館所蔵「四季花鳥図屏風」（京都国立博物館特別展『狩野永徳』、二〇〇七年）をはじめ、大覚寺所蔵狩野山楽筆「紅白梅図襖」や妙心寺天球院所蔵「梅花游禽図」、メトロポリタン美術館所蔵狩野山雪筆「老梅図」に描かれ、尾形光琳筆「紅白梅図屏風」に受け継がれる。有岡利幸氏『梅』（法政大学出版局、一九九九年）。

［8］鎌倉国宝館『荏柄天神社　九百年』（二〇〇四年）、相澤正彦・橋本慎司『関東水墨画』（国書刊行会、二〇〇七年）。

［9］濱田隆「甲府一蓮寺「東帯天神画像」考」（『仏教芸術』二五二、二〇〇〇年）。義江彰夫「源氏の東国支配と八幡・天神信仰」（『日本史研究』三九三、一九九五年）。

［10］玉村竹二『五山禪僧傳記集成』（講談社、一九八三年）。

［11］『禅学大辞典』別巻（大修館書店、一九七八年）、玉村竹二校訂『扶桑五山記』（臨川書店、一九八三年）。

［12］玉村竹二「五山叢林の塔頭に就て」（『叢書　禅と日本文化』五、ぺりかん社、二〇〇二年）。

［13］『神奈川県史』資料編三　古代・中世（神奈川県、一九七五年）。

［14］玉村竹二・井上禅定『圓覺寺史』（春秋社、一九六四年）。

［15］ちなみに、永享二年（一四三〇）七月二〇日「建長寺正統庵門徒連署定書」の正長三年（一四三一）三月の「輪番住持帳」に「雲外帰才」の名が署名されている。「雲外」とは建長寺雲外庵のことで、この時点ですでに建長寺へ移っていたことがわかる（前掲注13『神奈川県史』）。

［16］室町時代初めまでは、住持期間は原則として三年二夏（満二年）と決められていた（今枝愛眞『中世禅宗史の研究』東京大学出版会、一九七〇年）。このころにはすでに風化していたとしても二年以上つとめることがないと思われるため、在任期間を平均で考えた。

［17］ちなみに、梵淳の名を載せる史料では、「海會梵淳」と署名している永享四年（一四三二）八月五日の「黄梅院中居方下行書」

（前掲注13『神奈川県史』）がある。この一年半後の永享六年（一四三四）正月には、建長寺正統庵の塔主として長寿を祝われている（「龍源庵所蔵詩集」、玉村竹二編『五山文学新集』第三巻、東京大学出版会、一九六九年）。また、年未詳「古教妙訓等連判状断簡」では梵淳が正續院院主として署名しており、『神奈川県史』では、永享二年（一四三〇）七月二〇日「建長寺正統庵門徒連署定書」の直後に比定されている。

[18] 応永三〇年（一四二三）二月一五日「黄梅院造営勧進銭結解帳」（前掲注13『神奈川県史』）や同年三月二〇日「黄梅院再興目論見図」（前掲注14玉村著書）には、妙薫が塔主として署名している。

[19] ちなみに、『満済准后日記』応永三〇年（一四二三）七月五日条には、かねての妙薫の鎌倉派遣計画を中止したという記述がある。つまり、黄梅院主として鎌倉にいるはずの応永三〇年（一四二三）夏の時点で妙薫はいまだ京都にいたらしい。玉村氏は、この文書が、後日着任時のものであると推測している。

[20] 玉村氏は、前掲注14著書で、応永三〇年以前の黄梅院主が方外宏遠・義堂周信・曇芳周應・古天周誓・青山慈永・適庵法順の門弟等で固められていたとする。このうち梵淳は、適庵法順の弟子にあたると考えられる。

[21] 鎌倉市史編纂委員会編『鎌倉市史』史料編二（吉川弘文館、一九五六年）三三四・三三五号文書。

[22] 和氣俊行「応永三一年の都鄙和睦をめぐって」（『足利持氏』、戎光祥出版、二〇一六年）。

[23] この都鄙和睦に登場する「照西堂」「芳照西堂」「勝西堂」は同一人物と考えられ、応永三一年（一四二四）五月末に上洛し、六月に満済と何度か対面して和解交渉にあたったとみられる。石橋一展「禅秀与党の討伐と都鄙和睦」黒田基樹編著『足利持氏とその時代』（戎光祥出版、二〇一六年）、松本一夫「南北朝・室町前期における幕府・鎌倉府間の使者」（『中世東国の政治構造』岩田書院、二〇〇七年）。『五山文学全集』第三巻収録「雲壑猿吟」のなかに、「関東都元帥。命明窓照西堂通京師使命。贐以伽黎。明窓作偈謝之。請予次韻」という題の詩がある。明窓とは、『満済准后日記』に関東使者としてたびたび登場する建長寺長老である。また、同集には「和鹿苑厳中和尚韻。贈明窓照西堂東帰」という題の詩もある。「一春期詔下。花雨自冥々。忽解柳陰纜。初辭湖上亭。東西休戦伐。天地覺清寧。行看雪消盡。士峰千仞青」とあり、「東西休戦」して「明窓照西堂」が関東に帰っている。この詩の題名、本文から考えて、「照西堂」は明窓という人物の可能性が高い。また、『足利中期抄本朴仲和尚拾遺録』には「興国禅師慈氏佛安座點眼」という項があり、正長元年（一四二八）三月八日、「鎌倉府奥國禅寺明窓禾上命工造大檀那三品相公等身弥勒像一軀」とある。明窓が造らせた持氏等身大弥勒像の開眼を梵淳が行なっていた。

［24］植田真平「総論足利持氏論」（植田真平編『足利持氏』戎光祥出版、二〇一六年）。

［25］永享四年（一四三二）東西の和解と同時に、鎌倉府は幕府に鎌倉五山の住持の選任を請うており、それまでは鎌倉府の独断による選任であったようだ。渡辺世祐『関東中心足利時代之研究』（新人物往来社、一九七一年）。

［26］阿部能久「鎌倉の天神信仰」（鎌倉国宝館編『特別展鎌倉ゆかりの天神さま』、二〇一四年）。

［27］萩原龍夫・山路興造編「鎌倉年中行事」（『日本庶民生活史料集成』第二三巻、三一書房、一九八一年）。

［28］村尾元忠「足利義持の神仏依存傾向」（『中世日本の諸相下巻』吉川弘文館、一九八九年）、桜井英治『破産者たちの中世』（山川出版社、二〇〇六年）。

［29］前掲注4今泉・島尾編著、上田純一「渡唐天神説話の発生をめぐって」（『日本宗教文化史研究』五—一、二〇〇一年）、橋本雄「渡唐天神説話の源流と流行」（『中華幻想』勉誠出版、二〇一一年）。

［30］渡唐天神説話は、応永年間には、東国にも少なからず知られていたであろう。甲府一蓮寺には、甲斐国守護の武田信重が惟肖得厳らに賛を求めた渡唐天神像が伝わり、この模本が伝存するという。相澤正彦「東国画人の渡唐天神像」（前掲注4今泉・島尾編著書）

第一章　鎌倉公方の天神像

第二章……絵巻に描かれた信仰圏

『遊行上人縁起絵』の手取川

❖市河良麻

人は、自分の力ではどうにもならないとき「神様、仏様……」と祈願してきた。神仏の加護により人びとが救われる。日本では、このような話が数多く残っている。本稿でとり上げる『遊行上人縁起絵』もそのひとつである。激しい雨風のなか、荒れ狂う川を渡る時衆たち。彼らを救ったのは不動明王と毘沙門天だった。舞台は、石川県白山市の手取川。なぜ二体の仏は、この地にあらわれたのか。時衆との関係とは。当時の信仰を手がかりにこの伝記の謎を解き明かす。

——村中ひかり

一　手取川を渡る

鎌倉時代後期、一遍智真《いっぺんちしん》は踊り念仏と賦算《ふさん》によって諸国を遊行し、念仏を唱えれば往生できると説いた。『遊行上人縁起絵《ゆぎょうしょうにんえんぎえ》』は、この時衆の開祖一遍の伝記四巻と、第二祖他阿真教《たあしんきょう》の伝記六巻からなる絵巻物の残巻である。京都金光寺本や山形光明寺本など、比較的多くの諸本が現存している。このうち京都金光寺本の第五巻第五段「不動と毘沙門の加護によつて洪水の河を徒渡る」をみてみよう▼注〔1〕〔図版1〕。

〔史料1〕

さて藤塚といふ所に暫逗留ありて、たち給はむとしける、其日の夕より、雲くもり風あれて、雨よもすからふりて、朝ハ空さりけなく晴にけれハ、宮腰へこえ給に、小河といふ名のミして、岩高く、瀬早き大河あり。水のおもおひたゝしくまさりて、かちよりハこゆへうもあらぬ気色也。疥癩の類、種々の方便を廻して、旅人をわたさむとしけるに、其邉の住人等、船をかまへて、我わたさむといひあらそふ程に、旅人等、両岸にそ徒に立りける。さて一方より聖を渡したてまつらんといひけるに、聖曰、あらそひいましつまらさらんにハ、渡さるへきに非す、爰こそ最後にて侍らめとて、聖の腰に縄つけつゝ、道俗時衆をの〳〵取つきてそ渡りける。上人をはしめて、同音に念仏する声、空にひゝき、浪にとゝろく斗也。而に青天たかく晴て、紫雲斜にたなひけり。不動尊、多門天、碧落の雲に透て、蒼溟の波にうつろひ給とみえし程に、洪水すみやかに浅瀬になりて、安かにそ渡つき給にける。即藤塚、石立なと云所々の人、おほく耳目をおとろかしけるとなん。

正応四年(一二九一)、加賀国藤塚《かがのくにふじづか》に逗留していた他阿一行が出立しようとしていると、夕方になって雨風が激しくなり、宮の越を越えたところの、「小河」とは名ばかりの「瀬早き大河」を誰も渡ることができなかった。他阿が腰に縄をつけて、時衆《じしゅう》たちとともに川に足を踏み入れ、空に響き波にとどろくばかりの念仏を唱えると、

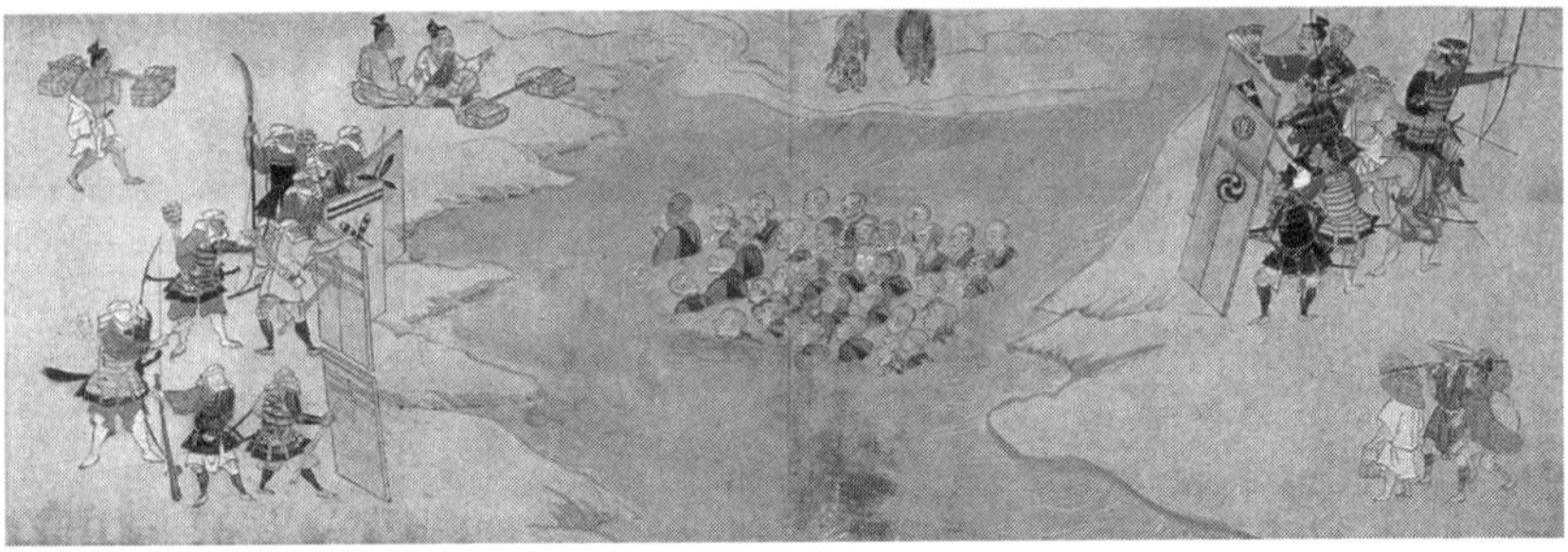

〔図版 1〕不動と毘沙門の加護によって洪水の河を徒渡る

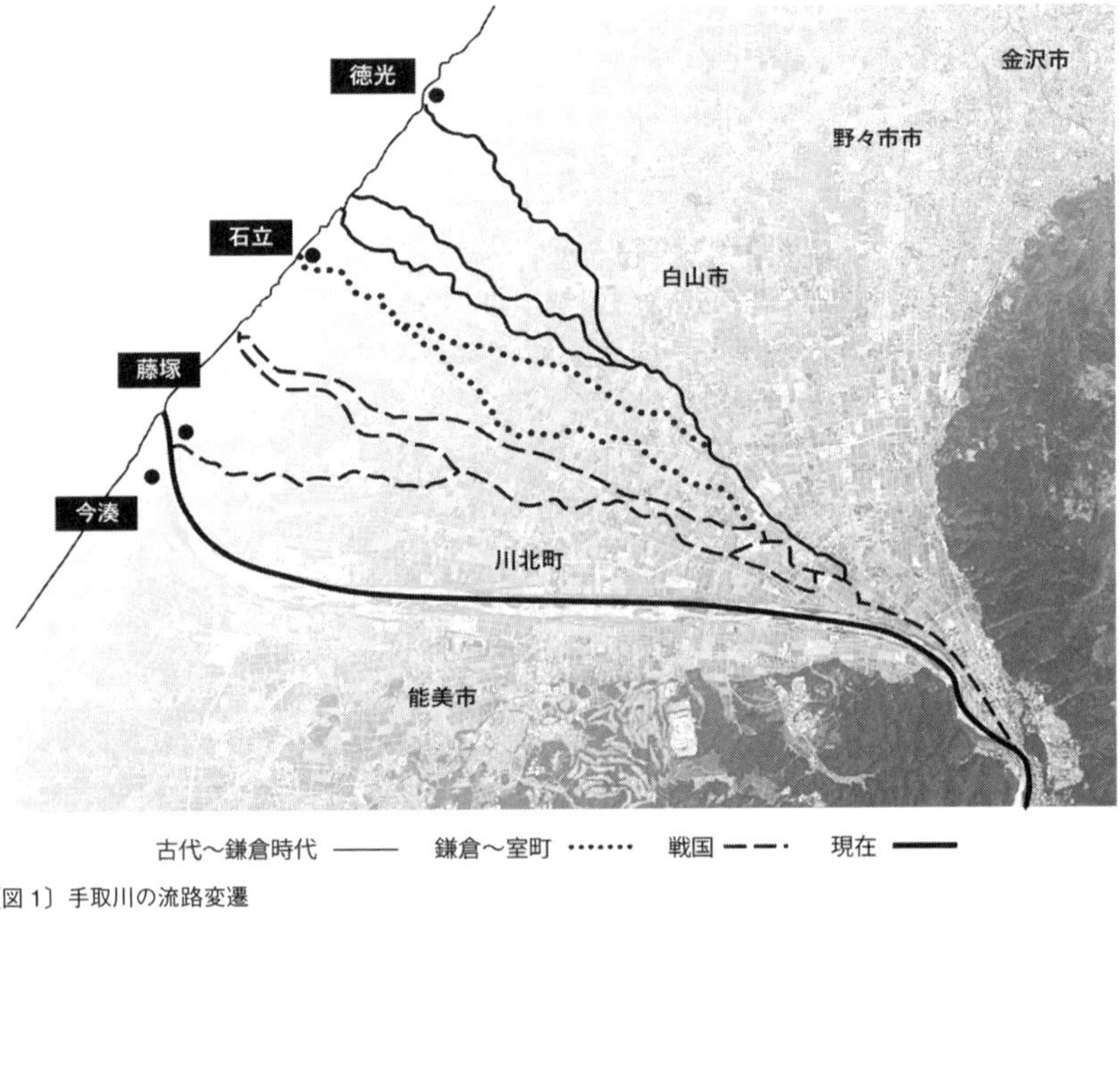

〔図 1〕手取川の流路変遷

空高く紫雲たなびき、不動明王と毘沙門天が出現した。すると、洪水はすぐに浅瀬となって無事に対岸に渡ることができた。これをみていた藤塚や石立の人びとは大変驚いたという。

〔図版1〕をみると、絵の中央に大河が描かれ、他阿を中心とする時衆教団が渡ろうとしている。その時衆たちの頭上には、不動明王と毘沙門天という二体の神仏があらわれている。右岸には、武士の集団がおり、ほかにも三人ほど川を見ている旅人がいる。武士たちがもつ盾の三ツ鱗は北条氏の家紋として知られており、加賀守護北条氏ともされている。▼注〔2〕左岸の僧たちは、詞書では「疥癩《かいらい》」とされ、覆面をした「疥癩《かいらい》（非人）宿」を支配・監督する宿の長吏《しゅくちょうり》とも、▼注〔3〕小白山の神人ともされている。▼注〔4〕加えて、やはり川を見つめる旅人が三人描かれている。

一方で、この縁起絵・説話をみると、いくつか疑問も浮かぶ。たとえば、①「小河」とも、「瀬早き河」とも書かれている川はどこか、②なぜ不動明王と毘沙門天が出現したのか、③時衆は加賀国とどのような関係をもっていたのかである。この三点について、本稿を通して明らかにしていきたい。

二　石立という龍宮

『遊行上人縁起絵』の「小河」とは、どこの川を指しているのだろうか。

昭和一二年（一九三七）刊の『加賀志徴《かがしちょう》』には、『遊行上人縁起絵』の詞書を引いて、「按ずるに、右小河は即ち大行事用水をいへるなるべし」と書かれている。▼注〔5〕また『日本の水環境』に、「大行事用水」とは、「大慶寺用水」のこととある。▼注〔6〕この大慶寺川《だいきょうじがわ》は、平安時代から鎌倉時代のころは手取川の本流だったと伝えられている〔図1〕。すなわち、正応四年（一二九一）に他阿が渡った「小河」とは名ばかりの「瀬早き大河」とは、このころ手取川の本流であった大慶寺川のことなのだ。

そして、この「小河」の両岸にあったのが、藤塚と石立という土地であった。藤塚は、現在の手取川が流れる石川県白山市美川町の市街地付近に比定され、「藤墳」とも記す。当地は江戸期の本吉町にあたり、南北朝期からその古名「元吉」が知られる。▼注[7] 付近には藤塚神社が鎮座し、中世には「藤塚」と混用されていた。古代に諸国から京都・畿内に雑物を運び出した「比楽湊《ひらかみなと》」や中世に繁栄した「今湊《いまみなと》」に近接している。

中世の藤塚は交通の要衝であるとともに、合戦場でもあった。『源平盛衰記』巻二八「北国所々合戦事」では、寿永二年（一一八三）五月二日に加賀篠原の合戦に敗れた源氏方の富樫家経《とがしいえつね》らが退却する際に藤塚を通過している。また、巻二九「礪並山合戦事」には、同月二五日礪波山の合戦に敗れた平維盛配下の兵が落ちていった場所とされている。さらに、鎌倉末期にさかのぼる『鎌倉年代記』の裏書によれば、元弘元年（一三三一）六月一日の加賀藤早合戦で平時基《たいらのときもと》が討ち死にしたのが藤塚とされる。天正五年（一五七七）ころ成立の『朝倉始末記《あさくらしまつき》』には、享禄の錯乱に際し、賀州三ヵ寺と結ぶ朝倉教《あさくらのり》景《かげ》配下の越前衆が追撃戦のなかで当地に放火し、「藤墳ノ二木」らが越前に逃れていた。『天文日記』天文五年（一五三六）八月条によれば、「藤つか」ないしは「藤塚之内河原」から運上されていた延暦寺三塔常行堂《えんりゃくじさんとうじょうぎょうどう》の灯明料が享禄の錯乱で下間頼盛《しもつまらいせい》に押領されていたが、このとき本願寺証如によって返付されたという。

一方の石立は、現在の手取川右岸の石川県白山市に位置し、北西は日本海に面し、南は大慶寺用水が流れる。『年中用抄』（石清水文書）の文安五年（一四四八）「笠間則吉寄進状」に「加賀国笠間石立両村事領家分者自元八幡宮御領也」とみえ、笠間則吉が相伝した両村の地頭職を山城石清水八幡宮に寄進していた。永正一六年（一五一九）一二月の「西笠間保算用状」（長享二年（一四八八）目代盛増日記紙背文書）によれば、「いし立道観・二郎太郎」が三段四〇刈の田地を西笠間保に保有している。

産土神《うぶすながみ》は石立諏訪神社で、近くに「石の木塚」がある。塚は、五基の四角柱状に加工された凝灰岩の立石により構成され、最大の立石を中心にほぼ東西南北に配置されている。▼注[8] かつてここには椎の大木があり、これにからまって藤棚が群生していたという。現在では、椎の大木の切り株と、藤棚を確認することができる。

石立と石の木塚には、数多くの説話が残っている。天明六年（一七八六）の『越の下草』には、いわゆる「浦島太郎」とほぼ同じ内容が伝えられている。▼注〔9〕龍宮城に行った酒屋の主が町に戻ると、変わりはてた町の様子に時の経過を寂しく思うやいなや、主は老人となり、その場で息をひきとってしまう。龍宮城に残した四人の子どもが主の塚の周りにひとつずつ石を立て、それが石立の名前の由来になったという。また一八世紀半ばころ成立の『三州奇談』「藤塚の獺祭」では、川の主であり水の神である獺《かわうそ》を祀る儀式が、石立の笠間氏によって伝えられていたという。

これらの伝説によれば、石立とはいわば龍宮への入口であり、大慶寺川の主たる獺をもてなす儀礼の場でもあった。石立は、神仙世界と結びつき、神聖な場として語り伝えられてきたのである。

三　他阿ゆかりの加賀一一ヶ寺

時衆は、加賀国とどのような関係をもっていたのだろうか。

他阿真教は、生涯にわたって全国各地を遊行する途中で、加賀国の寺社を訪れている。▼注〔10〕その足跡を残す寺院には、①阿弥陀寺《あみだじ》、②玉泉寺《ぎょくせんいん》（現金沢市）、③満松寺《まんしょうじ》（現辰口町《たつのくちまち》または現金沢市）、④本誓寺《ほんせいじ》、⑤聖号寺《しょうごうじ》（現美《み》川町《かわまち》）、⑥相応寺《そうおうじ》、⑦宝界寺《ほうかいじ》（現小松市）、⑧光摂寺《こうせつじ》、⑨青巌寺《しょうごんじ》、⑩西光寺《さいこうじ》、⑪西方寺《さいほうじ》（現不明）がある。中世にはこれらの寺院で時衆の信仰が流布されていたと考えられる。ただし、これらはすべて廃絶、または宗派替えがおこなわれ、時衆寺院として現存しているものはない。

他阿がめぐった、これら一一の寺の所在地に着目すると、不明のものを除いた七つの寺院が現在の金沢市・能美市・小松市に集まっている。これらの分布をみてみると、その中心部分に、手取川の河道域がある。加賀国における時衆の信仰圏とは、変遷をくり返してきた手取川流域を中心にして広がっていたといえそうである。

また、手取川流域と時衆との関係性を『時衆過去帳』にみてみよう。まず目につくのが、現在の金沢市梅田町にあたる「梅田」という場所である。『時衆過去帳』には、「加州梅田」のほか「梅田大場」「梅田観音堂」「梅田宮腰」の記載例もあり、当地が加賀北部の時衆の一大拠点であったことをうかがわせる。『過去帳』を、Ⓐ元徳二年（一三三〇）から康暦二年（一三八〇）まで、Ⓑ永徳元年（一三八一）から永享二年（一四三〇）まで、Ⓒ永享三年（一四三一）から文明一二年（一四八〇）まで、Ⓓ文明一三年（一四八一）から天文五年（一五三六）までに時期区分してみると、Ⓐ・Ⓑ・Ⓒ期の三つの期間で、梅田に関係した拠点がもっとも多く、Ⓓ期でも二番目に多い。

この梅田に次いで多いのが今湊である。今湊は、手取川河口左岸の美川町付近に比定される中世の港湾である。『遊行上人縁起絵』によれば、正応四年（一二九一）四月八日に小山律師某が今湊の時衆道場を訪れたとあり、他阿一行が今湊付近に逗留していたのはまちがいない。

『過去帳』に書かれた今湊はⒶ期に二件、Ⓑ期に一一件、Ⓒ期に一件、Ⓓ期に三件みえる。『過去帳』にもっとも登場件数が多いⒷ期の割合を示すと、梅田が一三パーセントともっとも大きい割合を示している。さらに、今湊・徳光・本吉という手取川が流路変遷してきた三つの場所の合計は、約二〇パーセントを占めている。梅田という拠点とともに、手取川流域も時衆にとって重要な信仰拠点であったと考えられる。[注11]

ちなみに、『笠間郷土史』には、手取川流域に「阿弥陀仏の流れ仏」なる伝説が伝えられている。[注12] あるとき阿弥陀如来像が比楽河（今の手取川）の川岸の木の根もとに引っかかっていた。これを安置したので、村の名称を「阿弥陀島」に改めたという。

手取川流域は、中世時衆にとってきわめて重要な信仰拠点であったのだ。

四　加能地域における不動信仰

次に、不動明王と毘沙門天が出現した背景について、まずは加賀藩が藩内の諸寺社に命じて作成された「貞享二年寺社由来」をみてみよう。加能地域において不動明王を本尊とする寺院や不動堂をもつ寺院など、不動明王に関係する寺院は二二カ所ほどある。▼注[13] これらは能登に偏在する傾向にあるものの、加賀国内にも広く分布している。ただし、不動明王信仰をもつ寺院は、加賀南西部には存在しない。小松周辺が、加能地域における不動明王信仰の西限だったのである。

また、小松市には、不動島町という地名が今も残っている。養老四年（七二〇）の手取川の大氾濫のとき、大日山の中央にあつた不動尊像が流出して、やや小高く島になっていたこの地に流れ寄った。この地に二、三軒ほどあった住人たちは、これを守り本尊として祭り、次第に不動尊を信仰する人びとが集まって村になったという。▼注[14] 別の説では、平安時代に郡役所の所在地である大領の近くであるから、不動倉なる倉があったともいわれている。

どうやら能登から小松に至るまでの加能地域全域、とりわけ手取川右岸地域一帯において、不動明王の信仰が根づいていたようである。

五　毘沙門堂領能美荘

同じように、「貞享二年寺社由来」から、加賀における毘沙門天を本尊とする寺院を調べてみてもほとんど見つけることができない。しかし、加賀国と毘沙門天との関連を探る上で見逃せないのが能美荘《のみのしょう》である。

能美荘は、現在の手取川左岸一帯で、能美丘陵北西端から梯川《かけはしがわ》中流域まで、現在の辰口町北西部から寺井町、小松市北東部にかけてと推定される中世荘園である。

能美荘は、建久二年（一一九一）一〇月「長講堂所領注文」にみえる。長講堂領《ちょうこうどうりょう》は、後白河院の子である宣《せん》陽門院《ようもんいん》に譲渡され、さらに宣陽門院から後深草天皇以降、持明院統の皇室領荘園として相伝されてゆくことになる。[注15]また、建保二年（一二一四）二月一七日「平親範《たいらのちかのり》置文」によれば、尊重寺の寺領として能美荘が登場する。尊重寺は、平等寺、護法寺とともに平家ゆかりの寺院で、平親範がこの三ヶ寺を併合し、出雲路に五間堂を建てたという。安元三年（一一七七年）の安元事件によって加賀国が平氏一門の知行国となっていた時期に、平家の氏寺のひとつであった尊重寺に領家職が寄せられ、そののち本家職を長講堂に寄進したと考えられている。

この五間堂は、退転していた出雲寺の寺籍を継いで護法山出雲寺と称し、最澄自作と伝えられる毘沙門天像を本尊としたことから毘沙門堂と呼ばれるようになった。他阿が加賀国を訪れた正応四年（一二九一）には、能美荘はすでに長らく毘沙門堂の管理下におかれていたことになる。

加えて、毘沙門天は水の神としての性格をもっていた。

たとえば、洛北の鞍馬寺は、貴船川の上流、鞍馬山の西のふもとに鎮座する水の神であり、また雷神でもある貴船明神とともに創建された。『扶桑略記《ふそうりゃっき》』所引の『鞍馬寺縁起《くらまでらえんぎ》』には、僧峯延《ほうえん》が毘沙門天の法力を借りて大蛇を退治する話が語られている。[注16]峯延の験力を褒めたたえるとともに、毘沙門天が水の神たる大蛇を鎮撫するという点で、毘沙門天と水の神の物語といえるだろう。

また、同じく鞍馬寺のふもとでは、かつて毘沙門天の札を水口にさしておく習俗が存在した。長野県望月町（現佐久市）にある福王寺では、雨乞いのたびに毘沙門天が踏みつける天邪鬼を近くの池のなかに投げ込むことで、邪鬼を怒らせて降雨を期待したという。[注17]

さらに、比叡山横川中堂の毘沙門天像には、円仁が唐より帰国する途上、海が荒れた際に観音に祈ったところ、毘沙門天があらわれて波が静まったため、帰国後に聖観音とともに安置したという言説が付随している。[注18]これは毘沙門天が水の神としての性質をもっていることと無関係ではなかろう。なお、天台系では、横川中堂に聖観音を中尊として毘沙門天・不動明王が三尊で安置されたことから、絵画・彫刻ともに毘沙門天・不動明王を一対として配置する形式がしばしばみられる。▼注[19]

以上のように、毘沙門天とは、水の神を鎮撫《ちんぶ》する神であったのである。だからこそ『遊行上人縁起絵』の毘沙門天は、不動明王とともに手取川の波を静めて、他阿一行が浅瀬を渡れるように導いたのだ。

六　白山権現の本地仏としての不動明王・毘沙門天

加賀一帯で不動明王や毘沙門天が信仰されてきた背景には、当地の白山信仰も大きく関係しているようだ。室町前期に成立した『神道集』には、白山権現の五人の王子について書かれている。白山権現とは、十一面観音菩薩を本地仏とする、白山の山岳信仰と修験道が融合した神仏習合の神である。その五人の王子の「太郎」が剣御前で本地が不動明王、「四郎の王子」が毘沙門天であった。

また、長寛元年（一一六三）ころに成立したとされる『白山之記』には、佐羅宮《さらのみや》（現佐羅早松神社▼注[20]）の本地が不動明王であったとされている。佐羅宮は中宮、別宮と合わせて中宮三社と呼ばれている。なお、このほかにも『加賀白山縁起』などに、白山信仰と不動明王、毘沙門天との関係が示唆されている。

これらの史料から、加賀国に深く根づいている白山信仰と、不動明王、毘沙門天が深いかかわりをもっていたことがわかる。すなわち、『遊行上人縁起絵』に不動明王と毘沙門天があらわれる背景には、この地域に古くから根づいていた白山信仰の本地垂迹説《ほんじすいじゃくせつ》があったといえるだろう。

七　渡河の系譜

「二河白道図《にがびゃくどうず》」とは、「二河白道」の比喩を図説化した浄土教絵画のひとつである。▼注[21] 鎌倉時代に成立し、京都光明寺本や香雪美術館本をはじめ一〇数点の現存作例が知られている。描かれた火の川と水の川は、人の貪欲と怒りにたとえられ、その間にある白い道は極楽へと通じる道で、往生を願う信心になぞらえられる。「二河白道図」は、法然をはじめとする鎌倉時代の浄土思想家たちに受け継がれていた。

西山派証空の孫弟子で、時衆を開いた一遍もまた、二河白道の思想と無関係ではなかった。たとえば、一遍が考案した十二光箱は、遊行生活に必要な一二種類の持物を納める箱のことで、その天井板に二河白道が描かれている。時衆教団では、かつてこの十二光箱を室内に一列に並べて僧座と尼座とを区分していた。▼注[22]

『遊行上人縁起絵』と「二河白道図」。両者は、よく似た構図をもっていることがわかる。図の中央に荒れ狂う川があり、川の中央を渡ろうとする一行を描き、行人を助けるために神仏があらわれる。加えて、「二河白道図」では河を渡る先が極楽浄土であるのに対し、『遊行上人縁起絵』では石立が書かれている。先述のように、彼岸の石立は龍宮という浄土になぞらえられていたとも考えられる。さらに阿弥陀如来に導かれて白道を進む往生者と、不動明王、毘沙門天に導かれて手取川を渡る他阿一行も一致する。渡った先にある極楽浄土は、石立という聖地とも重ね合わせることができる。すなわち、『遊行上人縁起絵』「不動と毘沙門の加護によつて洪水の河を徒渡る」は、「二河白道図」の影響を強く受けた図像といえるのである。

八　信仰の交差点

これまで見てきたように、他阿一行が渡った手取川付近は、中世において信仰の交差点と呼ぶべき地域であった。すなわち、不動明王の信仰は、能登から加賀東部の手取川右岸にまで広がっていた。また、手取川左岸に展開していた能美荘は、平安末期以来、毘沙門堂を領家として同寺の本尊で、水の神たる毘沙門天の信仰が広がっていたと推測される。この手取川の両岸一帯に展開していたふたつの信仰は、加賀に深く根づいていた白山信仰とも本地垂迹の関係で結びついていた。さらには、こうした信仰の交差点ともいうべき手取川流域に、鎌倉後期以来、時衆の信仰が覆いかぶさり、濃密に展開してゆくことになる。今湊を中心とした手取川周辺には、数多くの時衆道場が分布し、時衆の一大信仰圏をなしていたのである。

『遊行上人縁起絵』「不動と毘沙門の加護によって洪水の河を徒渡る」は、他阿と時衆一行の石立という龍宮＝浄土への道行きを、浄土思想における「二河白道図」になぞらえて制作されたものであった。それは、新興の時衆という信仰集団が、手取川両岸域に時衆の布教以前から展開していた不動明王と毘沙門天の信仰、さらには白山信仰といった土着の神仏によって承認を得たことを示す物語でもあったのである。

【注】


［1］詞章と図版は、宮次男・角川源義編『新修日本絵巻物全集』第二三巻「遊行上人縁起絵」（角川書店、一九七九年）を参照した。

［2］石川県と関係のある北条氏には、加賀・能登・越中・越後など四カ国の守護をつとめた北条朝時などがいる。

［3］金沢市史編さん委員会『金沢市史　通史編一　原始・古代・中世』（金沢市、二〇〇四年）。

［4］白山本宮神社史編纂委員会『増訂図説　白山信仰』（北國新聞社出版局、二〇一〇年）。

［5］森田平次『加賀志徴』（石川県図書館協会、一九三七年）。

［6］日本水環境学会編『日本の水環境　四　東北・北陸編』（日本水環境学会、一九九九年）。

［7］手取川河口右岸の海岸沿いに位置する町場で、河口港の本吉湊を有した。対岸は能美郡湊村。元吉とも記す。「加能郷土辞彙」などによると、旧名を藤塚と称し、のちに藤塚村と羽佐場村を合わせ、藤塚山王社の別当元吉寺の号にちなみ元

吉と称したが、その後佳字を採用し本吉と称したという。

［8］創立の年代は不詳であるが、はじめ石立の申一六番地海岸寄りに鎮座したのを、明治一八年現地に移転した。古くよりの石立の産土神である。

［9］宮永正運著。地誌的要素を含めた幅広い随筆で、越中各地の地名由来・名所旧跡・神社仏閣の来歴・産物・山川湖池の様子・伝説・奇談などが書かれる（富山県郷土史会、一九五一年）。浦島太郎の話は、一般には次のようなものとして知られている。浦島は助けた亀に案内されて竜宮を訪問。歓待を受けた浦島は三日後に帰郷するが、地上では三〇〇年の歳月が過ぎている。開けるなといわれた玉匣（玉手箱）を開けると白煙が立ちのぼり、浦島は一瞬にして白髪の爺となり死ぬという内容で、動物報恩、竜宮訪問、時間の超自然的経過、禁止もしくは約束違反のモティーフを骨子とする。

［10］『日本歴史大系　二　中世』（山川出版社、一九八五年）、寺井町史編纂委員会『寺井町史第一巻　歴史編』（寺井町役場、一九九二年）。

［11］他阿以降も、加賀国は、時衆にとって重要な布教地域であった。越後来迎寺所蔵『時宗血脈相続之次第』によれば、第三代遊行上人である他阿弥陀仏智得（一二六一～一三二〇）は、弘長元年（一二六一）に加賀堅田に誕生したという。また、第九代他阿弥陀仏白木（一三一四～六七）は、加賀国井家氏の出身と伝えられている。井家氏は現在の津幡から金沢市、森本一帯を含む井家庄を根拠地とし、堅田も荘域に含まれている。さらに、第一〇代他阿弥陀仏元愚（一三二四～八七）も、加賀斎藤氏の出身である。斎藤氏は、越前を本拠地とした藤原利仁の後裔で、吉信が加賀介に任じられ、その子忠頼が加賀に土着し、子孫が加賀介を世襲して国内に勢力を広げていった。金沢市史編さん委員会『金沢市史　通史編一　原始・古代・中世』（金沢市、二〇〇四年）。

［12］笠間郷土史編さん委員会『笠間郷土史』第十八章「伝統文化」（松任市笠間公民館、一九八六年）。

［13］金沢大学法学部内日本海文化研究室編『加越能寺社由来　上巻』（石川県図書館協会、一九七四年）。金沢大学法学部内日本海文化研究室編『加越能寺社由来　下巻』（石川県図書館協会、一九七五年）。

［14］『小松市史』（二）沿革編　不動島町。

［15］寺井町史編纂委員会編『寺井町史　第一巻　歴史編』（中田良三、一九九二年）。

［16］鞍馬蓋寺縁起。京都市左京区にある鞍馬寺の縁起で、鑑禎草創・藤原伊勢人建立、東寺十禅師峯延・鎮守府将軍藤原利仁・藤原在衡の霊験を記す。藤原重雄「掛幅本「鞍馬寺縁起絵」の絵画史的位置」（佐野みどり・新川哲雄・藤原重雄編『中

世絵画のマトリックス』青簡舎、二〇一〇年）。

［17］橋本章彦『毘沙門天――日本的展開の諸相』（岩田書院、二〇〇八年）。

［18］天台系の諸尊法を集録した一三世紀の『阿娑縛抄』「諸寺略記下」には、次のような話が語られる。「根本観音堂　俗曰横川中堂。在砂碓堂（中略）安置聖観音像一体。不動毘沙門像一体右慈覚大師入唐求法之後。解纜浮船之間。忽遭大風。欲没南海。念彼観音力。現毘沙門身。大師即使図画彼像。風晴波平。須臾著彼岸。帰山之後。建立一堂。安置観音像。毘沙門像。依彼海上願。所被果遂也」（『大正蔵図像』九、七七〇c）。

［19］関根理恵ほか「都幾山慈光寺所蔵　木造伝毘沙門天立像の再修復処置について」（『江戸川大学紀要』二五、二〇一五年）。

［20］石川県吉野谷村佐良に所在する。

［21］加須屋誠『仏教説話画の構造と機能』（中央公論美術出版、二〇〇三年）。

［22］こうした場面は、『一遍聖絵』や『遊行上人縁起絵』にみることができる。

第三章……職人図像の変容

なぜ泥棒は風呂敷を背負うのか

❖木村直登

「七十一番職人歌合絵《ななじゅういちばんしょくにんうたあわせえ》」に突如あらわれた大袋を担ぐ「蔵回《くらまわり》」という職人。剥ぎ取りが横行していた時代、蔵回は、盗んだ古着を売りさばいて利益を得る盗賊であった。本稿は、この特異な職人の実像を明らかにしていく。それは、現代のわたしたちが知る〝唐草風呂敷を担ぐ泥棒〟の誕生の歴史へとつながるのだった。——山本湧也

一　蔵回と大袋

『七十一番職人歌合絵《ななじゅういちばんしょくにんうたあわせえ》』は、一四二人の職人を左右に分け、月と恋を詠んだ歌合形式の職人絵である。▼注[1]土佐光信が絵を描き、東坊城和長《ひがしぼうじょうかずなが》が詞書を書き、その成立年代は明応九年（一五〇〇）ごろとする説がある。こ

の作品がつくられた一五世紀後半は、応仁・文明の乱以来、群雄割拠の戦国時代を経て、泰平の世へと移りゆく激動の時代であった。

この『七十一番職人歌合絵』の四一番に、「蔵回《くらまわり》」と呼ばれる職人が描かれている〔図版1〕。蔵回は、この『七十一番職人歌合絵』のなかに突如として登場し、以後、ほとんど史料上に記されることなく姿を消してしまう特異な職人であった。

侍烏帽子《さむらいえぼし》をかぶり、素襖《すおう》姿で草履を履いた男で、袴の裾はたくし上げている。左肩には大袋を担ぎ、右腰に大小二本の太刀があり右手を添えている。そして左足を一歩前に出していて、歩いているようにもみえる。一見ふつうの侍風の男である。とはいえ、太刀を右にもち、大きな袋を担ぐなど、異質性を感じさせる。

〔図版1〕四十一番「蔵回」

蔵回とはどんな職人なのだろうか。これまでの研究史を整理して、蔵回の特徴をまとめておこう。

第一に、蔵回は質流れ品を売買して歩く商人であった。『七十一番職人歌合絵』には、「恋衣　袖をかへばや　蔵まわり　絶えず涙の　流れ物とて（恋衣がいつも濡れているので、質流れの着物の袖を付け替えるように袖を替えたい蔵回、絶えず恋の涙を流し続けていますよ）」という和歌が詠まれている。この「流れ」は、「涙が流れる」と「質流れ」の掛詞で、蔵回が質流れ品を扱っていたことの証拠である。また蔵回の台詞にある「おつかひ物」はお買い得品を意味し、リサイクルの廉価性を強調した呼びかけであった。さらに、「蔵」は質屋をあらわし、営業質屋は「倉庫」

の名で鎌倉期から存在していたことから、蔵回が質屋と不可分な関係にあったとみていいだろう。加えて、蔵回と対になっている牙儈《すあい》は、中世末期から近世にかけて、上方を中心に商行為の媒介をする仲買人であり、蔵回も同種の職能をもっていたと考えられる。

第二に、蔵回の主な売買品は古着と刀であった。袋の中身が古着であったことは史料には残されていない。ただし、先の和歌に詠まれた「恋衣袖をかへばや」には、「袖をかへ」という和歌の常套句を含んでいるため、蔵回という職人が衣と深い関係をもっていたことを示している。また左腰ではなく、右に刀をさしているのも、営業用の売買品であったとみていいだろう。

第三に、蔵回は夜間に活動していた。『七十一番職人歌合絵』には、「蔵まはりただいたづらにくるる戸のあけぬ夜深き月を見るかな（蔵回はただ無意味に枢戸を開けず、さらには夜も明けない夜に、深い月を見るのだな）」という和歌も載せられている。「くるる戸」は「枢戸」と「暮るる」の掛詞である。これは、蔵回がまだ夜も明けていないころ合いに活動している姿を詠んだものであろう。

第四に、蔵回は一五世紀末ごろに出現した職人である。蔵回の初出は『七十一番職人歌合絵』であり、この時期に登場した新しい職人であったと考えられる。

加えて、蔵回が大袋を担ぐ姿はある別の存在と重なる。それは泥棒である。保立道久氏によれば、「袋持ちの下人」という言葉は、平安時代から戦国時代まで使われていたという。▼注[2] また弘化四年（一八四七）成立の『賤者考』によると、乞食は「袋持」と呼ばれていた。袋をもつことは、相対的に社会的身分の低い人間が担う行為であり、「袋」そのものに卑しい意が含まれていたようだ。さらに、中世には、「大袋」と呼ばれた犯罪があった。石井良助氏によれば、「大袋」は盗品の奪取・運搬手段としての袋で象徴される、特異な姿の強盗を示しているという。▼注[3]『沙汰未練書《さたみれんしょ》』や『地蔵菩薩霊験記』には、大袋と強盗を連想させる記述が残されている。

以上のように、中世における大袋とは、袋を担ぐ者への賤視とともに、「大袋」という強盗を連想させるものであった。大袋を担ぐ蔵回もまた、賤視されるべき強盗であった可能性は高い。

二 「剥ぎ取り」の歴史

古着や刀を盗む行為の歴史的背景には、「剥ぐ」という行為がある。

そもそも原始以来、「剥ぐ」という行為は、聖なる行為であった。縄文時代中期から後期になると、日本人の衣料は毛皮製品から植物繊維へと転換していたが、種々の動物の毛皮がさまざまな用途に利用され続けた。たとえば、防寒着や夜具、敷物、帯や履物、箱などの調度品に加工品されて利用することもあった。さらに、神事や祭礼に際して、動物の皮が、天の神・地の神への供え物として用いられた。動物の皮は、その動物の骨や肉はもちろん、魂をも包み込んでいる。「剥ぐ」という行為は、動物の身を滅ぼすだけでなく、魂までも奪い去る。人類の歴史は、実に多くの「剥ぐ」という行為の犠牲の上に発展してきた。▼注[4]

こうした皮革の剥ぎ取りは、本来、その動物がもっていた力を奪い取ることであり、畏怖すべき行為でもあった。それは、衣服の剥ぎ取りでも同じである。衣服は自身を包み込むことに加え、防寒や装飾などの価値を生み出す。すなわち、衣服の剥ぎ取りは、持ち主がもっている社会的地位や価値そのものを奪い取る行為といえよう。

古代・中世の古文書や文学作品における衣服の剥ぎ取りの特徴をまとめてみよう。

第一に、加害者のほとんどが盗賊を生業とするプロ集団であった。第二に、被害者は古文書と文学作品では異なるものの、社会的身分の低い者か、高い者かの両極端である。社会的身分の低い者を対象とするのは、剥ぎ取る確率を高めるためであろう。一方で、社会的身分の高い者を狙うのは、高価な衣服を手に入れ、盗人自身の利益を増やすためだと考えられる。第三に、古文書では屋内へ盗みに入る剥ぎ取り、文学作品では屋外での剥ぎ取りが多かった。中世には、すでに屋内へ盗み入る行為と屋外での行為が両方あったようである。第四に、夜という時間帯である。夜の盗賊行為は、不意打ちや姿をくらますなど、盗賊行為の成功率を高めることができる。古代・中世の剥ぎ取りは、高確率で成功し、高利益をもたらす常習の行為であった。夜に盗みに入る行為は、現代の泥棒イメージにも通底するものである。

以上のように、古代・中世の日本では盗む行為としての「剥ぎ取り」が普遍化しており、文学作品にはその活躍ぶりが実に豊かに描かれている。貨幣経済が十分に確立していない古代から中世では、貨幣は盗みの対象ではなく、これに代わる高価な物品が狙われた。その代表が衣服であった。しかも、剥ぎ取るのは高価な衣服ばかりではない。動物の毛皮がそうであったように、身分の低い盗人にとって、その衣服を着ている人物の社会的地位をも剥奪する意味をもっていたのだ。

三　中世京都における盗賊行為

蔵回という職人は、なぜ一五世紀末に登場したのだろうか。一五世紀から一六世紀までの京都における盗賊行為に焦点をあててみよう。

応永八年（一四〇一）から慶長四年（一五九九）までの間、六五〇件の盗賊行為が確認できた。▼注[5] そのうち、洛中の盗賊行為が頻発した時期は、大きく五つに分けることができる。すなわち、①永享八年（一四三六）から永享一〇年（一四三八）の年平均四件、②文安四年（一四四七）から文安六年・宝徳元年（一四四九）の年平均四件、③康正二年（一四五六）から寛正三年（一四六二）の年平均五件、④寛正七年・文正元年（一四六六）の年平均一二件、⑤文明九年（一四七七）から永正四年（一五〇七）の年平均一一件である。

もっとも頻発していたのは④・⑤である。特に盗賊件数の多い年を抽出すると、（A）文明一〇年（一四七八）

一四件、(B)文明一一年(一四七九)一三件、(C)文明一八年(一四八六)三二件、(D)延徳三年(一四九一)三八件、(E)明応六年(一四九七)一三件、(F)文亀四年・永正元年(一五〇四)一七件があげられる。

文明九年(一四七七)に応仁・文明の乱が終息し、山名氏と細川氏による和平交渉が行なわれた(A)期になっても、洛中の荒廃は続いていた。同じように、(C)の時期には山城の国一揆があり、(D)の時期には、明応の政変があった。洛中の荒廃による社会情勢の悪化が、盗賊行為を引き起こしていたのである。(E)・(F)の時期になっても、盗賊行為が引き続き行なわれていた。ただし、(C)・(D)期にくらべるとその件数は少ない。応仁・文明の乱で洛中は荒れ、室町時代が終わるとともに、群雄割拠の戦国時代へと移行した。戦乱で荒廃した洛中では盗賊行為が恒常化した。一方で、戦乱の場が日本各地へと伝播し、盗賊行為も付随して広がっていった。洛中を中心とした都市盗賊から、交通路や地域社会における影の盗賊へと拡散し、全国に展開していったと考えられる。

すなわち、一五世紀末に蔵回という職人が登場した最大の理由は、この一五世紀後半における盗賊行為の激発と全国展開にほかならない。

その根拠として、第一に、時期的符合があげられる。洛中盗賊が激発した一五世紀後半は、蔵回の登場時期と重なっている。第二に蔵回の活動時間である。一五世紀から一六世紀に激発した盗賊行為は、朝・昼が約一〇パーセント、夜が約四五パーセントであった。夜の盗賊行為が、朝・昼の約五倍多いことがわかる。先述したように、『七十一番職人歌合絵』の蔵回もまた夜を主要な活動時期としていた。第三に都市盗賊と古着商の関係性である。一五世紀から一六世紀までの盗賊行為のなかで衣服を「盗」んだり、「剥」いだりする行為は、八七件確認できた。そのうち五六パーセントにあたる四九件までが、一五世紀後半に集中している。一五世紀後半の都市盗賊の最大の特徴は、衣服の「剥ぎ取り」にあったとみてまちがいない。「剥ぎ取り」の横行は、古着商を営む蔵回という職人の誕生をうながしたのである。

四　蔵回の正体

一五世紀から一六世紀の京都における社会情勢の悪化は、都市における盗賊行為の激発をもたらした。この背景のひとつに足軽の存在がある。

応仁の乱による洛中の荒廃は、都市に大量の足軽を出現させた。[注6] 足軽といえば、戦国時代における足軽隊など、組織化された歩兵隊のイメージが強いが、南北朝期においては、秩序立った戦闘員とはほど遠い存在であった。早島大祐氏によれば、当時の足軽にはふたつの性格があり、「盗賊としての足軽」と「商人としての足軽」のふたつを合わせもっていたという。[注7] これらは、蔵回という職能と合わせ鏡のごとく一致している。つまり、足軽たちは、夜間に古着を剥ぎ取り、質屋に横流しすることで利益を得る商人でもあったのだ。これこそが、蔵回の正体なのである。

さらに、一五世紀末に蔵回という職人が誕生する背景に、戦場における乱取りの恒常化があげられる。乱取りとは、戦場での物取りや、人を生け捕りにすることであり、戦の目的のひとつになっていた。勝者には乱取りが認められ、雑兵に対する褒美でもあった。これは、戦場における「剥ぐ」行為といえるだろう。

『太平記』第九巻「両六波羅都落ちの事」や第一六巻「新田義貞西国進発の事」から、戦場特有の「剥ぎ取り」は南北朝期前後に定着していたと考えられるが、乱取りが爆発的に増加するのは一五世紀以降である。一六世紀には列島各地で乱取りが頻繁に行なわれ、その目的も、利益の獲得や、戦国大名の統治支配のためなど、さまざまであった。[注8] こうした乱取りにおいて「剥ぎ取り」も恒常化していたはずであり、剥ぎ取った衣類は、質流しにして利益を得ていたとみられる。つまり、乱取りの恒常化が、蔵回が出現した、もうひとつの理由と考えられる。

五　近世における盗賊と古着商

一五世紀末に登場した蔵回という職人は、以後、ほとんど史料上に記されることなく姿を消してしまう。蔵回はその後どうなったのだろうか。その手がかりとなるのは、享保一二年から同一三年（一七二七〜二八）ごろに成立したとされる『落穂集《おちほしゅう》』である。▼注〔9〕

天正一八年（一五九〇）八月、徳川家康が江戸に入城したころ、多数の泥棒が町に入り込んだため、江戸の治安が悪くなった。家康は、盗人の張本人を捕らえるよう、幕府の役人に命じた。幕府は、関東で悪名高い「すりの大将」鳶沢甚内《とびさわじんない》を捕らえた。家康は、鳶沢甚内を殺さず、その代わりに泥棒を捕らえるよう命じた。鳶沢甚内は、この提案を三つの条件付きで了承した。それは、（1）ひとりで捕らえるのは困難なため、手下を帯同させること、（2）拠点となる敷地を設けること、（3）古着の専売を認め、鳶沢甚内を古着商の元締めにすることであった。幕府はこの条件をすべて受け入れ、鳶沢甚内の姓をとって「鳶沢町」という名の町をつくった。鳶沢の手下は、古着で商いをしつつ、泥棒を捕らえ、次第に盗賊行為も鎮静化していった。

鳶沢町は、現在の東京都中央区日本橋にある「富沢町」に該当し、江戸時代を通じて古着商の中心地であり続けた。富沢町の栄えていた様子は、数多くの史料から確認できる。たとえば、享保一七年（一七三二）成立の『江戸砂子』に「古着店多し。かし通にて毎朝古着市立」とある。また、天保三年（一八三二）成立の『江戸繁昌記』では「富坊も亦一大繁昌市なるかな。旧衣肆店、経緯櫛比し、路を夾んで席を連ぬ」とある。毎朝、道をはさんで古着店がひしめく市が立ち、「一大繁昌市」をなしていたという。

とはいえ、『落穂集』が記す鳶沢甚内の逸話は、その信憑性が疑われる。

鳶沢甚内は、「三甚内」と呼ばれる盗賊（向崎甚内、庄司甚内）のひとりとして語り伝えられた。向崎甚内は、鳶沢甚内と同様に、武士から泥棒へと転身した者であり、庄司甚内は武士出身で、遊女屋を集め吉原をつくった人物である。三甚内のエピソードは巷間で語り継がれており、鳶沢甚内は上杉氏に仕えた武士であったという伝承もある。▼注[10] 武士でありながら、盗みをくり返し、泥棒へと転身した姿は、一五世紀の盗賊行為を支えた足軽と重なる。また、『寛文新版江戸図』によると、町の名前は「富沢町」と記され、寛文年間(一六六一～六七)には町名は変更されていたようだ。寛文年間以前の史料で「鳶沢町」の町名を記す史料は、管見の限り見当たらない。鳶沢甚内の逸話は、古着商の町として栄えた富沢町が創り出した架空の由緒であったのかもしれない。伝承であったとしても、鳶沢甚内は、古着商人に転身した泥棒であったことになる。しかも、みずから古着商の元締めとなり、古着商という職能を本格化させ、古着商の地位の確立と「鳶沢町」という商人町の形成に大きく寄与した人物といえよう。

こうした鳶沢甚内の姿は、蔵回と共通する特徴をもっている。

第一に、蔵回と鳶沢甚内は、ともに古着を商う商人であった。『落穂集』によれば、富沢町の商人は、ふたりで連れ立ち、布でつくった長い袋を担いでいる。袋には、鳶沢の印が付けられていたという。ひとりが「古着」といえば、もうひとりが「買おう」といって、道の両側を左右に分かれて買い歩く。これは、大きな袋を担いで「おつかひ物」と呼びまわる蔵回の姿を彷彿とさせる。

第二に、「鳶」という言葉である。「鳶」を辞典類でひくと、「古く中世から見られ、取引における仲介者や仲介料のことを指す。関東では才取《さいとり》、関西では牙儈《すあい》といい、長崎では数合《すあい》といった。そして、明治期以後には、ブローカーといわれた。問屋と仲買の間、生産者と問屋の間、さらには仲買と小売の間などに介在して、得意な商品知識によって取引の円滑化につとめた」とある。「鳶」は、鳶沢甚内や鳶沢町の頭文字で、「鳶」と「牙儈」は同義であるという。牙儈は、『七十一番職人歌合絵』で、蔵回と対になっている職人である。つまり、「鳶」と「蔵回」は、「牙儈」を介して深い関係があるといえるだろう。

第三に、鳶沢が関東に名をはせた「すりの大将」であった点は、これまでに述べてきた盗賊と古着の関係と符合する。ただし、鳶沢甚内が架空の人物であるとすれば、「すりの大将」の信憑性は低い。しかし、古代以来の「剥ぎ取り」の歴史のなかで、盗賊行為は古着そのものと本源的に結びついてきた。

創作だとしても、鳶沢甚内が泥棒であるのは一五世紀後半に登場した蔵回の影響であろう。これまでみてきたように、蔵回とは古着商人であり、泥棒であった可能性が高い。「古着」「泥棒」は、鳶沢甚内と蔵回を強く結びつけるキーワードなのだ。

なお、富沢町は、元禄期に古着の専売を許可されたがのちに廃止された。そこから約二〇年の時をへて、享保期に古着の専売を許可された。古着の専売権の獲得に苦心した富沢町の古着商人たちは、みずからの権益をよりたしかなものにするために、専売の由緒を享保期ではなく、天正および慶長期にさかのぼらせる必要があった。そこで登場したのが、鳶沢甚内という「すりの大将」であった。こうした商人たちの主張に何らかの影響を受けて、『落穂集』の鳶沢甚内の逸話が創り出されたと考えられる。鳶沢甚内とは、蔵回の表象を受け継ぐ存在なのである。

六　盗人イメージの変容——大袋から風呂敷へ

「剥ぐ」盗賊・乱取りから蔵回、江戸富沢町の古着商へ。中世から近世にかけて盗賊が職業化しても、変わらなかった特徴がある。大きな袋を担ぐ姿である。本節では、蔵回の登場以降における泥棒の表象の歴史をたどってみよう。

一五世紀に描かれた『地蔵菩薩霊験記』で逃げ出す強盗は、左肩に袋をかけて廊下から飛び降りている。〔図版1〕にみるように、蔵回も左肩に大きな袋を担いでいた。『落穂集』によれば、富沢町の古着商たちも、「布にてつくりたる長き袋をかたけ」て古着を売り歩いていた。

ところが、こうした中世以来の盗賊をあらわす大袋の図像は、一九世紀に入ると、風呂敷へと大きな変化をとげる。たとえば、安政四年（一八五七）から万延二年（一八六一）ごろに、二世歌川国貞《うたがわくにさだ》（一七八六〜一八六四）が描いた『花曇《はなぐもり》 朧夜草紙《おぼろよぞうし》』の挿絵では、盗賊の首領暁星五郎は風呂敷を担いでいる。▼注[11] また歌川豊国（一八二三〜八〇）『鼠小紋東君新形《ねずみこもんはるのしんがた》』に登場する鼠小僧は、風呂敷で頬被りをして、背中にはやはり風呂敷を担いでいる。▼注[12] 盗賊のもつ大袋は、図像の上では一九世紀までに風呂敷へと変化していたのである。

風呂敷とは、物を包むための正方形の絹または木綿の布である。「風呂敷」の初見記録は、元和二年（一六一六）ころの『駿府御分物御道具帳』に記された「こくら木綿風呂敷」であるが、『近世事物考』によれば、包みとしての風呂敷が登場するのは寛保年間（一七四一〜四三）とされている。▼注[13]

また京都の呉服商大丸の下村彦右衛門《しもむらひこえもん》は、「大丸」の商標を染め抜いた風呂敷に品物を包んで商売した。大丸が寛保三年（一七四三）に江戸に店舗を構えると、江戸中で風呂敷が評判になったという。『八王子織物史』によれば、店舗を構えた七年後の寛延三年（一七五〇）、大丸の風呂敷の仕入高は一四五〇〇枚あった。その後仕入高を増やし、文政一一年（一八二八）には、六〇六七〇枚となった。大丸一店舗分の枚数と考えても、多くの風呂敷を販売していたことがわかる。▼注[14]

それまで物を運ぶ手段として使用されてきた大袋よりも、容易に入手でき、利便性のある風呂敷が、一躍その地位に取って代わったのだ。この第一次風呂敷ブームこそが、泥棒イメージの変容に少なからぬ影響を与えたものと推測される。風呂敷ブームは、近代以降も続く。明治四年（一八七一）刊行の『染風呂敷傅法』によれば、明治初期において、染風呂敷《そめふろしき》はどの家庭にもあるほど需要があった。

こうしたなかで、明治末期から昭和期にかけて、爆発的に流行したのが唐草模様の風呂敷であった。明治三〇年代（一八九七〜一九〇六）に入ると、木綿唐草風呂敷の生産がはじまる。明治四三年（一九一〇）に創業した京都の森治商店は、唐草風呂敷の卸問屋であった。大正中ごろから第二次世界大戦ころまで、年間約三万枚を生産しており、ピークを迎えた一九六〇年代には、年間一八〇万から二〇〇万の唐草風呂敷を取り扱っていたという。

唐草風呂敷を担ぐ泥棒。それは、わたしたち現代日本人の多くが思い描く泥棒の表象である。この泥棒像の成立には、唐草風呂敷の大ヒットが影響していると想像できよう。次に、こうした唐草風呂敷を担ぐ泥棒の誕生を、大衆漫画から探ってみることにしよう。

明治三六年（一九〇三）八月刊行の『灰殻木戸郎《はいからきどろう》』、昭和六年（一九三一）から昭和一六年（一九四一）に掲載された『のらくろ』、昭和一〇年（一九三五）刊行の『ガンガラガン太』に、風呂敷を担ぐ泥棒や風呂敷で頬被りする泥棒が登場する。一九世紀以降戦前になっても、風呂敷と泥棒の関係は深く結びついていたことがわかる。ところが、唐草風呂敷と泥棒がセットで描かれた図像は見つからない。

どうやら唐草風呂敷を担ぐ泥棒が最初に登場する漫画は『サザエさん』と思われる〔図版2〕。長谷川町子『サザエさん』は、『朝日新聞』に昭和二一年（一九四六）四月から昭和四九年（一九七四）二月の間に掲載された大衆漫画である。『サザエさん』全四五巻のなかには、五九点の泥棒と唐草風呂敷の図像を見つけることができる。泥棒の種類は空き巣・強盗・スリなどさまざまで、特徴も頬被りや濃いひげなどであらわされている。

他方、唐草風呂敷の図像は一五点確認できた。その初見は第七巻で、『朝日新聞』の昭和二六年（一九五一）八月から昭和二七年（一九五二）一月までに掲載された。

注目すべきことに、一五点のうち六点の図像が、泥棒と唐草風呂敷をセットで描いていた。六点の唐草風呂敷は、すべて盗品を包んだ状態で描かれていた。そのうち五件は、首にまいて担ぐ様子である。その初見は、昭和三九年（一九六四）三月から同七月に連載された第二八巻で、泥棒がタクシーへの乗車を拒否され警察官に訴えている、なんとも滑稽な場面である。その姿は、まさに現代の泥棒イメージの典型といっても過言では

〔図版2〕『サザエさん』にみられる唐草風呂敷を担ぐ泥棒

ない。

　唐草風呂敷を担ぐ泥棒が描かれた六点は、いずれも昭和三九年（一九六四）から昭和四六年（一九七一）の八年間に集中している。それは、森治商店が唐草風呂敷をもっとも大量に生産されていた時代と符合している。『サザエさん』が描かれた時代は、唐草風呂敷が流行した時代なのだ。

　一九六〇年代の日本は、高度経済成長の真っ只中にあった。経済構造の変化にともなう農村人口の都市流入は、多くの人びとに移動をもたらし、衣類や布団を包む唐草模様の風呂敷が重宝されたにちがいない。一九六〇年代の爆発的な唐草風呂敷ブームが、泥棒が担ぐ風呂敷を唐草模様へと変容させていったのであろう。

　以上のように、寛保年間（一七四一～四三）の風呂敷の普及にともない、一九世紀までには泥棒が担ぐ大袋は風呂敷へと姿を変えた。その後、一九六〇年代の高度経済成長にともなう唐草風呂敷の大ヒットによって泥棒の風呂敷も、唐草模様へと変化していった。こうして古代以来、盗賊が所持していた大袋から、現代のわたしたちが知る唐草風呂敷を担ぐ泥棒へと、その表象の歴史をたどってゆけるのである。

【注】

［1］岩崎佳枝ほか校注『七十一番職人歌合』（岩波書店、一九九三年）。本論文は、木村直登「盗賊と古着――『七十一番職人歌合絵』「蔵回」を読む――」（『北陸史学』六四、二〇一五年）を改編したものである。

［2］保立道久『絵巻の中の肉体　中世の愛と従属』（平凡社、一九八六年）。保立道久「大袋と袋持」（『黎明館調査研究報告』

二一、二〇〇八年)。
[3] 石井良助「古法制雑考」(『国家学会雑誌』六月号、一九五一年)。
[4] 西村三郎『毛皮と人間の歴史』(紀伊國書店、二〇〇三年)。
[5] 小高恭『中世京都　闇と陰の世相史年表』(岩田書院、二〇一〇年)。
[6] 足軽については『樵談治要』のなかで、「足がるといふことは旧記などにもしるさゞる名目なり」、「此たびはじめて出来れる」、「前代未聞」の記述がある。
[7] 早島大祐『足軽の誕生　室町時代の光と影』(朝日新聞出版、二〇一二年)。
[8] 藤木久志『新版雑兵たちの戦場　中世の傭兵と奴隷狩り』(朝日新聞社、二〇〇五年)。
[9] 荻原龍夫ほか校注『落穂集』(江戸史料叢書)』(人物往来社、一九六七年)。
[10] 海音寺潮五郎「鳶沢甚内聞書」(『海音寺潮五郎全集』一五巻　朝日新聞社、一九七一年)。
[11]『花曇朧夜草紙』は、二世為永春水(一八一八年~八六年)作で合巻である。
[12]『鼠小紋東君新形』は柳水亭種清(一八二三年~一九〇七年)作。
[13] 竹村昭彦『風呂敷』(日貿出版、一九九四年)。
[14] 正田健一郎『八王子織物史』(八王子織物工業組合、一九六五年)。

コラム①

イントロダクションができるまで

黒田　智

本書所収の各論文の冒頭には、二〇〇字ほどの紹介文が付されている。

これは、二〇一八年度金沢大学学校教育学類の開講科目「日本史B」での書評会の成果である。本書に収めた論文の締め切りがすぎ、ほとんどの原稿が寄稿された二〇一八年四月ころ、各論文の内容や文章表現を吟味し、手直しをすすめるかたわらで、この授業は実施された。

まず授業がはじまる前までに、①受講者は、前週に配布された論文（本書の執筆者から提出されたもの）を熟読して、所定用紙に二〇〇字程度の短評を執筆し、大学のオンラインネットワークシステムを通じて提出しておく。その間、②教員であるわたしは、次の授業までに対象となる論文をあらかじめ校正しておく。

授業では、③改めて校正した論文の全文を読み上げて、語句や文章表現の修正を確認する。次いで、④受講生が提出した短評のすべてを無記名で配布し、読み上げる。⑤受講生は、どれがもっとも優れた書評かを検討する。配布された用紙には、もっとも優れている書評に○、次点に△を付した上で、できるかぎりすべての書評に対する感想や文章表現上の修正点などをコメントして、無記名で投票する。⑥投票結果を開示して、最優秀書評を決定する。さらに修正すべき点を話し合い、全員が納得のゆく最終原稿案を確定する。後日、⑦優秀者は修正をほどこした原稿を再提出する。

論文の内容を二〇〇字程度で要約し、誰もが読みたくなるようなわかりやすい紹介文を執筆するのは、思っているほど簡単ではなかった。当初、提出された書評のなかには、的外れな要約や事実誤認も少なからず見受けられた。また、主述があいまいで、重文・複文が複雑にからんだ難解な文章を書いているものもあった。

一文の字数を減らして、主述のはっきりしたシンプルな単文を心掛ける。意味を伝えやすく、声に出して読んだときに自然な息継ぎができる程度の読点、段落ごとの意味のまとまりを意識しながら適度な改行をおこない、全体の構成を組み立てること。とりわけ全文字に占める漢字の比率は、知っている漢字をすべて漢字にしてしまいがちで要注意。とかく漢字の多い日本史の論文を作成したり、紹介したりする際には、接続詞や述語になる言葉をなるべくひらがなにするように気をつけて、五〇パーセント以下をめざす。

受講生たちは、回を重ねるごとにコツをつかみ、体言止めや対句などを駆使しながら、短い字数のなかでおもしろい紹介文を作成してくるようになった。また、投票用紙には辛口のコメントや、聞いている誰もがうなずきたくなるような的確なアドバイスが並びだした。

さらに、誰がどんな紹介文を書くのか、次第に各人の癖を見ぬきはじめ、よいところはまねをしてゆくようになった。こうしてこれから卒業論文に取り組む若い学生たちによるユニークな視点から生み出されたのが、本書所収のイントロダクションである。

2018年　月　日（火）4時限　　教室			
科目名	日本史B	教員	黒田　智
評価（○・△）		主な受賞理由／辛口コメント　ほか	
	A	段落間で違う話しすぎてつながりがわからない。3段落目は良い要約。	
	B	～であった。～していた。～もっていた。と続くと気になる。	
	C	狙いすぎ。ちょっと体言止めが多い気がする…。もう少し文と文のつながりがある方が良いかなと思います。	
	D	「この論文では」からを3段落目にすると読みやすくなると思った。	
	E	はじめの文は読者をひきこみやすそうでいい。けど、一段落が少し長くて重たい気がする。	
	F	導入が身近な問題でよい。でもかなりの変化球。	
○	G	好き。引き込まれるような文章で、読みやすい。	
	H	読点の多さに差があると思った。「記憶が刻まれていた」がなんか違和感。	
	I	短い文字数にしては、よくまとまっていると思う。	
△	J	最後の文章はかっこいい。大事なことがしっかりまとまっている。	

第四章……像背墨書銘を手がかりに

前田利常の鬼子母神

❖岡田彩花・鳥谷武史

鬼子母神。鬼のような形相をした恐ろしい神様を想像するかもしれない。金沢市内の卯辰山《うたつやま》の一角にある真成寺《しんじょうじ》。そこには微笑みをたたえた優しい表情をした鬼子母神が存在する。寺伝によると、丹羽長重《にわながしげ》が小松城主であった時期に天守に祀ったとされている。それが後に加賀藩二代藩主利常に渡った。鬼子母神と利常。そして、その母である寿福院。彼らをとりまく加賀藩の重臣、真成寺にゆかりのある人びとの思いをみていこう。――玉川泉妃

一　真成寺所蔵「鬼子母神像」「十羅刹女像」

妙蓮山真成寺は、金沢市内を一望する卯辰山麓にある日蓮宗寺院である。寺伝によれば、加賀三代当主前田

利常が、崇拝していた鬼子母神像を利常の伯父日条上人《にちじょうしょうにん》に託したことから創建されたという。現在も鬼子母神堂に安置されている等身の木造鬼子母神座像がそれである〔カラー図版2〕。これは、もともと丹羽長重が小松城の天守にまつっていたものと伝えられている。しかしながら、長重から利常へと鬼子母神像が譲渡されたことを伝える史料も、長重や利常が鬼子母神を信仰していたことを示す史料さえも残されていない。真成寺《しんじょうじ》の鬼子母神像は、いかなる来歴をもつのだろうか。

真成寺の鬼子母神像は、堂内の高さ約三メートルの壇上に安置されている。▼注[1] その脇には左右五体ずつの十羅刹女《じゅうらせつにょ》像に加えて天部坐像、僧形坐像など、合わせて一三体の像が並んでいる。面貌や宝冠などの装身具、法量《ほうりょう》などから、これらも鬼子母神像の造立からほどない時期に制作されたものとみられる。

鬼子母神像は、基壇《きだん》に腰をかけた全高約一〇五センチの等身像で、唐服をまとい、宝冠をかぶり、左手に嬰児《えいじ》を抱き、右手に吉祥果と呼ばれる柘榴《ざくろ》をとる。開いた口からは歯が見え、微笑みをたたえた優しい表情をしている。宝冠や手などに欠損部分が見受けられるが、唐服の彩色はよく残り、鮮やかさを保っている。墨書はない。

十羅刹女像は、鬼子母神像の左右に五体ずつ並ぶ。基壇に腰かけ、体には唐服をまとい、宝冠をかぶる点は共通するが、表情や両手に執る持物はそれぞれ異なる。総高は平均約九三センチとひと回り小さく、一〇体すべての背面に墨書銘が確認できる。持物や銘文から判明した像主名と背面の墨書をまとめたのが〔表1〕である。

列島各地に現存する鬼子母神像は、柔和な天女の図様と、憤怒する鬼女の姿とに大別される。天女形の鬼子母神像（訶梨帝母像《かりていぼぞう》）には座像が多く、比較的古い作例に平安後期の醍醐寺所蔵「訶梨帝母像」や園城寺所蔵「訶梨帝母像」があげられる。▼注[2] 他方、鬼女形の鬼子母神立像はやや遅れて制作されたようで、近世以降の作例が目立つ。延享四年（一七四七）の千葉弘法寺所蔵「鬼子母神像」や福井妙勧寺所蔵「鬼形鬼子母神像」は、いずれも鬼女形でありながら右手に吉祥果を執り、左手に嬰児を抱く。▼注[3] 真成寺像は、古様にならった天女形像の特徴をもち、安産と育児をつかさどるにふさわしい。

〔表 1〕十羅刹女像の銘文

R① 藍婆像
開眼師本山日□／湛信院日代（花押）／奉寄進／一名藍婆□□□／□□□□□□□

R② 曲歯像
三名

R③ 黒歯像
施主　乗物や勘右衛門／□□□□□□／五名黒歯為□□／□□□□□□□／所願成弁皆令／□□也／□□□□□
□□／天和□貳／九月吉日／開眼法師／湛信院日代（花押）

R④ 無厭足像
奉寄進／□□□□□□／所願成□□□□／□□□□□□□／天和三六月吉日

R⑤ 皐諦像
施主　前□□□□□／清光院□□／日□／開眼法師／日代（花押）／奉寄進／九名皐諦／所願□□□□□／為□□□
□□□／天和三年六月廿八日

L① 毘藍婆像
病即消滅　不老不死／令百由旬内無諸衰患／除其衰患　令得安穏／諸余怨敵　皆悉罪滅／所願成就皆令満足／天和
貳□□暦／五月八日　湛信院日代（花押）／施主　篠島吉之丞　敬白

L② 華歯像
奉寄進　□□代（花押）／四名華歯為／現安後善子孫／息□延命所願／□□皆令満足／除基□□令得安穏／天和□貳
九月吉日／施主　乗物や勘右衛門／源性院宗覚

L③ 多髪像
奉寄進　開眼師／日代（花押）／六名多髪／所願成弁□□満足／延覚／横山左衛門貞次／天和三年六月貳日　日奥

L④ 持瓔珞像
奉寄進／八名持瓔珞　日代（花押）／祈願成菩薩／皆令満足／施主　銭屋九兵衛　敬白

L⑤ 奪一切衆生精気
開眼法師／奉寄進　日代（花押）／十名奪一切衆生精気／所願成弁□□満足／施主　銭屋九兵衛方／天和三年六月□
日

日蓮（法華）宗寺院では、しばしば鬼子母神像を安置し、鬼子母神を篤く信仰していた。たとえば、開祖日蓮の文書を集めた『日蓮遺文』には、鬼子母神にかかわる記述が八カ所ある。それらの特徴として、第一に、文永二年（一二六五）の一点を除き、文永一〇年（一二七三）から建治四年（一二七八）の文書で、弘安五年（一二八二）に日蓮が死去する直前の期間に偏在している。第二に、鬼子母神・十羅刹女は、釈迦如来や多宝如来と併記され、法華経の護法神とされていた。▼注〔4〕第三に、それらは日蓮宗信仰者を守護する神として語られている。蒙古合戦を経験した晩年の日蓮にとって、鬼子母神と十羅刹女は、「諸仏、菩薩とともに日蓮を守護」し、「総じて法華経の行者を守護」する特別な尊格であったようである。こうした日蓮の鬼子母神信仰は、後世の日蓮宗寺院へと継承されていった。真成寺像もまた、こうした信仰を背景としたものといえるだろう。

二　丹羽長重と前田利常

真成寺の寺伝によれば、鬼子母神像は、丹羽長重《にわながしげ》が小松城主であった時期に天守に安置されていたものという。とはいえ、織田信長の重臣であった丹羽長秀とその子長重に関する史料をみても、日蓮宗寺院との特別な関係を見いだすことはできない。▼注〔5〕

一六世紀後半、織田信長が上洛をはたしたころ、日蓮宗寺院は京都で勢力を拡大しつつあった。日蓮宗の門流は、公家・武家・町衆・農民などの幅広い層の支持を獲得し、着実にその勢力を増していった。その背景には、富裕な信徒を擁することで多額の贈与が可能となったこと、堺の信徒獲得によって鉄砲・火薬の技術が得られたこと、高い塀と深い堀を有する堅牢な寺院を保有していたことなどが理由としてあげられる。本能寺八世日承が信長と天皇との橋渡し役であったように、上洛した織田信長にとって、日蓮宗寺院はより親和的な勢力とみなされていた。信長麾下《きか》の丹羽氏もまた同様であったと推測される。

加えて、福井市にある日蓮宗《にちれんしゅう》顕本寺《けんぽんじ》は、長秀の妻の菩提寺で、長秀の肖像画を所蔵している。画面上部には、「前越州太守大隣宗徳大居士」という長秀の法号とともに、「南無妙法蓮華経」の題目が記されている。丹羽氏は、一族の女性を介して日蓮宗に結縁していたと考えられる。

丹羽氏の鬼子母神信仰は、どのようにして前田利常へと受け継がれたのだろうか。実は、丹羽長重と前田利常にまつわる興味深い逸話が伝えられている。

関ヶ原合戦をひかえた慶長五年（一六〇〇）九月、前田利長の軍勢は、小松城南方の浅井畷《あさいなわて》で西軍の丹羽長重軍と衝突した。講和に際して、利長は継嗣《けいし》で実弟である利常を小松城の丹羽長重のもとに人質として差し出した。万治元年（一六五八）ころにつくられた『微妙公御夜話異本《みみょうこうおんやわいほん》』によれば、「五郎左衛門、事外御いとほしがり、自身梨の皮などを取被進候」とある。▼注[6] 小松城主の丹羽五郎右衛門長重は、人質としてやってきた利常をかわいがり、手ずから梨を剥いてふるまったという。このとき利常七歳、長重二九歳であった。同様の逸話は、寛政一〇年（一七九八）成立の『越登賀三州志《えつとがさんしゅうし》』にもみえる。▼注[7] ちなみに、明和二年（一七六五）成立の『仰《ぎょう》景録《けいろく》』によれば、鼠ぎらいだった酒井忠勝は、鼠を退治した者への報償としてみずから小刀で梨を半分に割って与えたという。

前田利常と丹羽長重の梨をめぐる逸話は、酒井忠勝《さかいただかつ》の物語をはじめとする同種の説話をとり込んで創作された可能性がある。想像をたくましくすれば、「訶梨帝母」という尊名に「梨」の字が含まれていることも、無関係ではないのかもしれない。

利常にとって、幼い日々を人質として暮らした小松城が、忌まわしき場所ではなく、長重の梨とともに思い出されるあたたかな記憶として残っていたことはまちがいない。寛永一六年（一六三九）、利常は嫡男光高に前田家の家督を譲った後、約四〇年ぶりに小松城に移って隠居した。利常は、国内外の文物蒐集や美術工芸の奨励のほか、羽咋《はくい》妙成寺や小松那谷《なた》寺の復興、高岡瑞龍寺や小松天満宮の創建など、寺社の創建・再興事業に傾注することになる。利常が小松城内にあった鬼子母神像を日条に託して、城下に真成寺を開創したとしてもおかしくはない。

三　寿福院の日蓮宗信仰

加えて、前田利常の日蓮宗信仰を考えるときのキーパーソンが、利常の母寿福院《じゅふくいん》である。寿福院は、紀州の養珠院《ようじゅいん》、安芸の自昌院《じしょういん》と並んで「三人の大信者」と称されるほどに熱烈な日蓮宗信徒であった。また、真成寺の開山である日条は、前田利常の伯父で、寿福院の兄であった。寿福院は、加越能地域や前田家の日蓮宗信仰とどのように関係しているのだろうか。

寿福院は、永禄一二年（一五六九）に生まれた。もと前田利家の正室まつの侍女であったが、肥前名護屋城の陣中で利家に見初められて側室となり、文禄二年（一五九三）に利常を生んだ。寛永八年（一六三一）に六二歳で没し、江戸池上本門寺で荼毘《だび》に付されたのち、「寿福院華岳日栄大姉」の法号で金沢経王寺に葬られた。ところが、寿福院の出自は謎に包まれている。寿福院にまつわる三つの史料を比較してみよう。

Ⓐ山田四郎右衛門『三壺聞書《みつぼききがき》』「利常公御誕生の事」

利家と千代の間に若君が生まれ、名を「おさる様」といった。「東の丸」と呼ばれた千代にはたくさんの異父兄弟がおり、なかでも小幡宮内は父を同じくする。彼らの父が越前へ鷹狩りに行ったとき、ちょうど白鬼女川で水浴びをしていた法師が金の入った袋を落とした。これに気付いた慈悲深い父は、法師のもとへ人を遣わし、戻ってきた法師に金の入った袋を渡した。法師はいたく感激して、あなたの子孫が繁栄するよう西国三十三所の仏閣に願をかけましょうといって去った。

Ⓑ森田柿園『金沢古蹟志《かなざわこせきし》』所収「越前経王寺来歴」

天正のころ、越前の上木新兵衛が、あるとき、白鬼女の渡し場で百両の入った袋を拾ったので、書き置きを残して持ち帰った。翌年、落とし主である商人が訪ねてきたので袋を渡したところ、商人は百両を新兵衛に差し上げたいという。新兵衛はなかなか受け取らなかったが、結局、折半した金をもとに経王寺を建立した。新兵衛の娘は前田利家が能登に入部したときに召され、肥前名護屋において懐妊し、金沢城で利常を生んだので、上木氏も加州へ召し出された。なお、小幡宮内は利常の生母と異父兄弟である。利常の母は、利家の死後に寿福院と称し、金沢に経王寺を建てた。同寺は越前経王寺の末寺であったが、のちに滝谷妙成寺の末寺となった。

Ⓒ水野三春『能登国神異例《のとのくにしんいれい》』「庸夫俚談」

盲目の法師が美濃から京都へ向かう道中、岐阜の髪結所に金銀が入った財布を忘れてしまった。髪結の主人が届けてくれたので法師はたいそう喜んだが、主人は返礼は受け取らなかった。京都からの帰路、法師が髪結所に行くと、主人は亡くなっていて、身寄りのなくなった主人の娘を連れ帰った。すぐに法師も亡くなったので、娘は法師と仲のよかった小幡式部という医者がひきとり、僧侶の弟がいる徳田村森山の安養寺に住むこととなった。天正のころ、前田利家が徳田村を訪れた際、娘が懐妊して能登あたりへ移って男児を生んだ。妙成寺の住持が利家に伝えると、「猿千代」と名づけて二代藩主利長の養子に入ることとなった。猿千代の母は妙成寺に縁があったので、息子の三代藩主も伽藍を建立した。

Ⓐは、加賀藩の足軽山田四郎右衛門が金沢城内で聞き伝えたうわさ話を収録したもので、宝永年間（一七〇四〜一一）ころに成立したとされる。Ⓑは一九世紀末に森田柿園によって書き留められたものである。▼注[8] Ⓒもまた、能登四郡神主触頭を務めた水野三春によって書き留められた。三春は文久二年（一八六二）に没しているため、

遅くとも一九世紀半ばには存在していた伝承であろう。平野由朗氏によれば、同様の話が羽咋市志賀町徳田の「おりん伝承」として伝えられているという。▼注〔9〕

これらはいずれも、金子の紛失をきっかけとして落とし主と拾い主との関係が生まれ、拾い主に何らかの利益がもたらされる点が共通している。どうやら金の拾い主が富や地位を得る同工異曲の利生譚《りしょうたん》が、寿福院にまつわる説話として語られていたようである。また、三つの史料には、いずれも小幡宮内との関係が言及されており、寿福院の出自を小幡氏とする説が早くから語られていたことはたしかなようである。▼注〔10〕

他方、拾い主は史料によって異同があり、Ⓐでは小幡九兵衛、Ⓑでは上木新兵衛、Ⓒでは岐阜の髪結所の主人とあり具体名をあげない。『本化別頭仏祖統紀《ほんげべつずぶっそとうき》』や『重輯雑誌《じゅうしゅうざっし》』、『又新斎日記《ゆうしんさいにっき》』など、多くの諸史料が示す寿福院の出自をみてみると、寿福院の父は越前朝倉義景の家臣であった上木新兵衛《かみきしんべえ》で、母は山崎右京の娘であったという。新兵衛没後に母が小幡九兵衛に再嫁したことから、小幡氏の養女となったとされる。小幡氏と上木氏という寿福院のふたつの出自が、こうした相異なる物語を生み出していたのである。

加えて、Ⓑでは経王寺《きょうおうじ》、Ⓒでは妙成寺《みょうじょうじ》という日蓮宗寺院との関係が語られている点も重要である。

越前経王寺（Ⓑ）は、福井県越前市元町にある日蓮宗華岳山経王寺である。永仁二年（一二九四）に日像を開山として一乗谷に創建されたが、織田信長の越前攻めで廃寺となった。慶長元年（一五九六）、上木新兵衛の子で寿福院の兄である日淳を再興開山とし、華岳山と号して堂宇が再建された。金沢経王寺もまた、日淳を開山として、越前経王寺から日淳の弟子日護を二世に招いて常住とし、藩祖利家の菩提を弔わせたという。

また、慶長八年（一六〇三）に寿福院が菩提所と定めて以降の滝谷妙成寺（Ⓒ）の住持は、すべて寿福院の縁類であった。すなわち、日淳が慶長一三年（一六〇八）から一四世住持を務め、甥の日条が一五世、養子の日豪が一六世、甥の日伝が一七世住持となり、万治三年（一六六〇）までの約半世紀を上木氏の親類縁者が世襲していたことになる。その間、利常・光高・綱紀の三代にわたって加賀藩前田家の庇護を受け、寿福院が没した寛永八年（一六三一）には利常によって加越能三カ国の日蓮宗総録所とされた。

戦国時代末期から近世初期にかけて、京都で勢いづいた日蓮宗は越前から加賀へと伸長した。一六世紀末の金沢城下の整備と時を同じくして寺町地域に日蓮宗寺院が建立されていった。そうした諸寺院のなかには、有力者からの寄進によって寺地・伽藍を整備した例も多い。

越前経王寺を拠点にしていた上木氏は、一七世紀以降になると徐々に史料上に登場するようになる。一族の寿福院が利家の側室となり、利常の生母となったことで、加賀藩前田家の助縁を受けて、加能地域へ信仰を広げてゆく大きな足がかりをつかんだ。さらに、上木氏は、加賀藩領における日蓮宗の拠点として羽咋妙成寺、金沢経王寺、さらには小松真成寺を開創して、この地に根づいてゆく。こうした上木氏と寿福院の熱烈な日蓮宗信仰が、前田利常の信仰の背景にあったと考えられる。

四　利常ゆかりの施主たち

真成寺所蔵十羅刹女像の像背墨書銘から制作背景について考えてみよう。

まず、十羅刹女像の背面墨書の年紀を年代順に並べると、天和二年（一六八二）五月八日（L①）、同年九月吉日（R③・L②）、天和三年（一六八三）六月二八日（R⑤）、同年六月（R④・L③・L⑤）となる。十羅刹女像は、天和二年（一六八二）五月より天和三年（一六八三）六月までの一年余の間に制作されていたことがわかる。▼注〔11〕

真成寺は、正保四年（一六四七）に小松市二十人町萬中屋太治兵衛の地に開創された。その後、万治二年（一六五九）に金沢に移り、寛文一一年（一六七一）に卯辰山の一画に堂宇を建立したという。十羅刹女像の造立は、金沢卯辰山に移転してから一〇年ほど後になされたことになる。

また、十羅刹女像の背面墨書に刻まれた人名をみてみると、「日代」、「清光院《せいこういん》□□」「篠島吉之丞」「横山左衛門貞次」「乗物や勘衛門」「源性院宗覚」「銭屋九兵衛」の七名が判読できる。

　これらを詳しくみてみると、第一に、「湛信院日代」は八体（R①・③・⑤、L①・②・③・④・⑤）の背面に確認できる。日代は真成寺四世の住持で、宝永三年（一七〇六）に死去した。初代住持日条は、前田利常が死去してから二年後の万治三年（一六六〇）に没していた。とはいえ、十羅刹女像が制作された天和二、三年（一六八二・八三）には、二代日感、三代日慈も在世していた。造立は、彼ら三人の歴代住持によって進められたとみていいだろう。

　第二に、「清光院」はR⑤「皐諦像」にみえる。妙成寺所蔵「寿福院縁類」なる史料によれば、「延宝四年（一六七六）十一月二十九日　清光院〈寿福院妹、九里覚右衛門内方〉死去す」とある。▼注〔12〕彼女は、寿福院の異父妹で、小幡九兵衛の次女であった。ただし、R⑤が造立された天和三年（一六八三）には、清光院はすでに死去している。清光院の夫であった九里覚右衛門正長は、寛永年間（一六二四～四五）ころから前田利常・綱紀の二代にわたって加賀藩に仕えた儒学者で、元禄七年（一六九四）に死去した。『三壺聞書』によれば、利常が小松城で死去したとき、小幡右京・宮内らとともに、利常の遺物配分を受けている。また『壬子集録《じんししゅうろく》』では、藩主前田《まえだ》綱《つな》紀《のり》から先代利常の誕生日について尋ねられている。覚右衛門と利常の並々ならぬ親近さがうかがい知れる。あるいはこの九里覚右衛門が、亡妻に代わって施主となった可能性も想定できるだろう。

　第三に、「横山左衛門貞次」は、L③「多髪像」の背面に書かれている。加賀八家横山家の五代当主横山任風に比定される。貞次（任風）の父忠次は、正保四年（一六四七）に綱紀から家禄を加増され、利常が没した万治元年（一六五八）には小松城代に任じられた。忠次は、L③が造立される四年ほど前の延宝七年（一六七九）に死去していたから、父に代わって貞次が施主になったと考えられる。また、天和三年（一六八三）の時点で貞次は二五歳で、直後に養子を迎えている。横山家が後嗣《こうし》に恵まれなかったことも、造立の一因となったのかもしれない。▼注〔13〕

第四に、「篠島吉之丞」はL①「毘藍婆像」にみえる。篠島久左衛門《ささじまひさえもん》が天保三年（一八三二）に作成した『系図帳』[注14]によれば、「篠島吉丞清陰」の名があり、「松雲院様御代延宝七年（一六七九）三月被召出〈中略〉元禄五年（一六九二）病死仕候」とされる。[注15]また、『加賀藩人持篠島家文書』によれば、篠島氏は、織部清了を祖とする加賀藩士で、三代豊前清長の後、嫡男の豊前清次と弟の與一郎清正によって二家に分かれた。[注16]清陰は、清正の系統を引き継ぐ篠島家五代当主で、清正系篠島氏は真成寺を菩提寺としていた。他方、清次系篠島氏では、天和元年（一六八一）に清次が施主となって妙成寺に日蓮曼荼羅を寄進したともされる。篠島両家は、ともに熱烈な日蓮宗の信徒であったと思われる。

清光院と九里覚右衛門、横山忠次・貞次父子らは、前田利常と深い関係をもつ者たちであった。利常没後に金沢に移転した真成寺では、小松時代の利常をよく知る住持たちと、かつて利常と主従関係で結ばれていた家臣らによって、鬼子母神・十羅刹女像の造立が発願されたと考えておきたい。彼らは、これらの造像事業を通して、利常の遺徳をしのび、その治世を懐かしんだのかもしれない。

五　藩主の寺・庶民の寺

やがて真成寺は、藩主の寺から庶民の寺へとその性格を大きく変えてゆくことになる。

現在、真成寺には、五十嵐道甫や初代中村歌右衛門の墓がある。[注17]また、昭和五七年（一九八二）四月二一日には、着物やかわらけ、柄杓、絵馬、履物、提灯、よだれかけなど、合計九六六点にものぼる奉納産育信仰資料が国重要有形民俗文化財に指定されている。授子や安産祈願、子どもの健康祈願の御礼として奉納されたもので、地域の産育習俗の時代的推移を示す貴重な資料でもある。

歴代住持は、安産・子授祈願や水子供養を行ない、真成寺は地域の寺として信仰を集めていった。真成寺の鬼子母神像は、法華経の守護神としてよりも、安産・子育ての神仏としての性格を強めていったのである。三〇〇年以上の時をへて、鬼子母神像の造立にまつわる記憶は遠くかなたに忘れ去られ、真成寺は出産・育児の神をまつる寺院として長く庶民の間に信仰されていったのである。

【注】

[1] 真成寺の調査は、二〇一五年六月一一日に、黒田智、吉岡由哲、鳥谷武史、高橋吾郎、松本和樹、木村祐輝、漆崎大悟、藤井了興、畑野絵梨香が実施した。

[2] 田辺助三郎ほか『日本の仏像大百科』四(ぎょうせい、一九九一年)。

[3] 宮崎英修編『鬼子母神信仰』(雄山閣出版、一九八五年)。

[4] 建治二年(一二七六)六月の「下山御消息」(二四七号文書)には「法華経守護の釈迦・多宝・十方分身の諸仏・地涌千界・迹化他方・二聖・二天・十羅刹女・鬼子母神」とされる。

[5] 長重の発給文書をみると、本境寺への禁制を命じた書状のみであった。長秀では本国寺・長源寺に対して諸役免除や寄合に関して書状が発給されたにすぎない。ちなみに、長秀は福井県総光寺、長重は福島県大隣寺で葬儀がおこなわれ、いずれも曹洞宗寺院であった。

[6] 日置謙校閲『御夜話集』上巻(石川県図書館協会、一九三三年)。

[7] 日置謙校閲『越登賀三州志』(石川県図書館協会、一九三三年)。

[8] 『金澤古蹟志』第四編(金沢文化協会、一九三三年)。しかしながら、寿福院の名は「おりん」ではなく「千代」であり、利家が徳田に滞在したのは天正一二年(一五八四)であるため、利常の生年とは大きく開きがある。さらに、『加能外史』を著した日置謙は、利家の側室である金晴院と混同されている可能性を指摘している。金晴院の父は能登の人で、小塚内匠に養われて、福姫と知好を生んだという。菩提所である永松寺は、妙成寺と同じ羽咋郡にある。

[9] 平野由朗『寿福院』(二〇一七年)。

[10] 小幡氏には、寿福院のほかに異父兄弟が二男三女おり、とりわけ長男の右京、二男の宮内長次は、ともに利常に仕えて一万石の知行を得ていた。右京の家は、七千石と三千石に分家し、七千石の家は断絶したが、三千石の家は幕末まで続

いたという。他方、宮内長次は、家老・城代を歴任したが、長男である立信の代になって、精神を病んだ立信が事件を起こし、宝永三年（一七〇六）に知行召し上げとなった。しかし、次代の満清が新たに二千石を拝領し、幕末まで続いたとされている。

［11］十羅刹女像の作品番号は、中央に座す鬼子母神像に向かって右側にあるものをR、左側にあるものをLとした。また鬼子母神像に近いものから順に番号を付した。

［12］櫻井甚一『金栄山妙成寺誌』（妙成寺、一九八一年）。

［13］大塚有将「加賀八家の先祖観」（『北陸史学』六五、二〇一六年）。

［14］金沢市立玉川図書館所蔵。

［15］篠島久左衛門『天保三年系圖帳』、金沢市立玉川図書館蔵（史料番号〇九〇―一〇〇七―二）。

［16］石川県立郷土資料館編『加賀藩人持篠島家文書』（石川県立郷土資料館、一九七六年）。

［17］五十嵐道甫（老道甫）は、桃山から江戸初期の蒔絵師で、前田利常に招かれて加賀蒔絵の基礎を築く。初代中村歌右衛門（本名大関栄蔵、正徳四年〈一七一四〉～寛政三年〈一七九一〉）は、加賀国金沢の医師の子で、一七歳で敵役中村源左衛門に入門、寛保二年（一七四二）京都にのぼって歌右衛門を名のる。

第四章　前田利常の鬼子母神

第五章……肖像画の制作と修復

新発田藩主の肖像画

❖髙澤克幸

今に伝わる数多くの肖像画。過去の人物の姿かたちをわたしたちに伝えるそれは、ただ鑑賞するためにつくられたわけではない。本稿では、新史料である箱書をもとに、新発田藩主の肖像画の制作意図にせまる。越後国内において、一度の転封《てんぷう》もなく、同じ地を治め続けた新発田藩、溝口家。彼らは何を思い、何を願って藩主の肖像を描いたのか。肖像画は歴史を語る。——村中ひかり

一 溝口秀勝と新発田藩

越後国新発田藩《しばたはん》の藩祖溝口秀勝《みぞぐちひでかつ》は、天文一七年(一五四八)に尾張国中島郡溝口村の地侍溝口勝政《みぞぐちかつまさ》の嫡男として生まれた。尾張時代の秀勝は、織田信長の重臣丹羽長秀の与力として付属されていた。▼注[1]本能寺の変で信長

が死去すると、織田家重臣であった羽柴秀吉と柴田勝家が対立し、賤《しず》ヶ《が》岳《たけ》合戦で衝突する。長秀は秀吉に味方し、その勝利に貢献。天正一三年（一五八五）に長秀が死去したのち、秀勝は秀吉の家臣として仕えることになる。

慶長三年（一五九八）、上杉景勝の会津転封と入れ替わりに、秀勝は越後国のうち新発田六万石の領主となる。新天地新発田で領国支配を開始したのも束の間、豊臣秀吉が京都伏見にて、その生涯を閉じる。秀勝は、徳川方につき、関ヶ原合戦には参陣しないものの、上杉方の扇動による越後の一揆を平定し、その戦功を認められ、所領を安堵されている。その後、溝口家は一度の転封もなく、一二代にわたって約二七〇年の間、新発田藩主として君臨し続けた。▼注[2]

新発田藩の歴代藩主を描いた一三幅の肖像画が、新発田市内のふたつの寺院に伝えられている。▼注[3]ひとつは溝口家の菩提寺である広沢山宝光寺《こうたくさんほうこうじ》である。▼注[4]宝光寺は、秀勝を開基《かいき》として、歴代藩主たちは正月や旧藩主の命日にたびたび参詣していたことがわかる。宝光寺には、藩祖秀勝を描いた二幅、二代宣勝から一〇代直諒までの九幅に八代直養《なおやす》の子であった直信を加えた一〇幅の計一二幅の肖像画がある。

もうひとつは、秀勝の父勝政の菩提寺である新江山託明寺《しんこうさんたくみょうじ》である。託明寺は、越前から尾張溝口村に移って勝政没後にその菩提寺となり、秀勝の新発田入部にともなって移転した。この託明寺には、勝政像が所蔵されている。

二　新発田藩主肖像画の誕生

宝光寺には、二点の溝口秀勝像が所蔵されている。ひとつは一七世紀に描かれ、もうひとつは一八世紀の七代直温によって描かれたものである。前者をⓐ本、後者をⓑ本としておこう。

ⓐ本は、絵師が判明している数少ない肖像画のひとつである。画幅裏書に「繪所法眼《ほうげん》　徳悦《とくえつ》筆」と墨書銘が

ある。徳悦は、近世に活躍した絵仏師である。生没年は不明だが、現存作品から、慶長三年（一五九八）から寛永一〇年（一六三三）までが活動期と推測される。[注5]その生涯については謎が多いが、慶長八年（一六〇三）の東寺の仏像補修に参加するなど、京都画壇の中心で活躍していたと推測される。

ⓐ本の制作背景を探る、ひとつめの手がかりは、「法眼」の墨書銘である。徳悦が「法眼」を名のりはじめるのは、慶長九年（一六〇四）から同一四年（一六〇九）の間とされ、「東寺の修理の功績に対して、その位を与えられたのかもしれない」とも推測されている。[注6]ⓐ本にも、「法眼」の墨書銘があることから、制作時期はこれ以降と考えていい。さらに、秀勝の遺影と考えれば、秀勝が死去した慶長一五年（一六一〇）ころの制作とみられる。

もうひとつの手がかりは、徳悦が京都を拠点に活動し、作品の多くが京都に所蔵されていることである。[注7]ところが、越後新発田は京都から遠方にあり、慶長のころに溝口家が頻繁に京都を往復していたとは考えにくい。そこで、慶長一五年（一六一〇）から寛永一〇年（一六三三）までの間で新発田藩主が上洛した記録を『御記録』から探してみると、二度の上洛が確認できる。[注8]一度目は元和九年（一六二三）六月二八日の徳川家光の将軍宣下にともなう大御所秀忠の上洛で、「癸亥九年、大猷公御上洛、侯・世子君ともに御供を命ぜられ給ふ」とあり、二代宣勝とその世子宣直が秀忠に随行して上洛していたことがわかる。二度目は、寛永三年（一六二六）の秀忠・家光上洛で、後水尾天皇の寛永行幸《かんえいぎょうこう》が行なわれた際のものである。「丙寅三年、台徳公、大猷公再び御上洛侯・世子君ともに御供を命ぜられ給ふ」とあり、やはり藩主親子が随行していたことがわかる。この時期は、徳悦が「絵所法眼」や「絵所土佐法眼」を名のったことと符号している。よってⓐ本は、二度の将軍上洛に随行したいずれかの時期に制作されたのではないだろうか。

徳悦は各階層、各宗派にわたり、広範な制作活動を行なっていた。[注9]新発田藩は、藩政の礎を築いた藩祖の肖像画を制作するにあたり、優れた腕をもち、当時著名であった徳悦を絵師に選んだのではないだろうか。徳悦は、俗人肖像画の作例が少なく、むしろ禅僧の頂相《ちんそう》や仏画を多く残していた。[注10]宝光寺は禅宗寺院であり、禅宗寺院間のネットワークからⓐ本の制作が依頼された可能性もある。

没後ほどなくして、秀勝は「藩祖溝口太祖源秀勝臣命」として神格化され、新発田城下の諏訪神社に奉祭されることになる。近世において藩祖肖像画は、「あるべき為政者の姿の提示」として顕彰されてきた。▼注[11] 藩祖を神祖と位置づけて祭礼をおこなうことで、藩主や家臣、領民にまで象徴化された統治の姿を示すことができる。藩主の子孫や家臣たちは、肖像画を通してかつての藩祖の姿を知り、今に至る系譜を再認識するのである。

三　新発田藩主の肖像画

宝光寺に伝えられてきた新発田藩主の肖像画群は、共通する形式をもっている。

第一に、向かって左向きの坐像で、いずれも上畳の上に胡坐《こざ》している。第二に、冠をかぶり、太刀と平緒《ひらお》をつけた唐草文様の緋色の束帯《そくたい》姿で、右手に笏《しゃく》をもつ。新発田藩主は従五位下の官位を与えられる慣例で、有職《ゆうそく》故実《こじつ》にしたがった装束で描かれたのである。第三に、向かって右上の余白に文字注記がある。いずれも二行にわたり、一行目には像主の生前の俗名が官位とともに記され、二行目には法号が書かれている。このような画一的な形式の維持は、藩祖の選択した体制の保持や守旧性《しゅきゅうせい》を示唆するものであろう。▼注[12]

上部に法号をもつ、これら新発田藩における藩主肖像画は、歴代藩主の忌日法会《きにちほうえ》を目的として制作されたと考えられる。▼注[13] 他藩でも肖像画が菩提寺や祈禱所に所蔵されるケースは多く、新発田藩では菩提寺である宝光寺・託明寺において忌日供養仏事が恒例化していったと考えられる。▼注[14]

歴代肖像画のディテールを比較してみると、四代重雄《しげかつ》と五代重元のころに型式上の画期があるようにみえる。たとえば、重雄像以降は束帯の袍《ほう》の文様が唐草から輪無唐草《わなしからくさ》に変化し、襴に花菱紋《はなびしもん》が描かれるようになる。また、冠の纓《えい》は太くなり、剣花菱が描かれなくなる。両袖が下向きになり、左手を描かなくなり、刀の鍔《つば》が鳥頭ではなくなっている。他方、重元像からは、平緒の湾曲がなくなって茶や紫の地に五階菱が描き込まれるようになる。また袍における緋色の色遣いが定型化する傾向にある。こうしたディテールの変化の理由は、初代秀勝像、二代宣勝像、三代宣直像の箱蓋裏書を検討することで明らかになる。

（秀勝像）宣廣公御再補〈同君御再々補　寛政五丑年九月大統州代〉一要素玄子代
（宣勝像）宣廣公御新製再補〈寛政五丑年九月現住　大統州叟代〉一要素玄子代
（宣直像）宣廣公御新製　一要素玄子代

初代秀勝像（ⓐ本）は、溝口宣廣《のぶひろ》、のちの四代藩主重雄によって修補された後、寛政五年（一七九三）に再修補されていたことがわかり、三代宣直像は、四代重雄によって新たに制作されたこともわかる。問題は二代宣勝像で、赤外線撮影により、「再補」の墨書が「新製」を消した上から書かれたものであることが判明した。ゆえに、宣勝像は重雄によってはじめて制作され、ⓐ本とともに寛政五年（一七九三）に再修補されたことが明らかになった。

すなわち、藩祖秀勝の死後、二代宣勝が京都において絵師徳悦に依頼して肖像画（ⓐ本）を制作したと思われる。また、二代藩主宣勝の死の直後に肖像画が制作された形跡がない。三代宣直が死去したのち、四代藩主となった重雄（もと宣廣）によって二・三代藩主の肖像画がほぼ同時期に制作され、秀勝像（ⓐ本）の修復も行なわれたと考えられる。その時期は、一要素玄が宝光寺住持であった延宝三年（一六七五）から元禄一三年（一七〇〇）までの間、なかでも重雄が宝光寺の鐘の改鋳を行なった延宝六年（一六七八）ころとみていいだろう。

四　もうひとつの秀勝像

四代重雄による藩主肖像画の制作・修復を皮切りに、新発田藩では歴代藩主の肖像画制作が続けられたものと思われる。加えて、七代直温《なおあつ》の治世下には、直温自身の手によってふたたび秀勝像（ⓑ本）が描かれた。ⓑ本は、宝光寺に所蔵される一二幅の藩主肖像画群のひとつで、直温がⓐ本の構図をもとに描いたものである。ⓑ本が描かれたのは、画幅左上部の「寶暦九己卯年依九月廿八日百五十回忌　直温画之」という文字注記から、宝暦九年（一七五九）九月二八日の秀勝一五〇回忌法会のためであったことがわかる。

また箱蓋裏書には、「維時寶暦九己卯天九月廿八日、當前伯州太守寶光寺殿性翁淨見大居士一百五十回之遠諱、孝子溝口氏直温公手自画真影而納焉、後末歳々丁法祭會之日、掛新古二幅、慇懃可祭之者也、寶光十七世央州鼎叟敬誌」とあり、「一五〇回忌法会以降、今後は忌日法会の日には新古二幅の肖像画を掛けるべし」と書かれている。秀勝の忌日法会の際に使用されていたⓐ本に代わって、「新古二幅」、すなわちⓐ本とⓑ本双方をかけることが命じられていたのである。

なお、六代直治が病弱であったため、分家の四男に生まれた直温が藩主となった。▼注[15] 溝口家は、直治の死によってはじめて直系が途絶え、家中の結束は多少なりとも揺らいだにちがいない。また、享保一七年（一七三二）から宝暦一一年（一七六二）と三〇年もの長きにわたった直温の治世では、相次ぐ飢饉もあって財政窮乏に悩まされていた。藩祖の一五〇回忌に際して新たな肖像画を藩主みずからが制作することは、藩祖が築き上げた藩の姿を再確認させる意図が考えられる。加えて、傍系から藩主となった直温が、自身の正統性を示す効果もあっただろう。

五　稀代の文芸君主

絵画を得意とした七代直温は、藩祖秀勝のほかにもうひとりの人物を描いている。▼注〔16〕 秀勝の父勝政である。勝政像は、勝政の菩提寺である託明寺に現在まで伝えられている〔カラー図版3〕。勝政像には、「明和六己丑八月廿一日　溝口出雲守源直温画之〈花押〉」という裏書がある。直温は宝暦一一年（一七六一）に藩主を退任しており、明和六年（一七六九）には江戸で隠居していた。

その制作経緯について、勝政像の箱蓋裏に記載がある。

見照院殿釋浄閑大居士御影
出雲守直温様御筆御裏書共
御俗名溝口彦左衛門尉勝政様
　明和六年溝口四郎左衛門東都出府之節従　溝口半左衛門雅長
　　溝口四郎左衛門長恒　両人江頂戴之
同年十月　越後新發田新江山託明寺御安置之

ここに登場する溝口《みぞぐち》四郎《しろう》左衛門《ざえもん》雅長《まさなが》と半左衛門《はんざえもん》長恒《ながつね》は、ともに溝口分家の出身で、新発田藩の家老であった。直温が勝政像を描いた明和六年（一七六九）八月に長恒が江戸にいたことがわかる。また『御記録』により、同年八月に、雅長は藩に隠居願を申し出て許可されていた。

雅長は、溝口半左衛門家六代当主である。▼注〔17〕 また半左衛門家の祖は、藩祖秀勝の弟半左衛門勝吉である。勝吉は、柴田勝家の武将柴田《しばた》勝豊《かつとよ》の養子で勝家に仕えていたが、天正一二年（一五八四）の北ノ庄落城時に主君と命運をともにして討ち死にしている。つまり兄秀勝とは、敵味方に分かれて戦ったことになる。その後、勝吉の子である長吉は溝口家に仕え、以来幕末まで家老として藩を支えていく。

長恒は、溝口四郎左衛門家五代当主である。四郎左衛門家の祖もまた、秀勝の弟伝三郎である。伝三郎は豊臣家に仕え、関ヶ原合戦の際に石田三成に味方し、西軍として戦った。その後の伝三郎の消息が不明であるが、伝三郎の子もまた、溝口家に仕えることになる。

このように、両家の祖は藩祖秀勝の弟たちであり、賤ヶ岳合戦や関ヶ原合戦でともに秀勝の敵方となった。先のみえない乱世で、家を守るために親子兄弟が分かれて戦うことは、当時珍しいことではなかった。秀勝が、合戦の後に弟たちの子を家臣として取り立てていることから、これらは生き残りのための策であったといえるだろう。

直温、雅長、長恒の各家の祖は勝政を父とする三兄弟である。直温が勝政を肖像画として描き、雅長と長恒に与えたことは、いわば溝口家を支える三つの家による血縁的結合の再確認であった。

六　新発田藩中興の祖

宝光寺の肖像画群のなかで、唯一藩主に就任していない人物がいる。八代直養世子の溝口直信である。直信は、次期藩主と目されながら、「退身一件」という御家騒動の渦中で病死した。▼注[18] 養父直養は直信死後に隠居しており、直信逝去は直養にとって心苦しいものであったと予想される。

直信の肖像画は、養父直養によって発注・制作された可能性が高い。実は、直養と直信は二〇歳離れた兄弟である。直養と直信の父はともに七代直温であるが、直養の母は直温側室で、直信の母は正室であった。庶子ながら藩主となった直養は、嫡流である弟の直信が本来の後継者であるとして、みずからの養子としていた。

そのため、御家騒動に巻き込まれた挙げ句、藩主になれずに生涯を閉じた直信を歴代藩主と同じ形式で描かせることで、直信に対する供養を行なったのだろう。

八代直養はまた、寛政五年（一七九三）九月にⓐ本と宣勝像の補修を行なっていたことが箱蓋裏書からわかる。[注19] 藩祖秀勝の命日は九月二八日であったから、忌日法会に合わせた補修であろう。

寛政五年（一七九三）の藩主は、直信の子の九代直侯であった。しかし、このとき直侯は一六歳であり、藩政を指揮していたとは考えにくい。『御記録』寛政七年（一七九五）三月一日条には、「御前御年頃にも成られ候に付き、当春より御政事向き御自身で御差図遊ばされ候」と直侯が家臣たちに申し渡したとあり、寛政五年（一七九三）時点では、祖父（実は伯父）である直養のもとに実権があったとみていい。祖先顕彰にかかわる肖像画補修には、後見人であった直養の意向が反映されていたにちがいない。

さらに、宝光寺に所蔵される直養像は、同寺に所蔵される肖像画群とはディテールを異にしており、細部まで繊細な筆致で描き込まれていて異質な印象を受ける〔カラー図版4〕。画面右下部には「養川院法印筆［印］」という墨書と落款《らっかん》があり、木挽町《こびきちょう》狩野家七代当主狩野養川院惟信《かのうようせんいんこれのぶ》の筆であることがわかる。このころ、木挽町狩野家は狩野派全体をとり仕切る役職にあった。[注20] 注記には「法印」とあるため、直養像が描かれた時期は、惟信が法印に叙任された寛政六年（一七九四）から直養が死去した寛政九年（一七九七）までで、像主を目前にして描かれた寿像《じゅぞう》であった可能性が高い。[注21]

福祉政策や学問振興など藩政改革を推進した直養は、こののち中興《ちゅうこう》の祖《そ》と位置づけられていく。江戸狩野の絵師によって描かれた直養の肖像画は、後世における彼の評価の高まりに貢献したことだろう。

七　藩主肖像画の終焉

江戸時代一二代にわたり新発田藩主として君臨した溝口家では、藩祖秀勝以来、藩主の肖像画制作が続けられてきた。一三幅におよぶ藩主の肖像画は、一定の形式を保って制作され続け、菩提寺に納められて、忌日法会にあたってかけられてきた。これらの肖像画は、新発田藩主の連続性や正統性を再確認させたにちがいない。肖像画は、現藩主と祖先である歴代藩主とを結ぶ紐帯であった。藩祖からのつながりを視覚的に意識させる肖像画は、「御家」の連続性を訴えかける。藩主たちに「祖先の築いた地盤を守る」ことを自覚させるのに一定の効果があったはずである。

やがて明治維新を迎え、一〇代直諒像の制作された安政六年(一八五九)を最後に、藩主肖像画の制作は途絶えた。しかし、溝口家の人びとにとって、藩主肖像画はかつて新発田を治めていた記憶を宿す大切な象徴であった。明治四〇年(一九〇七)、溝口家の要請で肖像画の補修がふたたび行なわれた事実がそれを物語っているだろう。

【注】

[1] 安池尋幸「織豊期における大名の一類型——与力大名溝口氏の存在形態」(『新発田郷土誌』一〇、一九七七年)。

[2] 新発田藩・溝口氏に関しては、新発田市史編纂委員会編『新発田市史』上(新発田市、一九八〇年)、同『新発田市史』下(新発田市、一九八一年)、鈴木康『シリーズ藩物語　新発田藩』(現代書館、二〇〇八年)。

[3] 秀勝像二幅と、八代直養像、勝政像以外は、絵師の名前は不明である。

[4] 溝口家菩提寺については、波多野伝八郎「宝光寺雑考」(『新発田郷土誌』四、一九六六年)、深井一成「近世大名の菩提寺について——越後新発田藩主溝口家を例として」(『曹洞宗総合研究センター学術大会紀要』一四、二〇一三年)、大沼倹爾『しばたの寺院物語』(郷土史研究グループふるさと、一九七七年)、佐藤泰彦「駒込・吉祥寺の溝口家墓域の現状と課題　藩主と奥方・御実母たちの墓塔」(『新発田郷土誌』三九、二〇一一年)、『新潟県寺院名鑑』(新潟県寺院名鑑刊行会、一九八三年)。

［5］門脇むつみ「近世の絵仏師［徳悦、徳応、貞綱（徳栄）］の肖像画制作」（『鹿島美術研究』三二、二〇一五年）。

［6］渡邊雄二「近世の絵仏師――忘れられた画家たち」（『近世の絵仏師展』福岡市美術館、二〇〇四年）。

［7］秋山光和「絵所左京徳悦の画業と後継者左近貞綱徳栄」（『修理完成記念　東寺の十二神将像――モデリングの妙』東寺宝物館、一九九八年）によると、増上寺の記録である『檀林三縁山志』に徳悦の記述がある。寛永元年（一六二四）の増上寺における彩色について、「京四条室町通山伏町絵所法眼徳悦彩色にて寛永元子年五月成就安置」とあり、徳悦の住所が明記されている。また、彩色された文殊・普賢菩薩には、「繪師法眼徳悦」の墨書銘のほか、「下京四条」と住所の記述がある。

［8］『御記録』は、新発田市史編纂委員会編『新発田藩史料』一・二（国書刊行会、一九八六年）。

［9］前掲注7。

［10］前掲注5には、「妙心寺に関わるネットワークのなかで徳悦が肖像画制作を行っていたことが推測される。」とある。「速伝宗販」は、妙心寺六一世であった。また、「斯波義近像」の所蔵先である大龍院は、「速伝像」の賛者である鉄山宗純が、中興に携わっている。

［11］斎藤夏来「近世大名池田家の始祖認識と画像」（『歴史学研究』八九二、二〇一二年）。

［12］黒田日出男『王の身体　王の肖像』（ちくま学芸文庫、二〇〇九年）。

［13］米倉迪夫『絵は語る4　源頼朝像――沈黙の肖像画』（平凡社、一九九五年）。

［14］田村英恵「織田信長像をめぐる儀礼」（黒田日出男編『肖像画を読む』角川書店、一九九八年）によると、丹波国柏原藩織田家では、家の始祖と位置づけられる「織田信長像」が菩提寺徳源寺に保管され、遠忌供養がおこなわれていた。また、川延安直「土津神社蔵　会津藩松平家初代藩主「保科正之画像」について」（『美術史』五二、二〇〇二年）によると、陸奥国会津藩松平家では、藩祖「保科正之像」が、歴代藩主を祀る土津神社や若松城内の遥拝所に保管されていた。北春千代「加賀藩における肖像画の種々相」（『肖像画にみる加賀藩の人々』石川県立歴史博物館、二〇〇九年）、守屋正彦「東照大権現像の成立」（眞保亨先生古稀記念論文集編集委員会編『芸術学の視座』勉誠出版、二〇〇二年）、山口泰弘「藤堂高虎像――近世初期藩祖肖像画の成立と受容」（三重大学歴史研究会編『藤堂藩の研究　論考編』清文堂、二〇〇九年）、高野信治「近世大名家〈祖神〉考――先祖信仰の政治化」（『明治聖徳記念学会紀要』四四、二〇〇七年）、岸本覚「大名家祖先の神格化をめぐる一考察――熊本藩を事例として」（佐々木克編『明治維新期の政治文化』思文閣出版、二〇〇五年）。

［15］帆刈喜久男「第七代溝口直温（上）」（『新発田郷土誌』二二、一九九三年）。

［16］深井一成「溝口直温画「青不動」著賛の黒太淳について」（『新発田郷土誌』四一、二〇一三年）。

［17］斎藤正夫「溝口半左衛門家」（『新発田郷土誌』一八、一九八九年）。

［18］野口朋隆『江戸大名の本家と分家』（吉川弘文館、二〇一一年）、福田千鶴『御家騒動』（中公新書、二〇〇五年）。前掲注2『新発田市史』参照。

［19］「大統州代」とあるのは、宝光寺一九代住職大統千州である。在職期間は不明だが、寛政二年（一七九〇）には住職となっており、享和三年（一八〇三）に没している。

［20］武田恒夫『狩野派絵画史』（吉川弘文館、一九九五年）、山下裕二編『別冊太陽　狩野派決定版』（平凡社、二〇〇四年）、安村敏信『アート・ビギナーズ・コレクション　もっと知りたい狩野派――探幽と江戸狩野派』（東京美術、二〇〇六年）、宮島新一『宮廷画壇史の研究』（至文堂、一九九六年）。

［21］狩野派の筆頭として名の知れた惟信が、どうして直養像を描いたのか、現時点ではわからない。『御記録』寛政九年（一七九七）七月二六日条に「大倭元矢の倉御屋敷におゐて御逝去」とあり、隠居後の直養は江戸元矢の倉にあった上屋敷に暮らしており、木挽町ともほど近い。

第六章……古写真のなかの英雄

肖像写真の胎動

――久田佐助コレクション

❖吉岡由哲

一九〇三年、東海丸沈没事故。そこには、使命を全うし、沈みゆく船と運命をともにした船長・久田佐助の姿があった。彼の勇姿は多くの日本人の心をつかみ、政治的・軍事的な色を帯びつつ時代を超えた盛り上がりをみせた。この社会現象の裏で重要な役割をはたしたのは、当時新たなメディアとして登場した写真であった。本稿では、久田の肖像をもとに、胎動期における写真技術の変遷をたどる。そこから見えてくる、彼を英雄たらしめた要因とは。――米田結華

一　久田佐助の肖像

明治三六年（一九〇三）一〇月二九日、青森と北海道を結ぶ青函航路において、青函連絡船・東海丸とロシ

ア船が衝突し、東海丸が沈没する事故が発生した。一〇四名の乗客のうち、五七名が生還したが、その裏では沈没しつつある船で非常汽笛を鳴らし続け、海に消えていった船長・久田佐助《ひさださすけ》がいた。

久田は、現・石川県鳳珠郡能登町鵜川《うかわ》の出身で、もとは地元小学校の教員であった。その後、心機一転、函館商船学校に入学し、当時青函航路を担っていた日本郵船に入社した。船長に就任後ほどなくして事故が発生し、三八歳の若さでこの世を去った。

この事故は、瞬く間に全国紙、地方紙で報道され、同時に彼の献身的な救出劇は美談として語られていくこととなる。また事故が発生したのは、日露戦争開戦の前年にあたり、日本人船長の英雄譚として盛り上がりをみせた。彼の行動を賛美したのは、報道だけではなかった。数年後、軍事教育本へ読み物として採用され、昭和一二年（一九三七）には小学国語読本、昭和一七年（一九四二）からは初等科修身の教科書に掲載された。年を追うごとに、久田佐助の船長としての行動が、日本人の美徳観と合体し、さらには政治的・軍事的色づけがなされていった。

〔図版1〕久田佐助の肖像

こうした新聞報道、英雄譚とともに掲載されてきた久田佐助の肖像がある▼注〔1〕〔図版1〕。これまで伝えられてきた久田のイメージは、唯一この肖像だけであった。ところが、筆者が久田の郷里・鵜川地区の史料調査を進めるなかで、久田佐助や家族、学友が写された複数の古写真を新たに発見した。本章では、「久田佐助コレクション」を通して久田の足跡をたどりつつ、同氏の英雄譚形成史を概観してみよう。

二　史料紹介　久田佐助コレクション

平成二七年（二〇一五）七月、「久田佐助コレクション」が寄託されている鵜川公民館にて調査をおこない、合計一六点の古写真が確認された。被写体別では、久田佐助の肖像写真が四点、久田佐助の妻である久田キク（旧姓新田）の肖像写真が二点、久田佐助の母ノワの肖像写真が一点、久田家の家族写真が一点、商船学校の学友との集合写真が三点、船員との集合写真が一点、風景画や記録写真が三点、被写体不明の人物写真が一点確認された。撮影された時期を整理すると、明治二〇年（一八八七）ごろから明治三〇年代前半の作品がほとんどで、久田の年表〔表1〕と照らし合わせると、その半生がこのコレクションに収められていることになる。

また、プリントの技法を判別するため、顕微鏡撮影もおこなった。▼注[2] その結果、アルビューメンプリント（鶏卵紙《けいらんし》）一四点、シルバーゼラチンプリント一点、コロジオン湿板《しっぱん》一点であることがわかった。

このように写真技法が混在するのは、新たな写真感光材・印画紙の伝来を経て、全国に写真が普及していく時期と重なるからである。安政四年（一八五七）に伝えられたコロジオン湿板は、日本にはじめて伝え

〔表 1〕久田佐助関連年表

和暦	西暦	久田佐助の足跡	撮影時期
元治元年	1864	石川県鳳珠郡能登町鵜川に生まれる	
明治 16 年	1883	鵜川小学校の教員になる	
明治 19 年	1886	北海道に渡る	
明治 20 年	1887	函館商船学校入学	1 点
明治 22 年	1889		目録番号 1 ほか 1 点
明治 23 年	1890	函館商船学校と東京商船学校が合併	
明治 24 年	1891		1 点
明治 26 年	1893	東京商船学校卒業、日本郵船（株）入社	目録番号 2
明治 27 年	1894	日清戦争に従軍、勲六等瑞宝章	1 点
明治 28 年	1895	義和団事件に従軍、勲五等瑞宝章	目録番号 3/図版 3 ほか 1 点
明治 30 年	1897		目録番号 4
明治 31 年	1898		1 点
明治 33 年	1900		1 点
明治 36 年	1903	6 月、青函連絡船・東海丸の船長に就任	
明治 36 年	1903	10 月 29 日、東海丸沈没事故により死亡	
大正～昭和年間			1 点

られた実用的な写真技術といわれている。▼注[3] その後、新たな感光技術としてゼラチン乾板《かんぱん》が明治一一年（一八七八）に輸入され、明治二〇年前後には湿板から乾板に移行していった。久田佐助コレクションは、もっとも古い作品で明治二〇年（一八八七）に撮られており、撮影時に使用されたネガは湿板と乾板が混在していたはずである。さらに、学生服を着た三人の湿板写真のほか、大正～昭和期に撮られたとみられるキクの全身像はシルバーゼラチンプリントとみられ、久田佐助コレクションを通して、日本における写真技術史の片鱗をのぞくことができる。

三　久田を撮った写真師

久田佐助コレクションの多くは台紙付写真と呼ばれるもので、写真師の銘がデザインされた台紙に、写真をプリントした鶏卵紙が貼り付けられている。台紙からは四人の写真師が確認できた。田本研造《たもとけんぞう》、田中武《たなかたけし》、野々《のの》垣《がき》五《ご》一《いち》、中村貞治《なかむらさだはる》である。特に田本研造は、土方歳三のポートレートや、北海道開拓使とともに開発途中の北海道をドキュメントするなど、北海道写真史の祖と評される人物のひとりである。一方で、田中、野々垣、中村に関する史料はほとんど残されていない。『商工名鑑』などで写真館の営業状況を調査したが、確証を得られるものは見つからなかった。

写真技術が日本にもたらされ、市井の人びとに写真という新たなメディアが浸透していく時代である。久田コレクションの撮影地、東京・神戸・広島では、有名無名の写真師が数多存在しており、さらなる追跡調査が望まれる。▼注[4]

ともあれ、久田佐助コレクションの一部を写真師別に紹介しつつ、久田の足跡にせまってみよう。

（1）田本研造

田本研造は、天保二年（一八三二）に紀伊国南牟婁郡神川村（現・三重県熊野市神川町）で生まれた。もともと医学を志していたが、函館に移住して間もなく、凍傷が原因で右足の膝下を切断することになり、周囲のすすめもあって写真を志すようになった。切断手術を担当したロシア人医師ゼレンスキーらの教えを受け、慶応二年（一八六六）には写場を設けるに至った。田本の業績として特筆すべきは、榎本武揚や土方歳三の肖像写真を撮影したこと、また明治四年（一八七一）、開拓使からの依頼を受け、開発途中の札幌や小樽など北海道の風景を撮影したことである。都市形成における地理写真的要素を含んだ北海道開拓写真群は、日本人初のドキュメント写真といわれている。▼注[5] 現在、田本が保管していたネガやプリントは、函館市中央図書館や北海道大学が保管している。▼注[6]

久田佐助コレクションのうち、田本によって撮影されたものは六点である。

そのうち〔図版2〕目録番号1は、久田らの集合写真である（以降、目録番号と記されているものは、〔図版2〕中を指す）。久田は、明治二〇年（一八八七）に函館商船学校に入学し、その六年後に卒業していることから、商船学校在学時のクラス集合写真と思われる。田本は、いわゆる「学校の写真屋さん」として、函館市内の私立女学校などに出入りしていた記録が残っており、商船学校ともつながりがあった可能性が高い。

（2）田中武

田中武の名は『日本の写真家』（東京都写真美術館、二〇一五年）にみることができる。これによれば、田中は安政六年（一八五九）の生まれで、「東京・芝区神明社内で写真館を経営。（中略）大日本写真品評会会員」と書かれている。

田中によって撮影された写真は、目録番号2の一点のみである。台紙の銘によれば、明治二六年（一八九三）

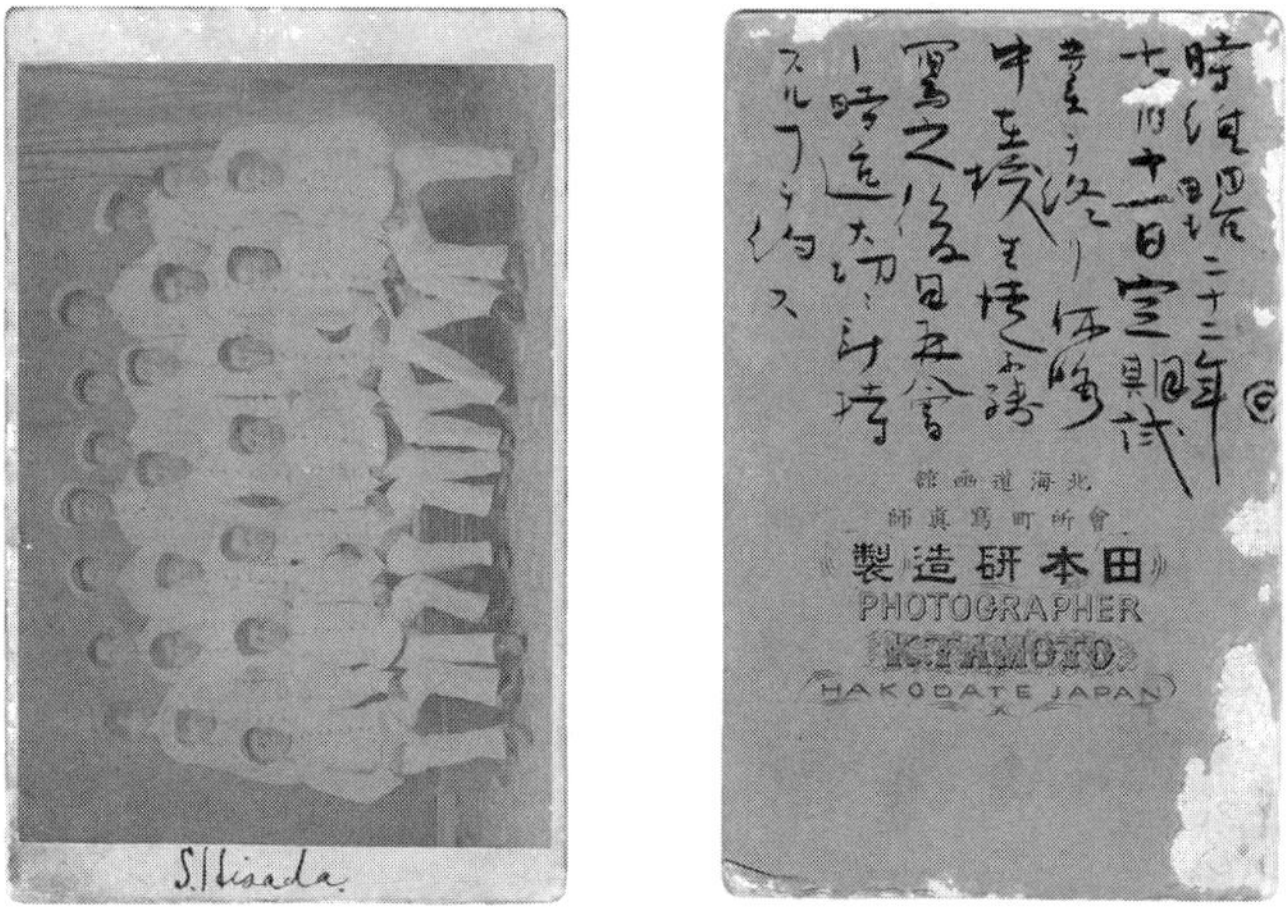

〔図版 2〕目録番号 1

〔図版 2〕目録番号 2

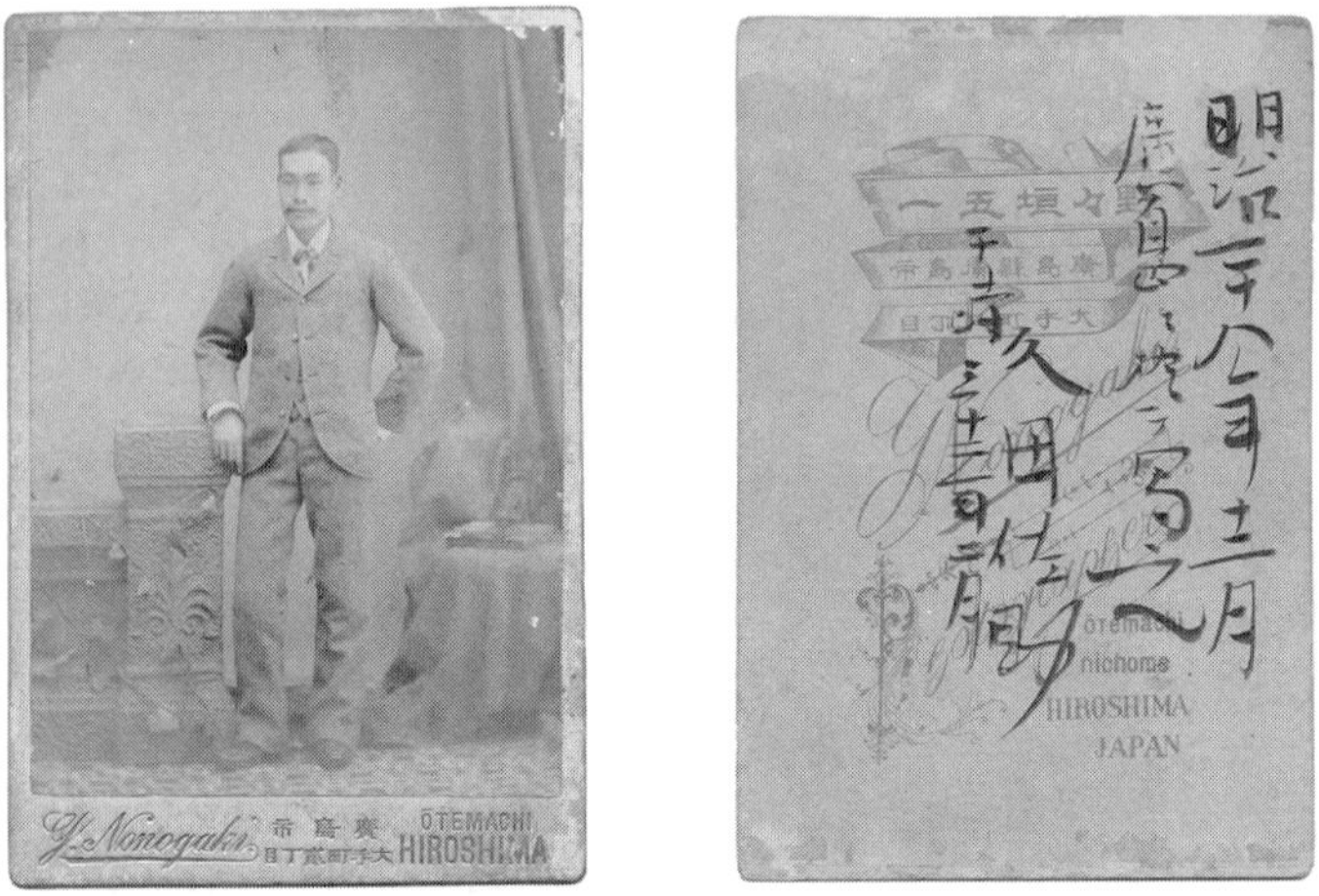

〔図版 2〕目録番号 3

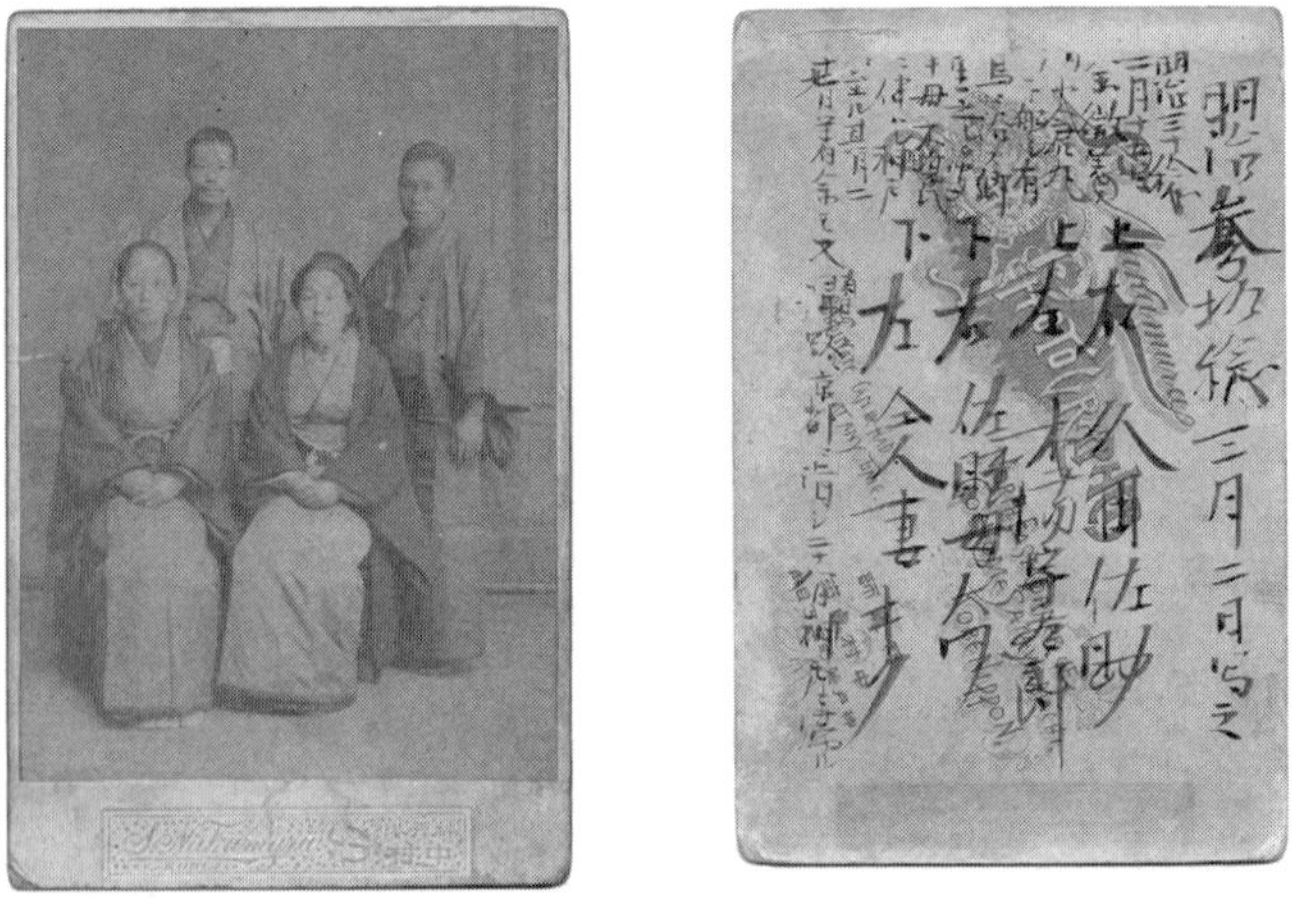

〔図版 2〕目録番号 4

五月一二日、東京商船学校大試験を終わった後に撮影されたらしい。被写体は武藤鎌四郎、八柳栄次郎、久田佐助の三名である。商船学校卒業名簿によれば、この三人は航海科の同期生で、武藤は旧姓を小倉といい、兵庫県出身であったが、大正八年（一九一九）三月末の名簿作成までに死亡している。他方、八柳は山形県出身で、存命と書かれている。また同名簿には、卒業年月日が明治二六年（一八九三）五月一二日と記されており、写真が撮影された年月日と合致する。すなわち、大試験とは卒業試験のことで、卒業記念写真として撮影されたとみられる。

(3) 野々垣五一

野々垣五一という人物は、残念ながら『日本写真家事典』（東京都写真美術館、二〇〇〇年）をはじめとする人名事典には登場せず、詳細はわからない。

唯一の手がかりとして、台紙に「広島大手町二丁目」という記述がある。これは、現在の平和記念公園が立地する中島町の川向かいにあたる。野々垣が撮影した現存作品には、海軍兵学校の学生を写したものが数点確認されており、広島市中心部に写真館を構えながら、江田島にあった海軍兵学校に出入りしていた可能性もある。なお、現存作品のなかには「NONOGAKI SHOTEN」と刻印された台紙もあり、写真館の屋号とみていいだろう。

久田コレクションのうち、野々垣が撮影した写真は、目録番号3である。裏書から、明治二八年（一八九五）一二月に写したことがわかる。

そもそも、なぜ久田は広島にいたのだろうか。

久田佐助は、明治二七年（一八九四）から二八年（一八九五）にかかる日清戦争の際、徴用船酒田丸および小倉丸に乗船し、勲六等に叙せられている。明治二七年（一八九四）九月以降、大本営は日清戦争のために広島に移転しており、兵員も広島から送られている。久田が徴用船とともに広島に寄航した可能性は非常に高い。野々垣による撮影は、明治二八年（一八九五）一二月であることから、この写真は、戦後処理にかかわる任務を終え、広島に帰港した際に撮影されたものと思われる。

（4）中村貞治

野々垣同様、中村の名前も人名事典には登場しない。そこで、『商工人名録』をひらき、台紙の銘から神戸市栄町五丁目で営業している写真館を調べてみた。すると、明治三五年（一九〇二）の『日本商工営業録』に、開館時期は不明であるものの、栄町五丁目に中村写真館の記載があった。しかし、代表は中村甚之助で、貞治の名前は確認できなかった。[注7] また、ほかに現存する中村貞治の作品をみると、台紙に「神戸宇治川」と書かれている。現在の神戸市中央区栄町五丁目から一ブロック先には、たしかに宇治川が流れており、このあたりに貞治の写真館があったことはまちがいないようだ。

中村が撮影した写真は、目録番号4である。

目録番号4は久田の家族写真である。裏書には、「明治三〇年（一八九七）一月一五日、久田が軽い病気に罹り、神戸で小倉丸を下船した。それを聞きつけた母久田ノワは、木場宇太郎とともに二月二七日に神戸にやってきた。久田は有馬温泉で湯治した後、京都に詣で、二八日に神戸に帰った。」と書かれている。能都町史によれば妻キクは神戸在住とあり、時期不明であるものの「神戸市下山手通六丁目弐百四十一番地　久田菊殿」と書かれた封書が残されている。[注8] つまり、久田が神戸の自宅に帰宅し、母の来訪にあわせて写真を撮ったものと考えられる。

四　理想化された肖像

東海丸沈没事故の後、久田の肖像は全国に広まった。

管見の限り、肖像の初出は明治三六年（一九〇三）一一月三日付の東奥日報に掲載されたスケッチ画である。▼注[9] そののち、事故の続報記事に併記されるかたちで東京朝日新聞が続き、唱歌久田船長の表紙、やがて昭和時代に刊行された教科書類にも登場する。久田の肖像を求める声は、史料にも残されている。久田の妻キク宛に「故御主人様の御写真一葉拝借御願ひ申」と書かれた手紙が届いているほか、「久田氏の写真は当市（筆者注・金沢市）縣廳・市役所に有之候由に付、之れは当日松山寺に借来候、霊碑にテ祭り追而可到候へ共、」と書かれた書状もある。

このように久田の肖像が、時代を超えて全国的に流布していく背景には、東海丸沈没事故における久田の献身的救出談が英雄譚として語られた歴史がある。詳しくは別稿を準備中だが、おおまかに顚末をたどってみよう。まず第一フェーズとして、英雄譚の立役者となったのが、事故直後の新聞ジャーナリズムである。東海丸沈没事故が発生した翌日、一〇月三〇日には事故の第一報が掲載された。その後、事故の経緯が明らかになったのが一一月四日、久田の死亡が確認されたのは一一月五日のことだった。青函航路をつなぐ北海道と青森の地元紙は、すぐさま事故発生を速報し、次いで救出された乗客・乗組員のインタビュー記事を掲載、久田の救出談と続き、さらには事故の遺族らへの義捐《ぎえん》事業を展開した。この間、約二週間にわたって毎日、沈没事故関連の記事が掲載されている。一方で、一一月二日から四日にかけて、読売・東京朝日・東京日日・萬朝報《よろずちょうほう》・時事新報・報知といった各新聞社は、こぞって久田の救出活動を美談として書き立てた。事故の詳細が判明していないにもかかわらず、である。各紙面上には、「醇美なる日本男児の気魂を彼の露人に目撃せしむるを得たるは、対露問題と連想して痛快を覚えずんばあらず」「久田船長がこの一死は日本男児の気魂を遺憾なく露出せるもの」と書かれている。[注10] すなわち、日本をとりまく逼迫した国際情勢を背景に、「日露船衝突」という事故に際して、いち早く日露開戦と関連付けようとしたのだ。久田の救出劇は、まさしく日本人の武士道精神や献身的犠牲といった、日本人の美徳観を想起させるものだった。各社は読者の琴線に触れる英雄譚を掲載することで、愛国心の高揚、さらには戦意の扇動を狙ったと考えられる。[注11]

第二フェーズは、明治後半から昭和初期における教科書への掲載である。

明治四一年（一九〇八）に刊行された軍事教育会『精神教育談　第六集』では、「船長は船と運命をともにする」という船乗りの伝統、危機的状況にあっても職責を重んじる姿勢を、軍隊への忠義を教える教材として書き上げている。昭和一二年（一九三七）の文部省『小学国語読本』では、指導書に「その壮烈なる最期は正に戦場における戦士の如く、痛烈鬼神を泣かしむるものがある。」「我が古来の武士道精神が茲にもまざまざ生きて居る。武士道精神の発露、それは海国男子の意気であり、海国日本の誇りである。」とあり、[注12] 太平洋戦争中に公刊された『初等科修身　第三』になると、指導書に「生命にかけて己の責務を全うせんとの平生の決意があってこそ（略）、事に臨んで、従容死に就くという態度も生まれる。」と書かれ、[注13] 戦争を意識した内容が一段と増している。[注14]

また初等科修身の目次をみると、『久田船長』に続いて『軍神のおもかげ』と題した、日露戦争の軍神・橘中佐の物語が配置されている点も興味深い。なぜなら、久田の英雄譚が成立するプロセスは、戦死した兵士が軍神化する過程を見事に踏襲しているからである。山室建徳『軍神』（中公新書、二〇〇七）によれば、「愛すべき人柄を持つ模範的な指揮官が、決死の作戦に赴き、部下に情愛をかけ、皇室に尊崇の念を持ちながら戦死したという物語に、当時の日本人は深く感動して、軍神が生み出された」とある。東海丸沈没事故の翌年、旅順港にて戦死した廣瀬武夫も、日露戦争の軍神としてうたわれたひとりである。久田と廣瀬の生い立ちや人となり、亡くなる経緯をくらべると非常に似通っている。つまり、久田佐助が英雄される経緯として、新聞メディアがプロパガンダとして書き立てた美談が、やがて軍神の定型を当てはめるかたちで英雄譚に昇華されていったのである。

　ところが、これら久田英雄譚に付された肖像は、すべて〔図版1〕を複製、または模したものしか出回っていない。なぜ〔図版1〕の肖像のみが流布してきたのだろうか。

　まず久田の肖像画について詳しくみてみよう。

〔図版1〕をみると、久田は正装を身にまとった半身像である。豊かな口ヒゲをたくわえ、胸には勲章・記章が二点付けられている。久田は明治二七年（一八九四）からの日清戦争に従軍し勲六等瑞宝章を、明治三三年（一九〇〇）の義和団事件では勲五等瑞宝章を受章している。ではどちらの時期に制作されたのか。瑞宝章はいずれも同じデザインであることから、手がかりは瑞宝章の隣に付けられた従軍記章である。中央に太いストライプが入ったストラップは日清戦争の従軍記章であり、[▼注15] 制作時期は明治二七年（一八九四）以降と考えられる。

　そもそも、〔図版1〕の肖像は写真ではない。郷里に伝わる〔図版1〕のオリジナルを確認したところ、写真を参考に描かれた肖像画を、さらに写真で複製したものだった。コレクションから類似する写真をあげるならば、同じ服装、勲章類を付けた写真として〔図版3〕、頭髪や顔立ちは目録番号3に似ている。特に目録番号3は、日清戦争直後の明治二八年（一八九五）一二月に撮影されており、描写の参考にされた可能性が高い。

〔図版3〕久田佐助の肖像

　次に注目したいのはヒゲである。久田コレクションを見返すと、商船学校時代の写真にはヒゲは一切ない。ところが卒業後の明治二八年（一八九五）には豊かなヒゲをたくわえている。

日本におけるヒゲの歴史を振り返ると、江戸時代は「ヒゲ無し」の時代であった。当時ヒゲを生やしている人は、老人や修験者、そして市民とみなされない階級の人びとで、「ヒゲ＝異端・卑賤なイメージ」であった。ところが、幕末開国にともなってやってきた欧米人はヒゲをたくわえた人物ばかり。文明開化の名のもと欧米化をめざした日本は、急遽「ヒゲ＝文明」のイメージをつくり出した。▼注[16]

その先鋒となったのが、明治天皇の全国巡幸《じゅんこう》や御真影《ごしんえい》、および明治一二年（一八七九）に皇族・政府関係者ら四五三一名の肖像を集めた人物写真帖である。特に御真影は、新たな国家君主を国民にどう知らしめるか、また西洋諸国との外交ツールとして制作された経緯から、政治的なバイアスにより理想化された肖像といわれている。▼注[17] 統治者として、軍人として、男性的な力強さをあらわす必要があった天皇は、西洋諸国の国家元首にならい、明治六年（一八七三）には断髪し、ヒゲをたくわえるようになった。そして同年に撮られた御真影において、軍服姿で左手にサーベルをもち、口元には豊かなヒゲをたくわえた、理想的な君主像が誕生したのである。▼注[18] この御真影は、明治二二年（一八八九）に新たな御真影が制作されるまで、公式・非公式を問わず全国各地に広がっていった。▼注[19]

こうしてヒゲは一般民衆に対する権威・権力をあらわすステイタスシンボルとして認知されるようになったのである。▼注[20] そして明治二二年（一八八九）にキヨッソーネらによって制作された新たな御真影は、翌二三年（一八九〇）になると新聞附録としても出回るようになった。もちろん非公式の肖像であるが、久田が商船学校に通う間に、あるべき肖像のイメージが国民に浸透していったのである。

久田佐助のヒゲ、そして肖像画も、こうした肖像の「型」を踏襲した可能性が高い。特に、日清戦争に従軍し勲章を受章した際の制作となれば、理想的な軍人像、すなわち天皇の肖像を意識するのはもっともである。東海丸沈没事故の後、久田の肖像写真を貸与する際も、遺族はそう悩まなかったにちがいない。なぜなら、英雄としてこの世を去った久田の尊厳を最大化する肖像はただひとつ、〔図版1〕の肖像にほかならないからだ。

東海丸沈没事故をめぐる久田佐助の勇姿は全国的、かつ時代を超える反響をもたらした。その英雄譚はテキストによって語られてきただけではなく、ともに付されたイメージ、すなわち久田佐助の肖像も、彼を英雄たらしめる重要なエレメントだったのである。

【注】

［1］本稿掲載図版は、個人蔵のものを筆者が撮影した。

［2］顕微鏡撮影による技法の判別にあたっては、久留島典子ら編『文化財としてのガラス乾板』（勉誠出版、二〇一七年）、James M. Reilly『Care and Identification of 19th - Century Photographic Prints』（Kodak Books、一九八六年）を参考にした。

［3］髙橋則英「ガラス乾板の歴史と保存の意義」（『文化財としてのガラス乾板』勉誠出版、二〇一七年）。

［4］一例として、『商工人名録　昭和八年』（広島商工会議所、一九三三年）によれば、明治四一年（一九〇八）に広島写真師協会が設立され、当時相当数の写真師人口がいたことが推察される。

［5］大下智一「田本研造」（『photographers' gallery press no.8』photographers' gallery、二〇〇九年）。

［6］新田キクの肖像写真が、函館市中央図書館に所蔵されている。

［7］中村甚之助は、安政六年（一八五九）の生まれで、大阪の写真業で財をなし神戸にやってきた横田朴斎（彦兵衛）の弟子である。なお横田は上野彦馬の弟子といわれている。

［8］個人蔵。あわせて「横濱碇泊酒田丸　久田佐助」と差出人が書かれている。

［9］当時の新聞には写真メディアが使われていなかった。日本国内の新聞報道ではじめて写真が使用されたのは、明治三七年（一九〇四）一月二日の報知新聞である。

［10］いずれも明治三六年（一九〇三）一一月四日付の萬朝報より引用。

［11］開戦前夜の新聞論調として、大方が主戦論にまわっていた。先に引用した萬朝報も、幸徳秋水らによる非開戦論を敷いていたが、最終的には主戦論に転じている。

［12］秋田喜三郎『小学国語読本指導書　尋常科用　巻一〇』（明治図書、一九三八年）。

［13］文部省『初等科修身　教師用　第三』（文部省、一九四三年）。

［14］唐沢富太郎『教科書の歴史』（ぎょうせい、一九八九年）によれば、国語教材の実に七六・四パーセントが超国家主義の意図実現の教材として用意されていた、と指摘している。

［15］記章類の判別には平山晋『明治勲章大図鑑』（国書刊行会、二〇一五年）を用いた。

［16］阿部恒久『ヒゲの日本近現代史』（講談社現代新書、二〇一三年）の内容を要約、一部引用した。

［17］佐々木克「天皇像の形成過程」（『国民文化の研究』筑摩書房、一九八四年）、多木浩二『天皇の肖像』（岩波書店、二〇〇二年）、増野恵子「明治天皇のイメージの変遷について」（『美術史研究』三八、二〇〇〇年）など。

［18］増野恵子「聖と俗の天皇肖像」（『天皇の美術史　六』吉川弘文館、二〇一七年）。類型化・抽象化された権威のイメージとして、明治二二年（一八八九）のキヨッソーネ・丸木利陽による新たな御真影によって、最終的な天皇イメージが形成されたと指摘している。

［19］前掲注18。御真影は政府の管理下におかれたが、巷では天皇の石版画が数多く出回っていたという。この石版画は明治六年（一八七三）御真影を精巧にまねたもので、国民への周知に大きく貢献したと指摘している。

［20］前掲注16では、軍人のヒゲについて、「将校・士官クラスは必ずヒゲをたくわえ、下士官にもヒゲをたくわえる人物がいる一方、上等兵以下の階級にはヒゲを生やした人物はいない。」との分析を紹介している。

［付記］本章で紹介した「久田佐助コレクション」は、（公財）岩手県文化振興事業団　埋蔵文化財センター『紀要』三九号に、史料紹介を掲載予定である。史料の詳細については、そちらを参照されたい。

第六章　肖像写真の胎動——久田佐助コレクション

コラム②

史料撮影の五つのポイント

吉岡由哲

調査に許された短い時間のなかで、予定通り史料撮影をこなすのは簡単ではない。知らぬうちにタイムオーバー、そして予算オーバーにならないよう、文献史料の撮影に的をしぼり、おさえるべきポイント五つをまとめた。なお、アーカイブを目的とした撮影と比べるとだいぶん荒削りであることは承知の上、ここでは、学生主体の史料調査や、研究を生業としない方々が史料撮影をせまられた場合を想定している。

まずはカメラである。真っ先に一眼レフが思い浮かぶが、スマートフォンやコンパクトデジカメでも対応可能である。ただし、すべてスマホ任せではよろしくない。

①マニュアル設定で、写真の仕上がりにムラをなくす。

マニュアルモードが備わっているカメラアプリを導入しよう。「ホワイトバランス」をマニュアル、もしくは曇天モードにすることで、カットごとの色ムラを減らせる。「シャッタースピード」が変えられるようであれば一／一二五前後で固定しよう。手持ちの場合、一／六〇より遅くなるとブレる可能性が高くなる。ＩＳＯ感度も高ければよいわけではない。ＩＳＯ一〇〇〇以上の場合は撮影環境が暗いと考えるべきだ。夜景モードやＨＤＲ機能の使用はひかえよう。

②ブレない、シャープな写真を撮る。

写真がブレて読めないことだけは何としても避けたい。スマホの小さな画面では、その都度拡大して確認が難しい。予防策として、三脚とセルフタイマーの利用をおすすめする。大手ネット通販を探せば、安価で見つかるはずだ。スマホ用三脚アダプタもあわせて用意したい。有名メーカー品で、あわせて五〇〇〇円ほどである。また撮影時は、できるだけカメラに振動を与えたくない。シャッターを押す動きもＮＧだ。セルフタイマー二秒を目安に設定しよう。

③撮影範囲内の明るさを均一にする。

この作業がもっとも時間がかかる。しかし、おざなりにしていると、コピー機でうまく複写できなかったり、図版として掲載したいのに使えないなど、後々の史料整理で苦労する。また撮影環境が明るければ、何でもいいわけでもない。史料に強い光をあてることは、保存の観点から望ましくない。蛍光灯直下も避けたい。蛍光灯特有のちらつきが写り込んだり、黄色〜緑色かかった色調になるため、ホワイトバランスを蛍光灯に設定する必要がある。理想は、直射日光を避けた場所で太陽光のみで写したい。撮影範囲内の明るさに差が出るようであれば、白い紙で光を反射させて明るさのムラをなくそう。薄手のスチレンボードと養生テープ、ブックスタンドがあると、希望の位置で仮止めすることができる。逆に、近くに白いモノがあると光を反射するため、一メートルほどの黒布を携帯しておくと、イレギュラーな光にも対応できる。

④史料整理でストレスになることを減らす。

カットごとに史料の位置が変わったり、背景に模様が写り込まないようにしたい。全紙サイズのケント紙を背景紙として敷こう。グレー色がおすすめである。マスキングテープがあると、撮影範囲の目安がつけられる。またメジャーを一緒に写し込めば、いざ法量が必要になった際に確認が可能だ。史料のページ飛ばし（撮影漏れ）は、史料をめくるごとに番号を写し込むことで、ミスを防止できるし後の整理もしやすい。こうした小道具をそろえても一五〇〇円程度である。

⑤データのバックアップ

調査中に撮影ミスがあろうと、現場でデータをさわるのはおすすめしない。ミスがあった場合は、裏紙に「撮影ミスのため再撮影」などと書き、メモカットを撮影しデータの削除はしない。データを整理する場合は、バックアップをとった上で整理をするのが基本だ。撮ったままの画像が入ったフォルダをオリジナルとして保存し、編集用にはオリジナルのコピーを使おう。

ここまででざっと六五〇〇円程度の予算である。最後に忘れてはならないのが、スケジューリングである。撮影しながら、〇ページを何分で撮影できたから、残り時間でこれだけ撮れる、と見通しをもつことが大切だ。場合によっては撮影の優先順位をつけることも必要である。調査先に迷惑がかかることだけは絶対に避け、最大限の成果を持ち帰ることに努めたい。

第二部　寺社縁起と奇談

鬼子母神像（真成寺蔵）

第一章……再現される武家の故実

『赤淵大明神縁起』の誕生

❖木村祐輝

激動の戦国時代。生涯のすべてを朝倉氏の存続のために尽くし、志半ばで倒れた武将、朝倉義景《あさくらよしかげ》。赤淵神社の来歴のみならず、朝倉氏の祖先である日下部氏の由来を書いた『赤淵大明神縁起』。外題を添えたのは正親町天皇《おおぎまちてんのう》。本縁起にちらつく頼朝の影。義景は、何を思って『赤淵大明神縁起』を作成したのか。争いが絶えない時代に、一乗谷の地で文化の花が開花する。――村中ひかり

一　『赤淵大明神縁起』の諸本

永禄三年（一五六〇）六月六日、越前朝倉氏五代当主義景《よしかげ》は、氏神である赤淵神社の縁起を作成した。赤淵大明神は、但馬国朝来郡《たじまのくにあさごぐん》赤淵神社（現兵庫県和田山町）の祭神を朝倉家の氏神として一乗谷に分祀した

ものである。注[1]『赤淵大明神縁起《あかぶちだいみょうじんえんぎ》』は、義景が但馬の『赤淵《あかぶち》・表米両神縁起《ひょうまいりょうしんえんぎ》』をもとにして、一乗谷の心月寺七代住持であった才応総芸に命じてつくらせたものであった。注[2] 心月寺は、朝倉教景を開基、竜興寺三世桃庵禅洞を開山として、教景の孫の孝景によって文明年間（一四六九～一四）に創建された。注[3] もともと一乗谷上城戸の外に位置し、赤淵神社の別当職も勤めていた。

現存する諸本には、Ⓐ松平文庫、Ⓑ大谷大学、Ⓒ赤淵神社、Ⓓ福井県立文書館（東京大学史料編纂所）の四点がある。Ⓐは越前藩主松平家に伝来したもので、慶長一九年（一六一四）の称念寺の「朝倉系図」と同様の記述があり、総芸が作成した縁起にもっとも近いものと思われる。Ⓑは徂潭なる僧によって享保一三年（一七二八）三月二三日に書写され、Ⓒは天長五年（八二八）三月一五日の奥書をもつ。Ⓓは、宝永七年（一七一〇）一二月三日に専光寺松樹院松林によって書写され、内容や表記にほかの諸本と異なる点がある。注[4]

これらの諸本の転写関係について、結論からいえば、但馬国赤淵神社にⒸ本とは別の原縁起（『赤淵・表米両神縁起』）が存在し、永禄三年（一五六〇）に心月寺の総芸が原縁起をもとにⒶ本を作成したと考えられる。他方、原縁起の別本とⒶ本をもとにして、宝永七年（一七一〇）に松樹院松林がⒹ本を作成した。一八世紀にはⒶ本がもっとも流布していたようで、享保一三年（一七二八）には徂潭がⒶ本をもとにⒸ本を作成し、ほぼ同じころに天長五年（八二八）の年紀を追記したⒸ本も作成されたと推測される。

二　縁起を読む

まず、『赤淵大明神縁起』の内容を簡単にみてみよう。注[5]

A日本国と孝徳天皇

月氏（インド）・震旦（中国）とくらべて、日本は大日如来とともにある国であり、天の神が七代、地の神が五代続いた後、人皇の始祖神武天皇が鎮座したところである。孝徳天皇は三七代で、常色元年（六四五）には皇極天皇が重祚《ちょうそ》し、三八代の斉明天皇となった。この間、新羅が何度か攻め渡ってきたので打ち負かしたが、さらに新羅は望みをかけて攻め渡ってきていた。

B①表米の流離

孝徳天皇の皇子表米宮は、三歳のときに母の胸を噛み砕き、但馬朝来郡に配流となった。表米宮と官人たちがこの地の粟鹿大明神に参拝すると、表米宮に日本国の総大将を任せるというお告げがあった。

B②表米宮の異国征伐

ふたたび異国が侵攻してきたが、またしても日本が異国を打ち負かした。天照大神の神前にて神楽を舞うと、「丹波に配流された表米宮こそ大将にふさわしい」との託宣《たくせん》により宣旨《せんじ》が下った。

常色元年（六四五）二月一四日、表米宮は上洛し、時を移さず、一八日に丹後国与佐郡白絲濱に出陣した。白装束の上に紫糸の鎧を着た者が天空より呼びかける。「我が国の領土を狙う新羅退治のために諸神がこの浦にやってこられた。なかでも我は、第二宮正一位十二侯粟鹿大明神である。私はこの国の朝来郡に降り、降臨して守護神となった。今、力を得て、海神とともに姿を現して波の上に漂う」。すると、無数の鮑《あわび》が浮かび上がり、沈んでいた船を引き揚げ、砕けた船の鎹《かすがい》となって守護した。九月三日、表米宮はたちまちに悪鬼を平らげた。船を寄せて順風を待っていると、世にも珍しい鮑が数多くあらわれ、飾り船が先導する船の道標となって一一月三日に目的の地へ船を寄せた。

B③赤淵大明神の創建

表米宮は鮑を氏神にしたいと孝徳天皇に奏上した。表米宮は、丹後・但馬・丹波三カ国の国司となり、同一二月七日には但馬に帰国した。常色三年（六四七）六月一五日、王城を守り、その東方に鮑を祭る赤淵大明神を遷宮した。

B④鮑の聖性

社頭に納めるとき、貝が蓮華座となり、阿弥陀如来、観音菩薩・勢至《せいし》菩薩《ぼさつ》が向き合って合掌した。粟《あわ》鹿《が》大《だい》明神《みょうじん》の守護する鮑は、竜宮城の九穴の貝で、照り輝くこと太陽や月のようである。

B⑤表米宮ゆかりの遺蹟

幡印《はたじるし》として数度運を開いた正勝明神、三谷明神、また表米宮を日下明神《くさかみょうじん》とした。表米宮が読経した島は経ヶ御崎である。脱ぎ捨てた冠が流れ着いた島を冠島《かんむりじま》と呼び、履物が流れ着いたのは御履島である。含美浦から飾り船の出たところを舟生、鮑が通った道の跡を諸寄《もろよせ》と名づけた。

B⑥表米宮の子ども

孝徳天皇の皇子であるがゆえに、日下と書いて日下部という。表米宮には子どもが七人いた。ひとりの女子を除き、全員が日下部を名のり、おのおの所領を分けた。嫡子は朝来、次男は朝倉、三男は奈佐、四男は水谷、第五は丹波河口、第六は丹後より江州に下り、甲賀というところに居住した。

B⑦表米の死

朱雀元年（六八六）三月一五日、表米宮が死去した。朝来郡久世田荘加納丘に祭り、天下の守護神とした。

C①子孫への恩徳

ほかの姓、ほかの門地といっても、この守護神を崇拝すべきである。まして表米宮の流れをくむ日下部の子孫は、上下男女によらず、表米宮を崇仰すべきである。

D②赤淵神への崇敬

伊勢・春日・八幡の神が一体となり、粟《あわ》鹿《が》鮑《あわび》となってあらわれた。ゆえに赤淵明神をあがめるべきである。

三　異国征伐譚と九穴の貝

Aでは、日本国と天皇の来歴や当時の対外情勢について解説している。続くBが、孝徳天皇の皇子表米宮による新羅征伐譚である。Cでは、日下部一族による守護神表米宮への崇敬と、赤淵大明神への恩徳が語られている。以下に縁起の特徴をまとめておこう。

第一に、B⑤・⑥などに登場する地名は三三カ所にもおよぶ。表米宮の軍事行動や子どもたちに与えられた所領は、東は近江甲賀から西は隠岐までにおよぶものの、丹後西部から但馬、丹波西北部地域に偏在する傾向にある。この縁起は、但馬を舞台とするローカルな神話であった。

第二に、『赤淵大明神縁起』が描いた新羅征伐譚は、北陸地方に濃密に展開する異国征伐譚を背景にしていた。すなわち、室町期の成立とされる「気多社由来記《けたしゃゆらいき》」、「気多社嶋廻縁起《けたしゃしまめぐりえんぎ》」、やや遅れて成立する「気比宮社記《けひぐうしゃき》」など、気多神や気比神の信仰圏＝〈コシ〉の文化圏で語られてきた物語であった[注6]。

第三に、縁起のなかで大きな役割をはたす鮑や九穴の貝は、長寿と子孫繁栄のシンボルであった。鮑は、古くから神社で神餅とされ、武家社会でも出陣時の縁起物とされてきた。『源平盛衰記』「那智の滝壺」には、花山天皇が献じた九穴の鮑が那智の滝壺に沈められたという話が語られる。若狭の八百比丘尼は九穴の貝を食べて八〇〇歳の長寿を保ったといわれる。

また、幸若舞曲「九穴貝」では、若侍たちが、梶原景時《かじわらかげとき》の提案により頼朝の御前で海人の貝取りをしてみせる。若侍たちは海に潜って貝や海藻をとってきたが、畠山重保《はたけやましげやす》は海に潜ったまま二時間ほども浮かび上がってこない。すると、重保は元結を濡らすこともなく、大きな貝を三〇個ほど体につけて浮かび上がってきた。頼朝は稀代の不思議に感心して、重保に常陸国鹿島荘八百町の所領を与えたという。九穴の貝は、源氏の治世を言祝《ことほ》ぐ物語でもあったのだ。

四　左衛門督義景

朝倉義景は、天文二年（一五三三）九月二四日に朝倉孝景の長男として生まれた。[注7]わずか一五歳で家督を継ぎ、大叔父宗滴をはじめとする父孝景以来の家臣たちの輔佐を受けながら、越前一乗谷に繁栄の礎を築いてゆくことになる。

天文二一年（一五五二）六月一六日、室町幕府一三代将軍足利義輝《あしかがよしてる》から「義」の字を賜り、「延景」から「義景」へ改名している。[注8]「義」の字は、二代将軍義詮から続く足利嫡宗家の通字《つうじ》で、義景の一字拝領はきわめて異例であった。またこのとき左衛門督に任じられている。左衛門督とは、衛門府長官で従四位下にあたり、朝倉家歴代当主の弾正左衛門尉のみならず、主家であった斯波《しば》氏の左兵衛佐をも超越した破格の昇進であった。

将軍の一字拝領と左衛門督任官は、当時の将軍足利義輝の政治的立場に起因している。京都では管領細川晴元への下剋上をはたした三好長慶と松永久秀が頭角をあらわし、将軍義輝からの離反と和睦をくり返しながら権勢を掌握していた。三好・松永といった畿内権力の危うい均衡の上に立つ義輝は、越前朝倉氏を頼ることで政権の安定化を企図していたのである。

『赤淵大明神縁起』作成の背景には、室町幕府将軍足利義輝の朝倉家への接近があり、義景もまた朝倉家の権威を確立しようとする狙いがあったと考えられる。

五　後嗣問題

『赤淵大明神縁起』が作成された永禄三年（一五六〇）は、義景の絶頂期であったとみていい。ところが同時に、永禄初年の朝倉家は、後継者の不在という喫緊の課題を抱えていた。『朝倉始末記《あさくらしまつき》』によれば、義景は、永禄三年（一五六〇）までに三人の妻をもっていたという。▼注[9] 義景のはじめの妻は、「細川右京兆（細川晴元）ノ息女」と呼ばれる。彼女は、義景との間に一女をもうけたが、男子をもうけることなく早世した。二番目の妻は、「近衛殿（近衛義種）ノ御息女」と呼ばれる。彼女も男子に恵まれず、義景の心も次第に離れて離縁された。

三番目の妻で、永禄三年（一五六〇）当時に義景の正室になっていたのは、「鞍谷殿ノ類葉」とされた「小宰相ノ局」という女性であった。彼女は、義景の寵愛を受けて男子阿君を生んでいる。▼注[10] ただし、阿君が生まれたのは、早くとも永禄四年（一五六一）以降であり、『赤淵大明神縁起』が作成された永禄三年（一五六〇）に義景の嫡男は誕生していない。後継問題は朝倉家にとって深刻な課題となりつつあったのである。すでに義景を支えた宗滴は、弘治元年（一五五五）に鬼籍に入っていた。二七歳の義景は、父の死んだ年齢（五五歳）の半ばに至り、朝倉家の将来に少なからぬ不安を感じていたであろう。

全盛期を迎えながら、後嗣への不安が、寿命長久や子孫繁栄の御利益をもつ鮑が登場する『赤淵大明神縁起』の作成へと義景をつき動かしたのではないだろうか。

六　犬追物

縁起作成を命じてから約一年後の永禄四年（一五六一）四月四日から一〇日まで、義景以下一万余を超える家臣が参加して、坂井郡棗庄大窪の浜で犬追物《いぬおうもの》が盛大に行なわれた。▼注[11]

この大規模な軍事演習は、甲斐の武田信玄と内応して越後侵攻を計画していた越中守護代神保長職《じんぼうながもと》への軍事的牽制であったとされている。ただし、正親町天皇《おおぎまちてんのう》への縁起の宸筆《しんぴつ》依頼を三カ月後にひかえた時期であったことを考えると、別の一面がみえてくる。

というのも、『朝倉始末記』に、「又仮屋ノ内ニ栂野三郎右衛門吉仍アツテ、日記ヲ付ルナリ。凡此浜ノ犬追物ハ、頼朝ノ卿ノ御代ニ、鎌倉由比ノ浜ニシテアソバサレタルト聞コヘシモ、是ニハ不過トゾ見ニケル」とあるからである。栂《とが》野《の》吉仍《よしのり》なる者が犬追物について記した日記によれば、「頼朝が由比ヶ浜で行なった犬追物に勝るもの」とも評価されていたのである。鎌倉幕府の創始者で、武家の棟梁であった源頼朝が鎌倉由比ヶ浜で行なった犬追物を、義景が大窪の浜で再現する。それは、武家の棟梁としての義景の権威を否が応でも高めたにちがいない。

しかも、朝倉家の祖先伝承において頼朝との関係が語られている。『朝倉始末記』によれば、「朝倉太郎大夫高清ニ、八代の後胤朝倉孫右衛門広景ト云人アリ、建武年中ニテ数代但馬国ニ居住セリ」とあり、越前朝倉氏は、一四世紀前半に但馬に土着していた朝倉高清の流れをくむものであった。

伝説によれば、但馬にいた高清は、頼朝に鎌倉へ呼ばれ、白猪《しらい》退治の命を受けた。但馬に戻った高清は、養父大明神に七日七夜の参籠をして、一本の鏑矢《かぶらや》を授かった。高清は、この鏑矢で白猪を退治し、その功によって頼朝から三つ盛木瓜の家紋を定められたという。

高清伝説は、江戸時代初期の粟鹿神社所蔵「日下部系図」に記され、一七世紀初頭に成立していたことは確実である。一六世紀半ばを生きていた朝倉義景もまた、高清と頼朝にまつわる祖先伝承を知っていたにちがいない。

高清伝説は、『赤淵大明神縁起』や『朝倉系図』と同様に、朝倉氏の子孫たちへ受け継がれていた。▼注[12] 朝倉氏には、その祖先の記憶のなかに頼朝伝承が生き続けていたのである。

七　宸筆縁起の成立

『お湯殿《ゆどの》の上日記《うえのにっき》』永禄四年（一五六一）七月一一日条によれば、三条西実条の取り次ぎで正親町天皇へ「ゑちせん《越前》のあかふち《赤淵》の大みやうしん《明神》のゑんき《縁起》の下代」＝『赤淵大明神縁起』の外題への宸筆《しんぴつ》の依頼があった。翌一二日には、天皇みずからが「御ふて《筆》をそめ《染》られ」たという。

正親町天皇には、大名や寺社宝物を叡覧《えいらん》する事例が数多くみられるものの、みずから筆を入れる宸筆は、永禄四年（一五六一）の『赤淵大明神縁起』の宸筆下賜と、天正八年（一五八〇）の「安土城図屏風」への勅書しか確認できない。直前の弘治三年（一五五七）に即位した正親町天皇は、即位式を挙行できないほどの資金難にあって、荒廃した天皇権威の復興を全国各地の諸大名に期待したのである。▼注[13]

永禄三年（一五六〇）正月二七日、毛利元就らの献資によって即位式が挙行された際、朝倉義景も一万疋を内裏に献上した。永禄二年（一五五九）一一月八日、即位を前に、越前一乗谷の阿波賀社の卜部定澄・定富父子が伊勢神宮へ奉幣使《ほうべいし》として下向したときも、義景は馬一疋を進上している。翌九日には、義景が従四位下に叙位されている。『兼右卿記』は、吉田兼右から卜部定富へ宛てた二通の書状が残っており、阿波賀社と吉田神道との密接な関係もうかがい知れる。▼注[14]

『赤淵大明神縁起』への正親町天皇による外題宸筆は、こうした正親町天皇即位をめぐる事情のなかで実現したものだったのである。

八　曲水の宴

義景が外題宸筆を依頼してから約一年後の永禄五年（一五六二）八月二〇日、一乗谷で曲水の宴が催された。

曲水の宴とは、もともと中国の行事であり、宮中や公卿の邸で三月上巳の節供に行なわれた遊宴のひとつであった。参会者が庭園の曲水の流れに沿って座り、上流から流される杯が自分の前を通り過ぎないうちに詩歌を詠じて酒を飲み、次へ杯を流す遊びである。

結論をいえば、永禄五年（一五六二）の曲水の宴とは、宸筆の『赤淵大明神縁起』を公式に披露する場であったと考えられる。その手がかりとなるのが、『お湯殿の上日記』永禄五年（一五六二）九月一六日条である。すなわち、「ゑちせん《越前》のあさくら《朝倉》より。いつそや大かく《覚》し《寺》よりせうみやうゐん《称名院》へおほせ《仰》して。あかふち《赤淵》の大明神のゑんき《縁起》のけたい《外題》あそはされ。御れい《礼》とて御たる《樽》の代千疋まいり《進》て御くはり《配》あり」とある。

第一に、大覚寺義俊《だいかくじぎしゅん》は三条西実条《さんじょうにしさねえだ》（称名院）を通じて正親町天皇に『赤淵大明神縁起』外題宸筆を直接に依頼した人物であったことがわかる。▼注[15] 一乗谷の曲水の宴には、この大覚寺義俊が招かれていた。

第二に、一乗谷の曲水の宴と京都への礼物到着の時期的符合である。天皇による外題宸筆へのお礼が京都の禁裏に届いたのは、「いつぞや」とも記憶される一年以上のちの永禄五年（一五六二）九月半ばであったことがわかる。八月二〇日の曲水の宴から約一カ月後のことであった。

第三に、曲水の宴が一乗谷の阿波賀で行なわれた点である。正親町天皇の即位に際して奉幣使を担ったのは阿波賀社の神人親子であり、『赤淵大明神縁起』は粟鹿鮑の活躍を描いた物語であった。

想像をたくましくすれば、大覚寺義俊は曲水の宴という盛儀の場に宸筆の『赤淵大明神縁起』を京都から持参し、一乗谷阿波賀において粟鹿鮑の活躍と朝倉家の長寿・子孫繁栄を言祝ぐ縁起を披露したのではないか。この宴での縁起の披露をへて、義景ははじめて禁裏に礼物を贈ったとは考えられないだろうか。

九　幸若舞曲「浜出」

朝倉氏は、越前一乗谷に独自の文化を花開かせたことでも知られる。なかでも、朝倉氏が保護した芸能のひとつに幸若舞《こうわかまい》がある。▼注〔16〕越前幸若舞の創始者とされる桃井直詮《もものいなおあき》は、東京国立博物館に「桃井直詮像」が残されている。その讃を染めた海闉梵覚は、心月寺二代住持であった。心月寺は、桃井家の菩提寺ともなったことから、幸若舞とも関係が深い。

数ある幸若舞曲のなかでも注目したいのは「浜出」である。おおまかなストーリーを紹介すると、源頼朝が右大将に昇進した際、御家人たちもまたさまざまな官位に任じられた。左衛門司に任じられた梶原平三景時もそのひとりであった。彼は、左衛門司を嫡子源太景季《かげすえ》に譲り、源太はこれを披露しようと急いで国元に下向し、頼朝をはじめとする各地の大名小名を招待してもてなしたという。

作中で梶原景時の授かった左衛門司は、左衛門府をあらわす官司名のことで、義景も永禄二年（一五五九）に左衛門府の長官職である左衛門督を授かっている。義景の左衛門督任官あるいは従四位下叙位の宴において上演された「浜出」は、もっともふさわしい演目といえよう。▼注〔17〕加えて、「浜出」の後半をなす題目こそが「九穴貝」であった。ふたつの舞曲は、あわせて源氏と頼朝の治世を言祝ぐ物語であった。

永禄三年（一五六〇）の『赤淵大明神縁起』の作成と宸筆依頼、永禄四年（一五六一）の犬追物、永禄五年（一五六二）の曲水の宴。これら永禄初年の朝倉義景の文化事業に共通するのは、鮑・九穴貝に表象される長寿・子孫繁栄への祈りを、源頼朝の伝説になぞらえて再現した点にある。

そこには、義景がみずからを皇子表米宮の子孫とする縁起を作成し、正親町天皇への外題宸筆を依頼することで、朝倉家の家格のさらなる上昇を図ることが企図されていた。加えて、室町幕府権力の衰退のなかで、源頼朝伝承を再現することによって朝倉家の幕府内での発言力を増大させることも目論まれていたのである。

一〇　滅亡の先に

こうした義景の企みは、永禄一一年（一五六八）の足利義秋の一乗谷御成によって結実する。このころ、義秋の御内書には義景の副状が添えられ、義景の権威は幕府内の最高位である管領に相当するものだったともいわれる。いわば朝倉幕府と呼ぶべき政権が誕生したのである。義秋は同年四月に義昭と名を改め、義景に上洛をうながした。しかし、六月に嫡男阿君が急死したことで上洛はかなわず、義昭は信長を頼って美濃へ向かうことになった。

それからわずか五年後の天正元年（一五七三）八月、朝倉義景は一乗谷とともに滅びることになる。しかし、晩年に誕生した遺児愛王丸が落ちのびたといわれる越後越前浜では、鮑を食することへのタブーが今も語り伝えられている。『赤淵大明神縁起』の物語は、列島各地に散った朝倉氏の末裔たちによって脈々と受け継がれてゆくのである。

【注】


［1］弘化四年（一八四七）以降に描かれた「一乗谷古絵図」のなかに「赤淵明神跡」として名が残っている。

［2］古賀達也「『赤淵神社縁起』の史料批判」（『古代に真実を求めて』一七、二〇一四年）。

［3］松原信之『越前朝倉氏と心月寺』（心月寺、一九七四年）。

［4］表米宮を孝徳天皇の次男とし、「大化」年号を使用する。

［5］「松平文庫本」は福井県立文書館公式サイトにて全編閲覧可。

［6］浅香年木「気多の神と「異国」の王子」（『歴史手帖』一一—五、名著出版、一九八三年）。

［7］『福井県史』通史編二　中世（福井県、一九九四年）、『朝倉氏五代の発給文書』（福井県立一乗谷朝倉氏遺跡資料館、

二〇〇五年）。

［8］他氏の礼を見ると、武田晴信が足利義晴から「晴」の字を拝領し、毛利輝元が、足利義輝から「輝」の字を拝領するなど、将軍から名前の一字を拝領することは、ほかの大名家でも珍しくない。しかし、いずれも下の字であり、通字である「義」の字を拝領することは珍しい。

［9］井上鋭夫、桑山浩然、藤木久志校注『日本思想大系一七』（岩波書店、一九七二年）。

［10］小宰相ノ局もまた、永禄五年（一五六二）から永禄一一年（一五六八）の間に死去したとみられる。

［11］笠懸、流鏑馬らとともに三騎射に数えられる代表的な武芸の鍛錬のひとつである。囲い、めぐらせた馬場に複数の犬を入れ、馬上から弓を射る。朝倉宗滴は、特に騎射を重視し、「馬上の武士が鑓や長刀を使うよりは弓の方が優れている」と語る様子が『朝倉宗滴話記』にみえる。

［12］鈴木秋彦「鮑食禁忌伝承の変容――鉱物資源生産から俵物生産への転換の中で」（『アジア遊学』一六六、勉誠出版、二〇一三年）。

［13］奥野高廣『戦国時代の宮廷生活』（続群書類従完成会、二〇〇四年）。

［14］鏑木紀彦「吉田家の道統断絶について――能登国一宮気多神社桜井俊基から吉田兼右への返し伝授を中心に」（『神道宗教』二二〇・二二一、神道宗教学会、二〇一一年）。

［15］義俊は、先代の孝景のとき、天文六年（一五三七）に将軍足利義晴の意向を受け、朝倉氏と本願寺証如との仲介をしている。（真宗史料刊行会編『大系真宗史料』文書記録編八　天文日記一、法藏館、二〇一五年）。

［16］小林美和「室町時代の祝言と食文化――幸若舞曲にみる」（『帝塚山大学現代生活学部紀要』一、二〇〇五年）、田中允編『未刊謡曲衆　続九』（古典文庫、一九九二年）、田中允編『未刊謡曲集　続十』（古典文庫、一九九二年）。一乗谷が灰燼に帰したため、城内で幸若舞が上演された記録は残っていないが、英林孝景が記したとされる分国法として名高い松平文庫本「朝倉家十七条」には、「一、京都より四座のさるがく細々よひくだし、見物このまれましく候、其あたへを国のさるかくのうちの器用ならんをのほせ、仕舞をもならはせられ候はゞ、後代までしかるへく候か」とある。京都の大和四座などの猿楽師を一乗谷に呼ぶのではなく、地元の猿楽師を京都に派遣し、教えを請わせよとある。このことから、一乗谷で猿楽をはじめとする芸能が親しまれ、保護されていた。

［17］『言継卿記』によれば、永禄六年（一五六三）正月五日に、「浜出」は禁裏でも上演された。

第一章 『赤渕大明神縁起』の誕生

第二章……由緒を創り出す家々

大野湊神社縁起の誕生

❖竹内　央

一三〇〇年の歴史を有し、加賀藩主である前田家の保護を受けてきた大野湊神社。導きの神を祀るこの神社は、今でもさかんに祭事や行事、神前結婚式をおこなっており、地元の人びとに愛されている。ところが、「大野湊神社」という名は、平安時代から江戸時代までの約八〇〇年間史料から姿を消す。一七世紀末、ふたたび大野湊神社として史料に登場した背景には、神主の地位をめぐる激しい同族間抗争と悲劇があった。筆者は、この知られざる大野湊神社の歴史に光をあてる。――村中ひかり

一　大野湊神社と佐那武社

大野《おおの》湊《みなと》神社《じんじゃ》は、石川県金沢市寺中町に鎮座する神社である。神亀四年（七二七）陸奥の住人佐那が海上を航行しているときに猿田彦の夢をみて、鈴の声が聞こえてくる真砂山《まさごやま》竿の林に大野湊神社の神祠をつくったと伝えられている。その祭神は、日本海交通の要衝として栄えた宮の腰、大野湊をはじめ、現在の金沢市金石町付近の港の守護神としてまつられ、やがて大野湊神社と呼ばれるようになった。

「大野湊神社」が史料上、はじめて登場するのは、延長五年（九二七）成立の『延喜式《えんぎしき》』神名帳である。北陸道加賀国四二座のうち加賀郡にあった一〇座のひとつとして、「大野湊神社」が記載されている。ところが、この「大野湊神社」という名前は、この『延喜式』のあと江戸時代まで、約八〇〇年近くの間、史料から姿を消し、代わって「佐那武《さなたけ》神社」と呼ばれていたのである。「佐那武」の初見史料は長寛元年（一一六三）の成立とされる『白山之記《しらやまのき》』で、史料中に合計三カ所登場する。ただし、現存しているものは永享一一年（一四三九）に書写されたもので、原本から幾度かの書写を経ており、「佐那武神社」が最初から明記されていたかどうか確証はない。確実にいえることは、一三世紀後半から一七世紀終わりころにかけて、史料上に「佐那武社」の名称が頻出するという事実である。そして「大野湊神社」がふたたび史料上に姿をあらわすのは、一七世紀も終わろうとするころ、加賀藩の寺社由緒書の調査過程で突如として再登場する。

なぜ大野湊神社と佐那武神社の名称がたびたび入れ替わったのだろうか。本稿では両者の縁起をひもときながら、特に佐那武から大野湊へ移り変わる背景について探っていく。

二　「佐那武社」から「大野湊神社」へ

現在、玉川図書館に寄託されている『大野湊神社文書』のなかから、現存する縁起類をピックアップし、〔表1〕にまとめた。さらに、これら二四点の縁起類に書かれた事績を年代順にまとめ、AからMまでの記号をつ

	史料名／付記	年月日（和暦）	西暦／文書番号
1	佐那武社祭神、開基等御尋ニ付答書	延宝二年一二月一一日	一六七四
	神主河崎出羽守・河崎和泉守→永原左京・笹原　織部		B―二―一
2	佐那武社由来就御尋ニ付申上書	貞享二年七月二三日	一六八五
	両神主→不破彦三・冨田治部左衛門		B―二―二
3	大野湊神社由緒	元禄一〇年如月一七日	一六九七
	（河崎）英之「洛陽於吉田卿応鈴鹿氏需」		B―二―三
4	佐那武社由来書（前欠）	元禄一〇年	一六九七
	河崎英之		B―二―四
5	石川郡寺中社頭由来	寛延二年二月二九日	一七四九
	寺中神主河崎和泉守・河崎出羽守→寺社御奉行所		B―二―一〇
6	石川郡寺中社頭由来帳	寛延二年二月	一七四九
	寺中神主河崎和泉守・河崎出羽守→寺社御奉行所		B―二―一一
7	社号帳	寛政六年五月	一七九四
	寺中神主河崎摂津守・河崎出羽守→寺社御奉行所		B―二―一三
8-1	大野湊神社縁起	時期不明	
	相模守定勝編		B―二―一四
8-2	大野湊神社縁起	享保一四年五月	一七二九
	和泉守河崎氏源朝臣英通記		
8-3	信田屏風記	享保元年葉月	一七一六
	源秀憲誌		
8-4	笈捜追加之記	享保二年二月八日	一七一七
	馬渕友之進源高定述		
9	佐那武社顧問類聚（一～五）	安政三年みな月序	一八五六
	森田良見編　狩谷前枝序		B―二―一五
10	大野湊神社縁起（中欠）	乙丑三月	
	田中一式草案		B―二―一六

〔表1〕大野湊神社文書における縁起関連史料

11	佐那武社祭神開基等御尋ニ付答書	両神主→御両人	七月二三日		B―二―二〇
12	佐那武明神社、大納言様以来由緒言上書（後欠）	寺中神主権丞	時期不明		B―二―二一
13	大野湊神社等神社明細帳（錯簡）	太郎田村八幡社、専光寺村菅原社、神合村住吉社、示野中村誉田社、寺中村白山社、金石下新浜町西ノ宮社、金石冬瓜町天磐杼樟船社、畝田出村八幡社、金石上寺町鎮火社	明治一二～一八年	一八七九～八二	C―二―一
14	県社大野湊神社由緒調査書	社司河崎常男調進	（明治）		C―二―二
15	大野湊神社由緒調査書		時期不明		C―二―三
16	大野湊神社調査書		時期不明		C―二―四
17	信田笈捜絵巻物注	黒本稼堂著	昭和八年八月	一九三三	C―二―五
18	鎮火社由緒書		（明治）		C―二―七
19	鎮火社由緒原稿		時期不明		C―二―八
20	大野村字坂本町日吉社明細帳訂正願之義照会ニ付回答書	大野湊神社々司河崎常男→大野村長米沢宗右衛門	（明治）		C―二―九
21	神社明細帳之義照会書	社寺係→酒井平太郎	明治一三年五月三日	一八八〇	C―二―一二
22	社寺明細帳引直方ニ付書状		（明治）		C―二―一三
23	神社誌編纂調査書		時期不明		C―二―一四
24	大野村〈字〉藤江高鞆神社神社明細帳訂正届	高鞆神社	大正九年一二月	一九二〇	C―二―一五

〔表2〕縁起に書かれた事績

	年月日（和暦）	西暦	事績
A	神亀四年六月一五日	七二七	陸奥の住人佐那が奇瑞羽により佐那武大明神の祠を造立。
B	天平元年	七二九	聖武天皇の勅定により「佐那武大宮大明神」として官社に列す。
C	延長五年	九二七	『延喜式』に「大野湊神社」と記載される。
D	平安時代末ころ		信田小太郎、宮腰に売られる。
E	文治三年	一一八七	源義経、宮腰「佐良岳の明神」に一宿する。
F	建長年間	一二四九～五六	社頭炎上し、竿の林より八町東へ移転する。
G	元享四年	一三二四	忍西、神主職を所望して、訴える。
H	元弘三年七月	一三三三	後醍醐天皇、忍西を神主職に補任する。
I	長享二年六月	一四八八	加賀一向一揆により、社頭廃絶す。神主布施氏、滅亡する。
J	天正一四年	一五八六	前田利家、二町を寄進して、神社を再興する。
K	慶長九年	一六〇四	前田利長、御宮を修理し、拝殿を建立する。
L	寛永六年	一六三〇	前田利常、大明神・神明社・八幡社、鳥居等を建立する。
M	寛文三年	一六六三	前田光高、拝殿を修復する。
N	宝永二年八月	一七〇五	正一位の宗源宣旨を奉納する。

けたものが〔表2〕である。まず〔史料1〕の延宝二年（一六七四）に加賀藩に対して提出した回答書をみてみよう。

〔史料1〕延宝二年（一六七四）一二月十一日「御尋ニ付答書」▼注[1]

御尋ニ付而申上候、

一、寺中社者、佐那武大明神猿田彦大神ニ而御座候、[B]聖武天皇天平元年開基ニ而御座候、則従天子爰ニ

御造営被為成候由申伝候、然所ニ乱世ニ中絶仕リ候所ニ、従[J]大納言様天正拾四年ニ御宮不残御再興被為
仰付之御事、
　　慶長拾十三年ニ
一、従[K]利長様・右之御宮破損御修理幷拝殿御建立被為仰付候、年号慥ニ覚不申候御事、
一、従[L]利常様大明神社、神明社、八幡社幷鳥居二ヶ所、御宮道筋橋共不残、寛永六年ニ御建立被為仰付、
其後、爰ニ御修理被為仰付候御事、
一、従[M]当殿様如□ニ御宮御修理被為仰付、幷右利長様御建立被為成候、拝殿大破仕候ニ付而、御理リ申
上候処ニ、[M]寛文三年ニ立置シニ被為仰付候、其後、御修理不残被為仰付候御事、
一、右之外ニ、白山宮御建立無御座ニ付而、度々御理リ申上候得共、御修無御座候、故大破仕リ候御事、
右之通リニ御座候、以上、
　　神主　河崎出羽守
　　同　　河崎和泉守
延宝弐年十二月十一日
　永原左京殿
　笹原織部殿

〔史料1〕によれば、「大野湊神社」は「寺中社」と呼ばれていた。このとき、傍線B佐那武大明神《さなたけだいみょうじん》が聖武天皇で天平元年（七二九）の開基であること、J天正一四年（一五八六）の加賀藩による藩祖前田利家《まえだとしいえ》の再興、K慶長九年（一六〇四）の二代利長の修理、L寛永六年（一六二九）の三代利常の御宮建立と修理、M寛文三年（一六六三）の四代光高の修繕までが明記されている。

続く〔史料2〕は、貞享二年（一六八五）に提出された文書である。

〔史料2〕貞享二年（一六八五）七月二三日「佐那武社由来就御尋ニ付申上書」▼注〔2〕

由来就御尋申上候、

石川郡大野庄寺中□□神社者、佐那武大明神、神明、八幡、蛭児、春日、荒御魂之社ニ而御座候、神明、八幡、春日之三社者、往古より加賀郡真砂山竿林ニ御鎮座ニ而、開基之時代、慥ニ知れ不申候、佐那武大明神者、人皇四十五代聖武天皇神亀四年六月十五日、奥州之住佐那と申者、海中より奉守上テ候而、佐那則御杖代となり、竿林之社地ニ奉鎮申候、就夫同五年之春、祠官参内仕リ、右之旨奏聞申候、従 B聖武天皇佐那武大宮大明神令可奉崇之由、勅定御座候と申伝候、然而後、天平元年ニ御造栄御座候ニ付而、古来より天平元年を当社之開基と申伝候而至、当歳九百五十八年成申候、C延喜式神名帳ニ加賀郡大野湊之神社と載られ候者、当社ニ而御座候、然共中右ニ郡境□リ申候、故大野庄者、唯今石川郡之内ニ而、御座候、其後従天子度々御造営御座候処、F御深草院建長之頃、宮社幷神宝等も不残焼失仕候、故竿林八町東唯今之地ニ奉遷座候由申伝候、厥後、I当宮一揆之乱ニ及大破候処を、J天正十四年従高徳院様御再興被為仰付、則宮腰村田地之内□弐町之所御寄進被為遊候而、大野庄十五村として可令□□之旨、御印被為下候、其後、K慶長九年、従瑞龍院様御修理被為仰付候、其後、L寛永十六年、従微妙院様御宮御建立被為来、至当御代只今之拝殿御建立被為仰付、以今御宮不残度々御修理等被為仰付候、

右由来如此御座候、御綸旨、御寄進状、御制札、御書等、別紙目録ニ記上ケ申候、以上、

貞享弐年七月廿三日　　両神主

不破彦三殿

富田治部左衛門殿

冒頭の「寺中□□神社」が虫損で判読できないが、〔史料1〕と同様に「寺中社」と呼ばれていた可能性を示している。本文中では「佐那武大明神」が頻出し、B聖武天皇の勅定によって「佐那武大宮大明神」としてあがめることが定められたようだ。C延喜式で「大野湊の神社」と書かれていたことにも触れられているが、やはりこの当時は「佐那武社」と呼ばれていたとみていいだろう。この文書では、F鎌倉時代、後深草院のころに神社が焼けて、真砂山竿の林付近から八町東へ移転したこと、I長享年間の加賀一向一揆で大破したこと、J天正一四年（一五八六）の前田利家の復興、K慶長九年（一六〇四）の利長の修理、L寛永六年（一六二九）の利常の御宮建立までが書き記されている。

ところが、〔史料3〕の元禄一〇年（一六九七）二月の「由来書」には、冒頭に「大野湊神社」の名前が再登場している。

〔史料3〕元禄一〇年（一六九七）二月一七日「大野湊神社由緒[注3]」

大野湊神社（石川郡大野庄富永御厨□□村鎮座、往昔加賀郡真砂山竿林有テ、神籬、故源平盛衰記呼以此辺佐良嶽山或佐良嶽之濱）

天照皇太神（天照大日霊貴事ハ見三部本書共）

佐那武大明神（猿田彦命事神代下巻並太田傳記詳）

摂社

八幡宮（應神天皇）春日（天児屋命）夷明（神蛭児命）

神明八幡春日ノ三社ハ、上古ヨリ真砂山・竿林ニ宮柱大敷立テ、開基ノ貶代未たカト云リ、佐那武大宮大明神（元弘三年七月十五日ノ綸旨ニ大宮ト玉フ）者A人王四十五代聖武天皇神亀四年（七二七）六月十五日、東奥ノ住士、佐那ノ何其御杖代トナリテ、

神明宮ノ相殿ニ、奉齋焉故ニ、
D信田物語ノ古板ニオホノ村ニ多画社壇也、
E文治ニ源義経通夜リ申ト載笈捜是也
然モF後深草院建長（一二四九～一二五六）年中炎上シ、往今ノ境地ニ奉遷座節、加州ノ先国司富樫氏司リ、組雖有造栄幾程ナリ、
I長享ノ項浄土真宗ノ為、一揆ニ悉ク四□回禄神官社僧退散ス（神明ノ大宮司普世氏今ノ寺中村 南惣門ノ於馬場、一類戦死明神神主川崎氏泰高ニ寄騎シテマヌカレタリ）
然J而後天正十四年（一五八六）月、加越登大守菅原朝臣前田利家卿ヨリ、再興ノ斧ヲ回サレ、當村ノ良田ヲ以、多神
事ノ料ニ、寄附セラレ、大埜庄ヲ以テ、産子ノ村ト定テ、今ニ至リテ、毎歳小破ノ修理ヲ加ヘ玉ヘハ、日
ニ副月ニ、重テ霊験
愈赫然タリ
二月十五日祈年穀ノ祭アリ
祭四月十五日□五社大前終日能而
六月十五日宮腰濱ニ遷神輿ハ各□祓アリ
于時元禄十年歳次強□赤旧若
春如月十有七日
洛陽於吉田郷應鈴鹿氏需〈（河崎）英之草焉〉

この元禄縁起では、A神亀四年（七二七）の創建から、F建長年間の焼失を経て、I長享年間の一向一揆によ る回禄、J天正一四年（一五八六）の前田利家の再興までが記されている。特にI一向一揆による回禄《かいそく》で「神官・社僧が退散」したことが書かれており、加賀国守護富樫政親《とがしまさちか》に味方した神明社神主の布施氏が、寺中村の南総門の馬場で一族郎党すべて戦死し、佐那武社神主であった河崎氏は、一向一揆勢が担ぐ富樫泰高に味方して難

をまぬがれたことがわかる。以上のことから、長らく「佐那武社」と呼ばれてきた社名が「大野湊神社」に変更されたのは、元禄一〇年（一六九七）のことであったといえるだろう。

三　享保縁起と『信田』・『笈捜』

大野湊神社では、一七世紀終わりころから事績が追加され、その歴史が整理されていったようだ。その後、享保一四年（一七二九）につくられた〔史料4〕の『大野湊神社縁起』がこの神社の縁起の決定版となる。

〔史料4〕享保一四年（一七二九）五月日「大野湊神社縁起[注4]」

大野湊神社縁起

加賀國石河郡大野の郷、冨永御厨佐那武大宮大明神と申奉るは、[A]其初聖武天皇神亀四年、陸奥乃住人佐那と云人、有故て此海上を過けるに、丹後三崎浦に当て照耀の奇瑞を視る、其夜船中に夢みらく、有神告て曰、我ハ是猿田彦大神也、汝我を将て此大野乃海畔に可祀とて給、佐那夢覚て是を驚異し、急に舟を湊に寄て此地を臨視るに欝々たる深林乃中に、神鈴の聲を聞真砂山竿の林といへるこれ也、素より一箇の瑞籬《みずまがき》あり、神明宮を奉崇、佐那いよいよ奇異の思をなして、即其祠官に議して相並て新に一社を造立し、猿田彦大神を勧請し、是を佐那武大明神と称す佐那と申は勧請乃人の名にして武の一字は一社相承の口決あり然しよりのち、霊験日に新にして、[B]天平元年遂に天聴に達し、官社に列す、[C]延喜式神名帳に所謂大野湊神社これ也、所攝乃社護國八幡社・蛭児社・春日社・荒魂社其外末社等數基あり、[H]文治年中源廷尉義経微行して奥州に下向の時も、安宅の関を過て一夕此社頭に通夜せり見于笈探舞本、文永十年生江氏女当社神主職を以て弥鶴御前に穣る乃証書、永仁五年北条貞時乃判文、[G]元亨四年忍西神主職所望の申状、[H]元弘三年七月十五日忍西神主職勅補、同季七月二十日忍西補任権律師之綸旨等、今猶社中に現在せり、（中略）社司両家布施氏・河崎氏といふ、布施氏は神明宮乃祠官たり、長亨年中一揆乃為に滅されて断絶す、河崎氏は佐那武社乃祠官たり、于今相続両流あり、其下に神人山戸氏等数家あり、今ことごとく断絶、社僧三千六坊龍宮寺・圓龍寺・普照寺・佐那武寺・正学坊等今ことごとく廃亡、F後深草院建長年中社頭炎上、是より竿の林東八町を去て、浄地を点し新宮を造る、是今の社地なり、旧地は海に近くして風烈しく火災の畏有か故也、凡此海濱を宮浦と云、郷邑を宮腰といふ事もミな当社に拠の名也、粤《ここ》にI長亨年中國中乃一向宗門乃一揆蜂起して、当国の介富樫政親を高尾城に弑《し》してより、一國動乱して彼我相争、一日も不安事百年に及へり、此間に当社に不限国中乃神社佛閣或は賊徒に濫妨せられ、或は兵火の災を不免、依之當社も只茅茨乃形はかりを残し祠官所十方に離散す、J天正十一年菅原利家公、当国の守護として尾山城に今乃金澤城遷住し給、素より絶たるを継、廃たるを興す乃御志深く坐す、故に同十四年当社再興の斧を運され、良田二町を以て神供料所に寄られ、大野郷十五村として可奉崇由乃厳命を下し給、依之社頭乃儀式稍昔を慕はかりに成しかは、N宝永二年八月社司より申請て、当社可為正一位乃宗源宣旨を社頭に奉納し了ぬ、如今也、四海大平にして文事日を遂て興ぬれは、当社乃神徳巍々《ぎぎ》たる事日を経、月を累ねて往古にも立まさり、千万歳に可及の事跂て可竢《まつ》而已、仍て所傳の大概を筆端に顕す処如件

享保十四年五月日

当社神主

従五位下和泉守河崎氏源朝臣英通記

この享保縁起は、当時の大野湊神社の神主であった河崎英通《かわさきひでみち》によって書かれたものである。ここでは「大野湊神社縁起」という表題が明記されている。掲載された事績も、A～Jのうち、Dを除くすべてに加えて、N

の宝永二年（一七〇五）に吉田社から正一位の宗源宣治をもらって、社頭に奉納したことが書き加えられている。享保縁起は、大野湊神社の歴史がもっとも詳細に書かれた集大成となっている。しかも、後世の史料から、享保縁起が江戸時代を通じて神社の根本縁起として扱われてゆくこともわかる。▼注[5]

それだけではなく、現在も大野湊神社宮司の河崎氏が所蔵している享保縁起には、縁起文のみならず、『信《しの》田屏風記《だびょうぶき》』と『笈捜追加之記《おいさがしついかのき》』なる記録を加えて、一冊の冊子本に仕立てられて保存されている。大野湊神社縁起は、これら三点セットで完成していたのだ。

『信田』と『笈捜』は、いずれも一六世紀末から一七世紀初頭にかけて流行した幸若舞曲《こうわかぶきよく》の台本で、当時よく知られていた物語であった。『信田』は平安時代末ごろ、陸奥国相馬にいた「信田小太郎《しのだこたろう》」という人物が、近江国大津で人買いの藤太にだまされ、日本海側の各地を転々と売られていくストーリーだ。信田小太郎は宮の腰に売られ、春の野良仕事をさせられたものの、役に立たずに追い出されてしまう。また『笈捜』では、義経一行が、「宮の腰、佐良岳の明神に一夜の通夜を申し、夜をこめていでたまう」とあって、大野湊神社に立ち寄り、そこで一夜を過ごしたとされている。ちなみに、『義経記』には義経主従が一泊したことは書かれていないので、この話は幸若舞の創作であったと考えられる。

『信田屏風記』は、享保元年（一七一六）八月に、当時の神主だった河崎秀憲によってつくられた。秀憲は、享保縁起を書いた河崎英通の父親にあたり、友人であった宮腰町奉行馬淵高定に執筆を、有澤重澄に清書を依頼し、神庫に納めたという。『信田屏風記』と対になるはずの『笈捜屏風記』も同じように制作されたと考えられるが、『笈捜屏風記』は現存していない。ただし、現存する『笈捜追加之記』は、『信田屏風記』の翌年にあたる享保二年（一七一七）に、河崎秀憲に執筆を頼まれた馬淵高定が、書き漏らした内容を「追加記」のかたちで残したものであった。ふたつの物語は、河崎秀憲の発注で大野湊神社に飾られた屏風絵に関係する記録であったと推測される。その屏風絵は現存せず、昭和六三年（一九八八）に清水九璋によってつくられた『笈捜屏風』

が現存するだけである。[注6]

もう一度〔史料3〕の元禄縁起をみてみよう。『信田』と『笈捜』は、〔史料3〕のDとEに、すでに書かれていた。これら三点セットは、元禄縁起にすでに原型があったのである。しかも、元禄縁起の作者は「英之」とあり、これは『信田屏風記』『笈捜追加之記』の発注者であった河崎秀憲の旧名「秀往《ひでゆき》」と同一人物とみられる。つまり、元禄縁起と『信田屏風記』と『笈捜屏風記』の三点をつくったのも、「大野湊神社」の名を復活させたのも、この河崎秀憲であったと考えられる。そして、息子の英通が、元禄縁起にかわって享保縁起をつくっていたのである。

佐那武社から大野湊神社へ。その転換の画期にいたのは、一七世紀末を生きた神主親子だった。

四　神主河崎家の分立

それにしても、なぜ元禄一〇年（一六九七）に「大野湊神社」という呼称がふたたび登場したのだろうか。そのヒントは、史料の差出《さしだし》にあった。

改めて〔史料1〕から〔史料4〕の差出をみてみると、「佐那武社」を記す〔史料1〕や〔史料2〕は、当時の神主であった河崎出羽守家と河崎和泉守家の連名で書かれた文書であるのに対して、新たに「大野湊神社」を記す〔史料3〕や〔史料4〕は、河崎和泉守家が単独で提出した文書なのである。

すなわち、「大野湊神社」が再登場した背景には、神社を管理するふたつの神主家の争いがあったとみられる。[注7]

すでに述べたように、大野湊神社にはふたつの神主家があった。神明社を管理する布施家と佐那武社を管理

〔表3〕大野湊神社縁起と神主家の動向

年月日（和暦）	西暦	縁起作成	神主家動向
元禄八年	一六九五		河崎定道、父定矩と不和ゆえに、妻（和泉秀興の娘）を和泉の実家へ、定道は大野の実家へ（その後、和解）
元禄一〇年二月一七日	一六九六	元禄縁起作成（河崎英之〈後の秀憲〉執筆）	河崎秀憲、継目
同年　二月二五日			河崎定道、継目、将監と称す
元禄一一年九月一一日	一六九八		河崎秀憲、神主職
元禄一二年六月一七日	一六九九		河崎定道、死去
元禄一四年一〇月二九日	一七〇一		河崎秀憲、叙位
宝永五年一〇月二七日	一七〇八		河崎定矩、死去
同年　一二月二三日			河崎定堅、神主職
正徳元年一二月二三日	一七一一		河崎定堅、叙位
享保元年四月八日	一七一六		河崎定堅、死去
同年五月一八日			左伝、出生、多仲が後見
同年八月		信田屏風記作成（河崎秀憲）	
享保二年二月八日	一七一七	笈捜追加之記作成（河崎秀憲）	
享保五年九月二三日	一七二〇		多仲、神主職
享保七年一〇月二七日	一七二二		左伝、死去
同年			左伝死後、河崎定嗣、故定堅養子に
			多仲、死去
享保八年一一月一五日	一七二三		河崎秀憲、死去
享保一一年一〇月二四日	一七二六		河崎秀通、神主職
同年　一二月二二日			河崎秀通、叙位任官
享保一二年一一月一一日	一七二七		
享保一四年五月	一七二九	享保縁起作成（河崎秀通）	
享保二〇年一一月二八日	一七三五		河崎定嗣、継目、神主職（安永三年まで）
明和元年五月七日	一七六四		河崎秀通、死去

する河崎家である。〔史料4〕の波線部のように、このうち布施家が加賀一向一揆で滅亡し、それ以後は河崎家が神社を経営してゆくことになる。ところが、一七世紀に入ると、この河崎家が、出羽家と和泉家というふたつの家に分かれ、争うようになっていった。神明社を管理していたのが出羽家、佐那武社を管理していたのが和泉家であった。この神明社系出羽家と佐那武社系和泉家の争いについては詳細は省略するが、『佐那武社《さなむしゃ》古文書類聚《こもんじょるいじゅう》』所収の寛永五年（一六二八）三月二一日「山本四兵衛書状」や寛永一七年（一六四〇）四月一三日「河崎英俊書状」をみると、両家は刃傷沙汰におよび、一方が切腹してしまうほどの騒動を起こしている。その遺恨はかなり深かったにちがいない。くり返しになるが、ふたつの神主家のうち、元禄縁起から享保縁起までの一連の縁起をつくり上げたのは、佐那武社系和泉家の神主であった河崎秀憲・英通親子であった。

加えて、『佐那武社古文書類聚』所収の「河崎家系図」をもとにして、元禄縁起・『信田屏風記』・『笈捜屏風記』・享保縁起がつくられた時期に、ふたつの神主家の状況をまとめたものが〔表3〕である。

〔表3〕をみると、一連の大野湊神社縁起は、神明社系出羽神主家の衰退を期に作成されていたことがわかる。

〔表3〕によれば、元禄縁起は元禄一〇年（一六九七）二月一七日につくられた。その一年ほど前の元禄八年（一六九五）に、出羽家では当主定道が和泉家から妻を迎えたことから、父定矩と不和となり、大野村の実家に戻ってしまっていた。定道は元禄一〇年（一六九七）二月二五日に父と和解し、跡目を継いでいる。すなわち、元禄縁起の作成は、出羽家の当主であった定道が不在のときに作成されていたのだ。ちなみに、元禄縁起がつくられた二月一七日は、和泉家の秀憲が跡目を継いだ日にあたる。

また『信田屏風記』は享保元年（一七一六）八月に、『笈捜追加之記』は享保二年（一七一七）二月八日につくられている。出羽家では、享保元年（一七一六）四月八日に定道の息子定堅が死去し、その息子の左伝が父を見ることなく誕生したと書かれている。幼い左伝は、すぐに神主となることなく、気多大社からきた桜井多仲が後見人となり、享保五年（一七二〇）に多仲が神主となる。またしても、この間、出羽家では神主が不在だったのだ。

左伝は享保七年（一七二二）に早世し、多仲もまた神主職を継いでわずか三年後の、享保八年（一七二三）に死去してしまう。多仲には、左伝の母親との間に弁次郎定嗣という名の子どもをなしていたため、この定嗣が跡目を継いだのが享保二〇年（一七三五）一一月二八日のことであった。享保縁起がつくられたのは、享保一四年（一七二九）五月のことで、やはり出羽家の神主は不在であったことがわかる。

こうした出羽家の相次ぐ不幸の間隙を縫うようにして、和泉家による縁起の整備が進んでいった。それは、出羽家とは異なる、新しい由緒を創出しようとする和泉家の運動と言い換えることもできるだろう。河崎秀憲・英通親子がつくり上げたその新しい縁起こそが、「大野湊神社」という名を冠した縁起であり、『信田』『笈捜』屏風絵を含めた三点セットだったと考えられるのである。


【注】


［1］『大野湊神社文書目録』番号M4―8―1。以下、同文書は、金沢市立玉川図書館近世史料館の複写による。閲覧をご快諾いただいた大野湊神社宮司河崎正幸さまに深甚の謝意を申し上げる。

［2］『大野湊神社文書目録』番号M4―8―2。

［3］『大野湊神社文書目録』番号M4―8―3。

［4］『大野湊神社文書目録』番号M4―8―14。

［5］〔表1〕のあげた縁起類のなかでは、三点セットで登場することが多い。

［6］同屏風については、二〇一三年に大野湊神社にて調査を行なった。

［7］鏑木紀彦「大野湊神社の神職継承に伴う諸相と事件」（『地域社会の史料と人物』北國新聞社、二〇〇九年）。

第三章……奇談にひそむ怪異の正体

夜の悪鳥・悪獣と女

❖土居佑治

夜に声だけが聞こえてくる妖怪「妖〓《ようらい》」と「応〓《おうらい》」。堀麦水《ほりばくすい》『三州奇談《さんしゅうきだん》』の「空声送人《そらごえひとをおくる》」に登場するこの妖怪たちは、何を暗示するか。「秋の夜に水をかける」といった妖怪の特異な行動にみる暗喩。物語中の謡曲に登場するふたりの女性との関係。江戸時代における「梟《ふくろう》」と「狼《おおかみ》」の象徴的意味。そして月と松の風情。それらが、われわれを一種独特な美しき幻想の世界へと誘ってくれる。——北口加奈子

一　「空声送人」

『三州奇談』は、加賀、越中、能登の三国に伝わる奇談・怪談を集めたものである。明和元年（一七六四）

ころに堀麦水《ほりばくすい》によって書かれた加賀・能登・越中にまつわる奇談集で、正編九九話、続編五〇話、合わせて一四九話が収められている。本書に収録されている「空声送人」という奇談には、「妖籟《ようらい》」あるいは「応籟《おうらい》」と呼ばれる魔物が登場する。人の名を呼び、うたを歌い、人の後をつけまわす「空声送人」の名がつけられた近世のストーカー。この妖怪の正体を追ってみることにしよう。

「空声送人」は、前半（Ⓐ）と後半（Ⓑ）の逸話から構成されている。まずは、ストーリーを紹介しよう。

Ⓐ笹原勘解由《ささはらかげゆ》の与力に安武庄太夫《あぶしょうだゆう》と云者有し。常に殺生を好しが、「鵜鷹網罠の内、釣の一筋こそ面白けれ、万事無心一釣竿」と釣台の吟を唱へて犀川《さいがわ》の上・内川と云に竿を友として終日心を慰みけるに、日も西に傾く比、後の山手より名をさして呼者有。慰答して辺りを見るに人なし。不審に思ひしかども、暮かゝるまゝに、早く竿を揚て立帰る。やゝ灰塚の辺に至りし比は日も暮て、夫とも見えぬに、爰は名にあふ怪異の所にて、無常の余煙凄々とし、臭穢云斗なく、狼犬常に墓を穿争ふ声喧し。殊に小雨も降出しかば、燐火四方に燃て見るに凄く、毛孔寒かりしに、折ふし耳の許にて、大音に「庄太夫」と呼る故、「扨は魔魅の業」と思ひ、押だまりて行過るに、跡よりひたもの呼懸〱しける。小立野・笹原氏下屋舗迄、凡三里、須臾も呼止事なし。既に居宅の戸に入んとせし時、虚空よりしたゝかに水を懸たり。驚き見るに、偏身一しぼりに濡ぬ。家に入て後には、何の怪事もなし。是を妖籟と云とにや。

Ⓑ又応籟有。生駒内膳《いこまないぜん》の家士・三嶋半左衛門《みしまはんざえもん》と云者有。生質偏屈にて癖多し。夫が中に謡を好み、是には寝食も忘れ、又怪談奇談を嫌ふ事、我云ざるのみならず、他に若語る者あれば打破る事甚し。元来弁才疾にて、理を非に論ずる才あれば、云出すもの終に閉口して過ぬ。或夜、更て長町・坂井甚右衛門が辺を通りしに、例の好むことなれば、心にうかみ出るまゝに、三井寺《みいでら》の曲舞《くせまい》を諷出すに、言外に壁の中より助言して付て諷ふ。怪しく思ひて松風に替るに、又々同じ。色々試るに先のごとし。とかく思ひなしには非ず。長途如

斯にして、飆来て付る事先のごとし。終に生駒家の門内に入て止。其後、半左衛門も共に怪異を語る者と成ぬ。「妖怪もよく飆を覚えたる」と観じてや有けんか。

この奇談は、Ⓐ・Ⓑの逸話から構成されている。

Ⓐの主人公である笹原勘解由の与力の安武庄太夫は、日ごろから殺生を好む男であった。注[1] 庄太夫は、犀川の上流にある内川で一日中釣りで暇つぶしをしていた。注[2] 日も西に傾いてきたころ、山手から自分の名を呼ぶ声が聞こえるが、そこには誰も見当たらない。帰りに灰塚のあたりについたころにはすっかり夜になっていた。注[3] 火葬の煙が気味悪く立ちのぼり、臭いや汚れがひどく、狼がいつも墓を掘り争っている。ついには、小雨も降りはじめ、肌寒くなってきた。すると突然、耳元で「庄太夫」と大声で呼ばれる。「魔物の仕業だ」と思った庄太夫は、無視して家路を急いだ。ところが、小立野の笹原氏の下屋敷まで三里の間、ずっとその声は聞こえてくる。ようやく屋敷の門前でやんだと思った矢先、空から水をかけられた。家に入ってからは何も奇怪なことは起きなくなった。この魔物を妖籟という。

もうひとつのⒷは、生駒内膳の家士である三嶋半左衛門が主人公として登場する。半左衛門は偏屈な性格で変わった癖が多かったが、弁舌の才能を持ち合わせていた。怪談や奇談をひどく嫌い、誰かがそのようなことを口にすれば、たちまち言いくるめてしまった。ある日の夜、長町の坂井甚右衛門の屋敷のあたりを通ったとき、心に浮かんでくるままに曲舞の「三井寺」を歌いだしたところ壁のなかから一緒に歌う声が聞こえてきた。不思議に思い、「松風」に曲をかえて歌ったが同じで、色々曲を変え試したが、やはり歌が聞こえてくる。長い道のりの間、声がやむことはなく、生駒家の門の内に入るとようやく歌がやんだ。この正体は応籟であるという。なお、「妖怪のくせに上手に吟じるものだ」と感心したのか、この出来事の後、半左衛門も怪異を信じるようになったという。

二　送り狼

妖籟・応籟とは、どのような姿をした妖怪なのだろうか。

ふたつの妖怪はいずれも、夜にあらわれるが正体はみえず、声だけが終始聞こえ、人をずっとつけて家の門まで来るといなくなるという共通の行動をとっている。なぜ門の内には入らず、ぱったりといなくなるのであろうか。

手がかりは、奇談Ⓐのなかで帰宅する主人公が出会った墓をうがつ狼たちにある。

「送り狼」という言葉を聞いたことはあるだろうか。人の後からついて来て、害を与えようとする人間を指す言葉である。特に親切をよそおって若い女性につきまとい、機会があればかどわかそうとする男性を指すことが多い。「送り狼」のいわれは、道行く人の前後についてくるという全国的な狼伝承によるものである。▼注〔4〕群れ狼から旅人を守ってくれるという話や、転ばずに歩けば必ずしも害を加えないが、転べば食い尽くすという話など、人間につき従う狼の伝承は数多い。こうした送り狼の伝承は、北は岩手県から南は高知県までの地域に一五〇〇もの類話が存在している。この伝承の多くには、道すがらでの接し方や帰着時の接し方といった狼への対応策が語られている。たとえば、道中では転ばないようにし、帰着時では礼をする場合が多い。家に着いたらご苦労さんといって礼をすることで、狼が帰っていくという。帰路の途中からずっとついて来て家の前で帰るという行動は、まさに「空声送人」の妖籟そのものである。

「狼男」など、狼を悪とするイメージがヨーロッパでは根強い。日本では人を襲う害獣である一方で、鹿や猪を駆逐するという点から益獣としての側面ももっていた。つまり狼には、農民層が捕らえる益獣と、中国の影響を受けた支配層や知識人たちが捕らえる悪獣という相反するふたつの性格があったのだ。しかし、江戸時

〔表1〕加賀藩内史料にみられる狼の目撃記録

No	和暦年月日	西暦	綱文内容	出典史料
1	寛文八年五月九日	一六六八	狼の現はれたる時は直に十村より届出づべきを命ず	改作所舊記
2	元禄五年二月朔日	一六九二	金沢藩家中寺西孫三郎狼を殺す、辱いで追放に処せられる	一巻帳大概
3	元禄一四年五月八日	一七〇一	河北郡御所村の狼を退治しむる為、人を派遣す	改作所舊記
4	享保元年八月二九日	一七一六	狼の出没するものあるを以て、之が撲殺を命ず	政隣記
5	宝暦八年一二月一四日	一七五八	石川郡土清水煙硝蔵の番人、狼を殺す	政隣記
6	宝暦一三年正月一六日	一七六三	石川郡三小牛村附近の狼を駆除せしむ	泰雲公御年譜
7	明和三年七月一〇日	一七六六	足軽に命じ石川郡中所々の狼を駆除せしむ	泰雲公御年譜
8	明和四年七月是月	一七六七	前々月以来、狼再び石川郡内の所々に徘徊す	泰雲公御年譜
9	文化一二年五月七日	一八一五	河北郡谷内村付近に狼徘徊するを以て、打払いを命ず	御用日記
10	天保元年八月二三日	一八三〇	猪・鹿・大犬徘徊の諸村に鉄砲筒薬の支給を命ず	諸事

代に鹿や猪が減少して食料難に陥ったり、狂犬病が流行し、狼をはじめとする野犬が人間を襲うようになったことなどもあって、益獣としての狼のイメージは次第に薄れていったといわれる。

近世の加賀藩では、人を襲う狼の姿がしばしば記録されている〔表1〕。これによれば、たとえば宝暦一三年（一七六三）には「舊冬より犀川々上山入小原村邊狼荒、男女三人被掛候由。此狼、舊臘十七日大桑村百姓六兵衛五十歳と申者に飛懸り、腕に少々疵付候得共」とあり、犀川沿いで狼があいついで百姓らを襲っていた。また明和三年（一七六六）には、「當戌六月中旬頃より能美・石川両郡豺狼多出、死傷者多候」ともあり、狼の出没は加賀東部の広範囲におよんでいた。さらに、貞享四年（一六八七）から宝永六年（一七〇九）の間には「生類憐みの令」が出され、狼を殺すと追放や知行の没収という処罰があった。にもかかわらず、元禄一四年

（一七〇一）に狼退治の役人らが派遣されていたから、よほどの被害が出ていたのであろう。そこにはたしかに悪獣としての狼がいたのである。

三 空声の梟《ふくろう》

『三州奇談《さんしゅうきだん》』「空声送人《そらごえひとをおくる》」に登場する魔物は、Ⓐでは妖籟、Ⓑでは応籟という。「籟《らい》」とは、穴から発する音、風がものに触れあたって発する音のことをいう。この「籟」の正体を明らかにするためのヒントは、奇談Ⓑに登場する『三井寺』と『松風』というふたつの謡曲にあった。最初に、謡曲『三井寺』と『松風』の内容を紹介しよう。

【三井寺】子どもを人買いにさらわれた母親が、清水の観音に参ると、三井寺へ行きなさいという夢の告げを受ける。母親は、夢占いの男の吉という判断を聞いて喜んで近江に向かった。母親は長らくの物思いで物狂となっていたが、道を急いでようやく三井寺にたどり着く。そのころ寺では、住職たちが稚児を連れて十五夜の月見をしていた。狂女は、撞く鐘の音に引かれて鐘楼に近づき、とがめられると古詩を引いて許しを求め、みずから鐘を撞いて戯れる。また興奮が収まると、静かに澄み渡る琵琶湖の夜景を心ゆくまで眺めて時を過ごす。そのうち月見の席の稚児がわが子の千満と知り、狂気も癒えて連れ立って帰っていく▼注[5]。

【松風】旅の僧が須磨の浦を訪れる。月の美しい秋の夜で、ふたりの若い女の海人が、月影を乗せた汐汲み車を引きながら、浜辺の夜景をめでて塩屋に帰ってくる。塩屋に泊めてもらった僧が、夕暮れにみた在原行平の古城の松のことを口にすると、女たちは涙を流し、実は自分たちは行平の愛を受けた松風・村雨という姉妹の海人であると告げる。松風は行平の形見の装束を取り出し、それを抱きしめて恋慕の思いにむせぶ。そのうちに松風は物狂おしい態となり、形見を身に着けて舞を舞い、行平の名を呼んで松の木にすがりつくが、僧に弔いを頼んで夜明けとともに消えてゆく。[注6]

『三井寺』には「十五夜の月見」、『松風』には「月の美しい秋の夜」とあり、いずれも「中秋の名月」に照らされた月の美しい夜の情景を描いている。また、琵琶湖の夜景と須磨の浜辺の夜景といった水辺の風景を描き、僧侶を脇役にするなど、共通点も少なくない。

とりわけ『三井寺』の舞台は、近江八景と呼ばれた琵琶湖畔の八つの景勝地のひとつであった。母子が撞いた三井寺の鐘楼から臨む琵琶湖の月は、ひときわ美しい風景であったにちがいない。[注7]他方、『松風』は、『古今和歌集』の在原行平の歌や、『源氏物語』須磨巻を背景にした演目で、舞台となる須磨の月が美しいことはいうまでもない。[注8]三嶋半左衛門が応籟に出会った夜もまた、月の美しい秋夜であったことが推測される。

また『松風』に登場する夜の月に照らされた松の光景は、『源氏物語』では梟とも登場する。『源氏物語』夕顔巻には「夜中もすぎにけむかし、風のやや荒々しう吹きたるは。まして、松のひびき、木深くきこえて、気色ある鳥の空声《からこゑ》に鳴きたるも梟はこれにやとおぼゆ」とある。「夜半もきっと過ぎてしまったのだろうよ、風がしだいに激しく吹いているのは。いっそう松の梢に吹く風の響く音が、ここが木々が茂っていて奥深いところであることを思わせられる。怪しい鳥がしわがれ声で鳴いているのも、梟という鳥はこれであろうかと（光源氏には）思われる」と解釈できるだろう。そのほか室町時代の連歌集にも、松と梟はしばしばセットで登場している。

『源氏物語』で夜の松と梟をあらわす「松のひびき」とは、松に吹く風もしくは松の梢にあたって音を立てさせるように吹く風を「松風」のことであり、その音や風こそが「松籟《しょうらい》」であった。

そして、夜の松風にまじって聞こえてくる悪鳥たる梟の鳴き声こそが「空声《からこゑ》」であった。「空声」とは、ひからびた声やしわがれた声、がらがら声という意味であった。梟は、その鳴き声から「仏法僧」という異名をもち、北陸などの降雪地帯では晴れた冬の夜の梟の鳴き声が「ノリツケホセ」と聞こえたなど、鳴き声に特徴のある鳥である。

また、近世の日本人にとって梟は悪鳥であった。▼注〔9〕「梟悪《きょうあく》」という言葉はよく知られており、梟の名前の由来を「父喰らふ」とする説もある。『源氏物語』蓬生《よもぎう》巻では、「もとより荒れたし宮の内、いとど、狐の住処になりて、うとましう、気遠き木立に、梟の声を、朝夕に耳にならしつつ」とある。また、浮舟巻では、「梟の鳴かんよりも、いと、物恐ろし」とも書かれている。『源氏物語』に登場する梟は、荒れはてた場所にすむ、気味の悪い声で鳴く鳥として描かれているのだ。さらに、『梟山伏《ふくろうやまぶし》』も、梟が人間に憑く恐ろしい悪鳥のイメージをよくあらわした狂言である。▼注〔10〕

さらに、「応籟」の「応」の旧字「應」は、「鷹」に由来する漢字である。「鷹」は翼が大きな猛禽類の鳥で、梟もまた鷹と同様に鋭い爪、鉤型の嘴、大きな翼をもっている。龍のなかでも蝙蝠《こうもり》あるいは鷹のような翼をもつものを「応龍」という〔図版1〕。

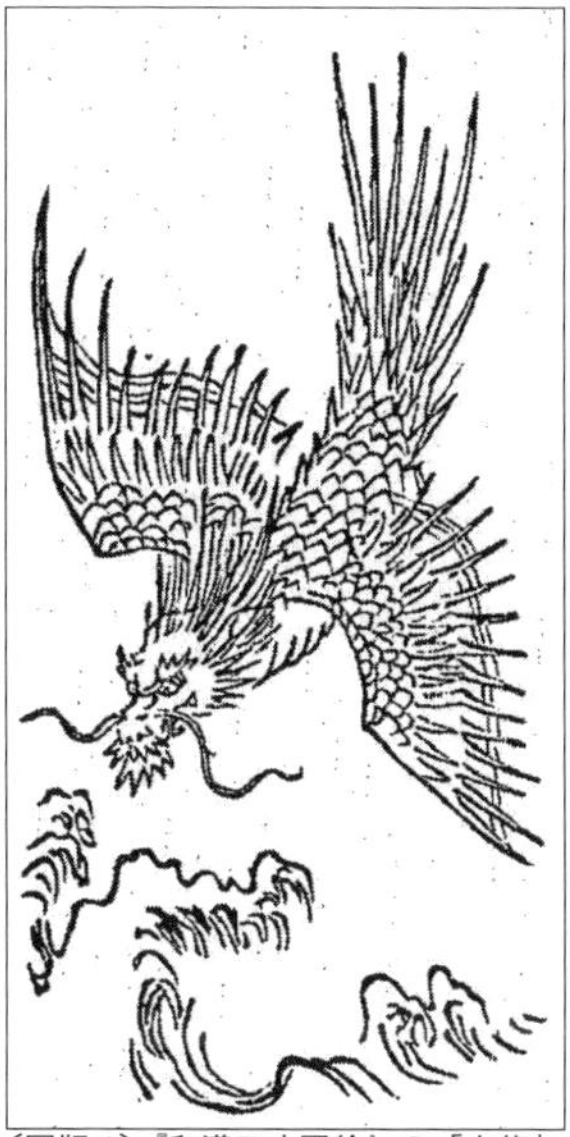
〔図版1〕『和漢三才図絵』の「応龍」

以上のように、『三州奇談』「空声送人」に登場する「籟」の字を冠する妖怪は、「空声」と称される独特の鳴き声から、梟の異名とされていたことがわかる。月夜の松が立てる風音とともに、「空声」を発する「応」なる翼をもつ妖怪の正体とは、梟だったのである。

夜の悪獣と悪鳥。狼と梟のもつイメージの重なりこそが、この奇談を生み出したのではないだろうか。

四　「松風」「村雨」と天狗

もう一度、奇談Ⓐを整理してみよう。主人公である安武庄太夫をとりまく情景は、①犀川の上流で釣りをする、②暮れたころに無常の煙が凄々とする灰塚にさしかかる、③小雨が降り出す、④帰宅時に妖怪に水をかけられるという四つの場面に転じてゆく。

このうち④妖怪が「虚空よりしたゝかに水を懸」ける行為を雨と解釈すると、にわか雨や集中豪雨、ゲリラ豪雨の類であろう。③の「小雨」と④のにわか雨というふたつの雨の情景は、奇談Ⓐの季節は「秋」であったことを想像させる。秋には、さまざまな雨の異名が存在し、秋の長雨のことを「秋霖《しゅうりん》」といい、晩秋には「時雨」がある。

加えて、「無常の余煙凄ゝとし」という描写も、実は火葬の煙ではなく、霧が立ち込めていたものと考えられる。『新古今和歌集』の寂蓮法師《じゃくれんほうし》の和歌に「村雨の露もまだひぬ槙の葉に霧立ちのぼる秋の夕暮れ」とあるように、秋の夕暮れに立ちのぼる霧は、和歌でしばしば歌われた定型の景色であった。

しかも、この霧立ちのぼる秋の夕暮れを歌った和歌に「村雨《むらさめ》」が登場していることも見逃せない。というのも、奇談Ⓑの謡曲『松風』では、「松風」と「村雨」のふたりの女が登場していた。「松風」は、松に吹く風音であるのに対して、「村雨」は短時間に集中して降る雨のことを指す。Ⓐの妖怪「応籟」の正体が「松風」の梟であるとすれば、Ⓐの妖怪「妖籟」の正体とは「村雨」なのではないだろうか。ⒶとⒷに登場する主人公には、「うた」を好むという共通点がある。Ⓐの安武庄太夫は、釣台《ちょうだい》の詩《し》を口ずさんでいるし、Ⓑの三嶋半左衛門は曲舞を謡う。「うた」を好むふたりを襲ったふたつの妖怪とは、妖籟＝村雨、応籟＝松風を意味して、ふたつの物語は合わせて謡曲『松風』の登場人物を暗示しているのである。

雨を降らす「村雨」と風を起こす「松風」の歴史的イメージは、『三井寺』の舞台となった近江八景のひとつ「唐崎《からさき》の夜雨《やう》」の情景にも通底する。唐崎の松は、琵琶湖畔の唐崎神社にある霊松である。▼注[11] 一九世紀に歌川広重が描いた「唐崎の夜雨」には、夜の唐崎の松に降る大雨が描かれている。近江を象徴する唐崎の松の情景は、「村雨」と「松風」を暗示する景勝地でもあったのである。

さらに、「村雨」と「松風」の姿は、天狗を想起させる。突然激しく吹き降ろす風を「天狗風」といい、風雨をまきおこす雷公は、中国では背に太鼓を背負った鳥天狗の姿をしている。▼注[12] 日本では、天狗は修験道と結びつき、山伏の姿で描かれる。なかでも、「狗賓《ぐひん》」は狗の口をもつ狼の姿をしているとされ、「鳥天狗」は大きな鳥の翼と鋭い嘴《くちばし》をもつ。▼注[13] 山界での奇事は、しばしば天狗の仕業とされ、天狗倒しや天狗笑い、天狗礫《てんぐつぶて》、天狗火などとして全国に伝承がある。奇談Ⓐの「大きな呼声がする」、「狼の声がする」、「燐火《りんか》が見える」、「空から水をかけられる」といった特徴から天狗を連想することも容易だろう。鳥の姿をまとった天の「狗」たる天狗こそは、狼と梟とを重ね合わせた存在なのである。

〔図版２〕鳥山石燕『画図百鬼夜行』の「天狗」

改めて奇談Ⓐの主人公の足跡をたどってみると、内川から金沢へ向かう帰途の三小牛村《みつこうじむら》には薬王寺なる寺院があり、本尊は三人の天狗（九萬坊、八万坊、照若坊）であった。三小牛からさらに北へ下ると野田墓所があり、墓守寺である桃雲寺にも九萬坊が祀られている。鳥山石燕の『画図百鬼夜行』には、松の樹にとまる鳥天狗が描かれている〔図版２〕。狼や梟の姿をまとい、風雨をまきおこす妖籟・応籟とは、天狗の仕業だったのかもしれない。

【注】

[1] 与力とは、江戸時代に諸奉行をはじめ、所司代、城代、留守居、大番、書院番、火消役などに付属し、その組の頭を助けて庶務をつかさどったもの。(『日本国語大辞典』)。

[2] 内川は、犀川の支流である内川および富樫郷の東にある集落一帯を指す。

[3] 灰塚は火葬集骨後残った灰骨集め葬ったところをいう(『国史大辞典』)。本奇談では、内川から小立野の間にあることから現在の野田墓地のあたりではないかと推測される。

[4] 菱川晶子『狼の民俗学　人獣交渉史の研究』(東京大学出版会、二〇〇九年)。ブレッド・ウォーカー『絶滅した日本の狼　その歴史と生態学』(北海道大学出版会、二〇〇九年)。

[5] 『新版　能・狂言辞典』の「三井寺」の鑑賞を参照。

[6] 『新版　能・狂言辞典』の「松風」の鑑賞を参照。

[7] 近衛信尹は、「石山や鳰の海照る月影は明石も須磨もほかならぬかな」と詠み、近江石山寺のの名月の美しさを須磨や明石と比較して褒めたたえている。

[8] 「いりがたの月いと明きに、いとどなまめかしう清らにて、物おぼいたるさま、とら、おほかみだになきぬべし」月が上品で清らかで美しく、虎や狼までも泣いてしまうだろうという内容。紫式部は、新しい物語を書くために近江の石山寺に参籠し、『源氏物語』を著した。

[9] 現代人と近世以前の人では梟に対するイメージが大きく異なる。欧州では梟は賢者や知性の印象を強くもっていることから、欧州文化が入り込む過程で、悪鳥のイメージから転換がはかられたと推測される。

[10] ある男、弟の太郎が山から帰って病気になったので、山伏のところへ祈禱を頼みにいく。山伏はもったいぶってあらわれ、男の頼みを聞くとさっそく男の家に赴く。山伏が弟の様子を見て祈禱をはじめると、弟は鳴き声をあげる。兄の話から、弟は山で梟の巣にいたずらをしたことがわかり、梟が憑いたものであろうと懸命に祈る。しかし弟は鳴き続け、ついに兄まで鳴きだす。山伏は兄弟を祈るが効きめはなく、最後に山伏にも梟が憑く。(『新版　能・狂言辞典』)。

[11] 現在の唐崎の松は三代目である。初代は、天正九年(一五八一)に大風によって倒れ、二代目は大正一〇年に枯れた。

この二代目は、明治時代の由緒書に南北八六メートル、高さ二七メートル、幹の円周一一メートルと示されている（「唐崎の松」山王総本宮日吉神社ホームページ）。金沢市の兼六園の唐崎松も、この二代目唐崎の松の種子を一二代藩主前田斉泰が取り寄せて育てたものである。

［12］山本宏子『日本の太鼓、アジアの太鼓』（青弓社、二〇〇二年）。風雨をまきおこす天狗は、「龍虎図」や「風神雷神図」として図像化されることも指摘されている。

［13］奇談Ⓑのふたつの謡曲に僧侶が出てくるように、梟には「仏法僧」や「梟山伏」といったイメージがある。

コラム③

教材研究と史料学の役割

木越隆三

一九九〇年代は、歴史哲学の論客から「歴史学」という学問の存立基盤が根本的に問われた時代であった。当時、わたしは金沢市内の高校で「日本史」「世界史」「倫理」などの科目を教えており、倫理科目では仏教思想・キリスト教思想、あるいは西洋哲学史の合理主義思想の系譜をテンポよく語っていけるところにおもしろさを感じ、日本史以上に教材研究を楽しんでいた。また同じころ、哲学や思想史に特段の関心をもつ他校の教員仲間と、ポスト・モダンの著作を適宜拾い上げ議論する読書会が年に数回あり、「互酬」「脱構築」「メタ意識」「現象学」……など、当時流行の思想用語について考える機会をもらった。生煮えの青臭い議論で終わり、半解のまま終わったことが多いが、振り返ると読書の視野が広がり、哲学者から提起された歴史や歴史学に投げかけられた疑問について、多少理解できるようになった。

こうした教材研究の経験を通し、「歴史」とは畢竟《ひっきょう》「もの語り」という指摘は、至極妥当なことであると自覚できた。それゆえ、森鴎外の「歴史離れ」論や大岡昇平の歴史小説論にも触れ、歴史小説の魅力にひかれ啓発された。歴史を語らねばならぬ歴史教員としては、「もの語り」のテクニックを歴史小説から学べると確信したからだ。その頃公刊した拙著『銭屋五兵衛と北前船の時代』（北國新聞社、二〇〇一）の中で、こうした問題意識を表明したこともある。

しかし、他方で地域史研究者の端くれとして、前田初期検地の研究や改作法研究の刷新をめざし、膨大な史料の森に分け入り、良質史料かどうか吟味しながら、仕事の合間を縫って史料解読を続けていた。こうした膨大な文献資料との格闘や、個々の古文書の史料としての有効性や限界を検討する作業のなかで、哲学者の、歴史は実在するものでなく「想起」のなかにしかない、などという言説にはついていけないし、納得もできないという思いを深くしていた。いまだに承服していない。毎日、実在した歴史の痕跡である、過去の遺物・遺構・文字・記録・文書をモノとして現認しているので、そこをよりどころに、歴史的実在を自明の前提としないと、多くの社会科学や人文科学は成り立たない。しかし、歴史の証拠（エビデンス）としての古文書・遺物・遺構からの推定作業を「構成」とか「想起」というなら、それは理解できる。わたしの論文の中でおこなった推論や解釈は、良質の史料をえり分け、過去の出来事に関して、独断を加え、想起し構成したものである。

したがって、「歴史学」といえど「もの語り」にすぎないが、現実世界にあふれている、さまざまな「歴史」言説や「もの語り」とは一線を画したいと思う。哲学者からみれば、小さな違いで、「目糞、鼻くそを笑う」に等しい思い上がりかもしれないが、世間一般に流通する「もの語り」としての歴史と、歴史学とはちょっと違う。この違いは、歴史学の存立基盤にもかかわることなので、今もずっと、こだわって考え続けている。

高校教員また地域史研究者としての歩みのなかで看取した「歴史学」独自の役割を語ることで、「もの語り」としての歴史との違いを、ここで指摘しておきたい。ここでいう、歴史学の役割というのは「史料学」の役割と言い換えてもよい。

授業や講演などで語る「歴史」はたしかに、「もの語り」と呼ばれてよい。人と人のコミュニケーションは「語り」という虚偽性を随伴しないと成り立たないからである。「語り」には「騙《だま》す」という側面を孕む。それゆえ相手の心や記憶にインプットされやすいのである。嘘のない正確無比な情報は人の心を打たず通り過ぎる。だから、正確で重要な情報であっても、多少の「語り」をもって味付けしないと、人の心に響かない。教壇に立って生徒に歴史を語る教師は、その意味で「語り」もしくは「騙《かた》り」のプロとして、その技を磨かねばならないが、そこには大きな落とし穴がある。

出来のよい「もの語り」であれば、それはうわさとして人びとの心に波及する。特に虚偽部分に人びとの関心が傾くと、デマ・流言となって社会に混乱をもたらし大事件に発展することもある。そのような前例を歴史や史料の世界のなかに探せば枚挙にいとまがない。「もの語り」としての歴史には、うわさ・デマ・流言という虚偽情報の世界と際どく接しており重なり合う。そういう自覚を十分もって、「語り」としての授業を展開する必要がある。その際、歴史学の方法つまり史料学についての明確な自覚をもつことが、きわめて重要である。これが、あえて歴史との「違い」を強調する所以である。

つまり、「もの語り」として「歴史」を語らねばならない教員や歴史研究者は、他方で史料学のプロであらねばならず、歴史学の方法を駆使し、みずからの「もの語り」パフォーマンスの舞台裏を聴衆や生徒に、どこかで丁寧に説明する義務がある。この点を強調したい。そこに歴史学（史料学）の役割があり、また歴史との違いを言い立てる根拠もあると考えている。

わたしが、歴史学を「語り」としての「歴史」から切り離し、違いを強調するわけは、主体的かつ批判的態度で氾濫する多様な情報と格闘するとき、史料批判の技術すなわち「史料学」は大きな武器になると考えるからである。「語り」としての「歴史」の世界は、さまざまな情報がランダムに氾濫する現実そのものといってよい。人はそれぞれ自由に解釈し、また着想された「歴史」を仲間うちで自由に語ってよいし、これを止める権利など誰にもない。あるとすれば、史実からの異議申し立てだけである。

事実に反した事柄が、その「もの語り」のなかで枝葉末節のことならまだしも、核心部にかかわる出来事なら「もの語り」そのものが成り立たなくなる。まちがった史実は「もの語り」を根底からつき崩す力をもつ。それゆえ「歴史」や「もの語り」を形づくる個々の史実を丹念に検証し、それぞれの史実や史料に疑問の目を向け、その事実性を徹底し調べ尽くすことは、今や歴史学の大きな役割となってきた。かつてはクソ「実証主義」と揶揄されたこともあるが、より精度を高め合理的根拠を追求する史料批判学が、さまざまな歴史系学術に要求されている。そのための研究環境が急速に進展もしている。

歴史学における史料学もしくは史料批判の技術は、「もの語り」としての歴史・情報が氾濫する現代社会において、その監視役として大きな役割をはたすと、わたしは見込んでいる。情報化社会の広がりとともに史料学は今後ますます重要な責務を負うであろう。したがって、学校教員の教材研究においても、史料学の技量を磨くことは必須のこととなろう。これを授業という「もの語り」の場でどう配置するか、相当真剣に考えねばならない。

いま学校では「もの語り」スタイルの学習から脱却し、アクティブ・ラーニングなる学習形態へ転換中だという。であれば、歴史を「もの語る」主体は教師でなく生徒ということになり、教室は生徒の数だけ多様な「もの語り」が紡ぎ出される混沌とした場となる。「語り」の主体である生徒自身、調べたときと「語る」ときの違いを学ぶことになろう。歴史を「語る」とき、どういう作為や工夫をしたか、生徒に自覚的に理解させることが教師の大きな役割となる。教師は、史料学の担い手として調べる技術を教えると同時に、「語り」のテクニックについて生徒が自覚するときの援助者にならねばならないのである。教室で、生徒が教師と同一レベルの認識主体になってきたことで、教師の役割は二倍いやそれ以上に大きくなる。史料学の技量をともかく高めることが、研究者以上に学校現場の教師たちに求められているのではないか。

第四章……在地に生き続ける英傑の記憶

忘れられた秀郷

❖高澤由紀

「勝者」は、みずからの歴史を高らかに語るだろう。では、「敗者」は。越中砺波《となみ》地方には、藤《ふじ》原秀郷《わらのひでさと》に関する伝承が多くある。秀郷の百足退治譚《むかでたいじたん》にまつわる縄ケ池《なわがいけ》の龍蛇伝説《りゅうじゃでんせつ》もそのひとつである。「火」と「水」とが対立するこの地の龍蛇伝説には、語り手側の現実の戦いの記憶が込められている。「敗者」となった語り手は何を語るのか。彼らは負けた後、どう生きていけばいいのか。——小川歩美

一　縄が池の物語

縄が池は、富山県南砺市高清水山の閑かな森のなかにある。この池は、近郷を潤す水源として、また龍神伝

説の舞台として、古くから神聖視されてきた。

はじめに、文化四年（一八〇七）に刊行された奇談集『北国奇談巡杖記《ほっこくきだんじゅんじょうき》』巻之二「越中國之郡縄池」から、この池にまつわる物語を紹介しよう▼注〔1〕。

〔史料1〕

越中蓑谷山《みのたにやま》の絶頂にあり。其広さ三百七十間四方にして、漫水藍のごとく嵯へたり。此池に神蛇住むで、毎年七月十五日の夜、容顔美麗の女體とあらはれ、池上に一夜遊楽するとて、人を製《制》して登山を禁ず。

又此池に不思議のことあり。むかし、此さとの土民豊作のねぎことありて、村長および古き老友など饗応せんとおもへども、家貧にして宴をなすべき器なく、ある日この池のほとりにイみて、ひとりごとしてつぶやきゐけるに、俄に池波動揺して、池上に朱椀朱膳十人前浮出たり。このものおもへらく、是こそ池主の感愍ありて、我に借《惜》たまへりと、厚く礼拝して明後日まで貸たまはれ。この方の用事済次第、返し奉るべしといひて家路に荷ひこみて、その饗応をとゝのひ、かくて其約日に、またもとの池辺に運び、恩を謝し返しけるに、ずるずると沈みうせたり。其後このこと村中に流布し、人々奇特に信をのべて用要の時は、この池辺に、其前日まうでゝ、明日は何人前貸たまはれとひそかに祈り、明る暁に行てみるに、何ほどにても願ひ入れし数ほど、かならず浮出ありとなり。よて里人等、呼て家具貸の池とぞ号けゝる。

そのゝちひとりの朽尼有て、三人前かり入れ、十日ばかりも返さず、終に中椀二ツを損ひて、不足のまゝに戻せしが、池浪頻に荒鳴し、大雨をふらし洪水を出し、老婆が屋敷逆溢に流れ、いのちもとられけるぞ。其のち家具をおしみ、いのれどもたのめども出さずとなり。只おしむらくは此瑞品なりけらし。今は蕀々と生茂して、物すごく、深さは千尋に及び、常に日影も至らず、梟松桂の枝にかくれ、狐狼の臥戸となりて寂寞のところなり。

要約すると次の通りである。越中国蓑谷山の頂上付近に縄が池という池があった。広さ三七〇間四方の藍色の池には蛇の神がすんでいて、毎年七月十五日の夜になると、美しい女の姿であらわれて池上で一晩遊楽すると伝えられている。里の人びとはその日の登山が禁じられている。▼注[2]

その昔、この里の住民が豊作を願うため、村長や旧友を呼んでごちそうしようとしたが、家が貧しく、宴会に使うための器がなかった。ある日、この池のほとりにたたずみ、独り言をつぶやいていたところ、池の波がうごめき、一〇人前の赤いお椀とお膳が浮かび上がってきた。池の主が憐んで貸してくれたと家へ持ち帰り、宴を終えて返すと、ふたたび池に沈んで消えた。うわさを聞いた者が同じようにお願いすると、お願いした数だけ必ず浮いてきたので、人びとは「家具貸の池」と名づけた。

ところが、ひとりの年老いた尼が三人前を借りて十日ほど返さず、さらには椀をふたつ壊してしまい、数が足りないままに池へ戻したところ、池の波は荒れ狂い、大雨を降って洪水が起きて、老婆の屋敷は波に流され、老婆は命を落とした。それからは里の人びとが祈っても頼んでも、家具を出さなくなったという。

この物語は、縄が池にすむ龍蛇伝承と椀貸伝説《わんがしでんせつ》からなる。▼注[3] 古来、龍蛇は、航海の守護神や雨を降らす水神として信仰されてきた。縄が池の蛇も同様で、天明六年（一七八六）成立の『越の下草』には、旱魃《かんばつ》の年に山へ登り、池に供え物をして雨乞いをしたとされる。▼注[4] また、ほぼ同じころにつくられた『奇事談』や文化文政年間（一八〇四～三〇）ころの『越中地誌』では、縄が池へ鉄器などの金気のものを投げ入れると、数日間池が荒れ、暴風雨が起こると述べられている。▼注[5]

この伝承に基づく事件も起きている。『川上農乱記《かわかみのうらんき》』によれば、宝暦七年（一七五七）に起こった城端騒動《じょうはなそうどう》の直接の原因は、天候不順による不作であった。ところで、この天候不順は、米屋が米価をつりあげるために縄が池に金屑をまいて洪水を起こしたのではないか、とのうわさがたった。やがて、農民たちの強い信仰心もあ

いまって、うわさはたちまち真実味を帯び、ついには米屋の打ちこわしという騒擾《そうじょう》を招いたのだった。▼注[6]

加えて、縄が池から浮かび上がる朱椀朱膳《しゅわんしゅぜん》もまた、金気を嫌う木製具であった。この奇談は、縄が池にすむ金気を嫌う水の神の特質をよくあらわした物語といえるだろう。

二　蛇と百足の民話と伝承

こうした水と金属の対立を主題とする物語に、俵藤太秀郷《たわらのとうたひでさと》（藤原秀郷《ふじわらのひでさと》）の百足退治譚《むかでたいじたん》がある。藤原秀郷は平安中期の関東の武士で、平将門を討った功により従四位下に叙され、下野守・武蔵守に任じられた人物である。百足退治譚は、いち早く『太平記』にみえ、室町後期以降には『俵藤太物語《たわらのとうたものがたり》』として広く流布してゆく。

承平年間（九三一～三八）のころ、近江国瀬田の唐橋に大蛇が横たわっていたが、俵藤太秀郷は臆することなく大蛇を踏みつけて橋を渡った。すると夜、美しい娘が藤太を訪ねてきて、琵琶湖にすむ龍神一族の者で、唐橋の大蛇は自分が姿を変えたものであったこと、龍神一族が三上山《みかみやま》の百足に苦しんでいることを告げ、藤太に百足退治を懇願した。藤太は快諾し、三上山に臨むと、山を七巻き半する大百足《おおむかで》があらわれた。矢を射ても大百足には通じず、最後の一本の矢に唾をつけて射ると大百足を退治することができた。藤太には龍王からお礼として、米の尽きることのない俵を贈られたという。

こうした英雄による怪物退治伝説は、新興勢力が先住民を侵略し、服従させていく過程を、治者によって伝説化したものとされる。

秀郷の百足退治譚では、三上山にすむ大百足と、琵琶湖にすむ大蛇が対立している。龍蛇は、古くから列島各地で水神として信仰を集めてきた。琵琶湖瀬田橋付近の龍蛇伝説《りゅうじゃでんせつ》は、枚挙にいとまがない。他方、百足は、細長く連なる鉱山抗のかたちが似ていることから、鉱山の神＝毘沙門天ともされ、火の神として知られる。近

江三上山を神体とする三上神社の祭神・天麻比止都禰命《あまのまひとつのかみ》は鍛冶の神で、火の神でもあった天目一箇神《あめのまひとつのかみ》と同体という。▼注〔7〕

また、秀郷の百足退治譚は、越中縄が池とも深い関係がある。『越の下草』では、越中川上の地の旱魃を愁いた秀郷が、百足退治の礼に龍王からもらった小さな蛇を放したところに池が湧きだしたと伝えられている。▼注〔8〕 江戸後期につくられた地誌『加能越金砂子』でも、ほぼ同じ内容が語られている。▼注〔9〕 どうやら江戸後期までに、縄が池の伝承を藤原秀郷による百足退治と結びつける言説が生まれていたらしい。

縄が池の物語には、秀郷の百足退治譚の強い影響がうかがわれる。つまり、水と火の対立が内在する物語として読み解けるのである。

三　越中の藤原秀郷

こうした藤原秀郷をめぐる伝承は、加越国境、とりわけ越中西部の砺波《となみ》平野に展開しており、さまざまなパターンが伝えられている。

第一に、秀郷の越中生誕説である。先述した『加能越金砂子《かのうえつきんすなご》』では、越中箕谷《みのだに》の生まれとされる。民話によれば、高清水山のふもとにある井口と呼ばれる地を秀郷の出生地と伝えられている。▼注〔10〕

第二に、『高岡の伝承』によれば、高岡市二上山にすむ化け物に娘を差し出すことになった村人のために、俵藤太が化け物の退治を買って出たとされる。この民話は、伝承によって細かな設定が異なり、化け物が百足や大蛇にあったり、俵藤太が別の武士に変更されている。とはいえ、舞台となった越中二上山は、百足退治伝説の舞台である近江三上山をイメージさせ、秀郷の百足退治譚の影響を受けてつくられた可能性が高い。

第三に、藤原秀郷と伝わる墓が射水市《いみずし》の蓮王寺《れんおうじ》にある。秀郷の菩提寺と伝えられる蓮王寺には、五輪塔があり、客死した秀郷の墓とも、百足退治の記念碑ともされる。蓮王寺の言い伝えでは、縄が池に龍を放した後、秀郷は力を使いはたして倒れ、蓮王寺に葬られたという。▼注[11]

第四に、秀郷が縄が池近くの八田郷池尻村に隠棲していたと伝えられている。『石堤村史資料《いしつつみそんししりょう》』には、「鎮守府将軍藤原秀郷越中國砺波郡八田郷池尻村に隠棲す。後ち山川村に転じ里人呼びて山家と呼ぶ」とある。

第五に、旧石堤村の西光寺とのつながりである。『石堤村史資料』によれば、秀郷の後裔である養藤倉之助なる人物が、井口村からこの地に移り村を開き、出家して西光寺の開祖となったという。

そもそも加越能に濃飛《のうひ》を加えた地域では、金気を嫌う蛇や雨を降らす蛇の昔話は比較的濃密に残っている。▼注[12]加えて、加越国境地域には、火の物語や、金属や百足をめぐる民話がみられる。たとえば、『今昔物語集』巻二六「加賀国争蛇蜈嶋行人、助蛇住嶋語」には舳倉島《へくらじま》を舞台に百足退治譚が語られ、『能登名跡志』では輪島川の淵にすむ大蛇が蟹に退治される話が収録されている。『藤五物語』には芋掘り藤五郎が黄金を掘り当てる「金沢」地名由来譚があり、『三州奇談』「金茎渓草」は加越国境の医王山で採った山葵が黄金に変じる話、『加賀《かが》志徴《しちょう》』「三小牛山《みつこうじやま》の由来」は黒白黄の三頭の牛が金銀鉄の塊に変じる話が収められている。日本海岸沿いに潟湖が点在するラグーンとしての地形的特質と、金・銅をはじめとする鉱物資源に恵まれた加越能地域は、水と火の物語が豊かに息づく場所であった。

四　秀郷流と利仁流

とはいえ、加越能地域に土着した秀郷流を標榜する氏族は、意外なほど少ない。

秀郷流藤原氏は、秀郷が平将門を討ち取った軍功により、源氏や平家と並ぶ武家の名門として、その一族が北関東を中心に栄えてゆく。小山・結城・佐野など秀郷流直系とされる氏族のほかに、秀郷の武名に仮託しようとする氏族も数多い。『姓氏家系大辞典』によれば、全国で五八八もの氏族が秀郷流藤原姓を名のっていることがわかる。ただし、このうち加越能地域に土着したのは四八と全体の一〇パーセントにも満たない。また、その分布状況も、加越能全域に散在しているにすぎない。

他方、鎮守府将軍藤原利仁《ふじわらのとしひと》にはじまる利仁流は、全一二三の氏族のうち約半数の五三の氏族が加越能に所縁がある。藤原利仁は一〇世紀初頭の武士で、敦賀の豪族藤原有仁の娘婿となったことから、北陸一帯に一大勢力を築いた。利仁流藤原氏は、とりわけ越中に濃密で、石黒・井口・野尻・宮崎氏、加賀の富樫氏や林氏ら有力武士の多くが該当する。

加越国境に残る藤原秀郷にまつわる伝承と、水と火の対立物語——。舞台となった当地に住まうのは、主人公である藤原秀郷の末裔ではなく、もうひとつの「兵の家」である藤原利仁の末裔たちであった。

五　秀郷流井口氏と石堤西光寺縁起

加越国境には、秀郷流を称した武士たちの痕跡がわずかにある。

中世、現在の城端・蓑谷地域に勢力を広げていたのは、利仁流藤原姓の井口氏である。『越登賀三州志《えつとがさんしゅうし》』によれば、井口氏は利仁の後裔である斎藤氏の流れをくむとされるが、『源平盛衰記』では、利仁の三男であった「井口三郎光義」が越中国を任せられ、「越中古諸家の祖として、この地の二十四家は井口家に属し」たとも述べられている。中世越中国砺波郡で勢力を誇った石黒氏や野尻氏、宮崎氏等、有力国人の多くは井口氏の流れをくみ、井口はその祖として勢力を維持した。現南砺市《なんとし》の旧井口村は、井口氏の本貫地であり、支配拠点となる井口城もあった。

ところが、この井口氏が藤原秀郷の子孫であることを伝える史料がある。「西光寺由緒」を引用しよう。[注13]

〔史料2〕

了順の俗姓は鎮守府将軍藤原秀郷五世の孫光義　康平七年三月越中守源義家に従ひて当国に下り、砺波郡井口郷に住し、井口三郎三義と称す。光義五世の孫光成は俵藤太を縁り、養藤蔵人と号す。光成九世の孫光高後に蔵人成綱と改め、井口城に拠る。元弘二年、名越時兼に攻められ戦死す。年三十九。嫡子倉之助逃れて隠処を求め、砺波郡山川村の開祖となる。倉之助世の無常を悟り、剃髪染衣して、應安元年天台宗に帰依し、法名を了順と改め草庵を結びて出家す。大骨、四辻と転遷して、後ち広谷に一字を建立せり。〈中略〉了淳元禄十五年に堂宇今の本堂再建せり。了照現住明治四十五年庫裏を改築せり。

西光寺は、応安元年（一三六八）に高岡市広谷に創建された。はじめ天台宗であったが、明徳年間（一三九〇～九四）に真宗に転じ、享徳二年（一四五三）には現在の麻生谷に移ったといわれる。同寺は数度の火災により古文書類を消失しており、この史料の成立年代を特定することは難しい。ただし、元禄一五年（一七〇二）までの事績が並ぶことから、一八世紀以降の成立と考えていいだろう。

〔史料2〕によれば、①西光寺の開祖《かいそ》了順《りょうじゅん》の先祖は、藤原秀郷五世の孫光義とされる。藤原光義は、康平七年（一〇六四）三月に越中守であった源義家に従って越中井口郷に移り住んで、のちに井口三郎光義と称した。②この光義五世の孫である光成が、俵藤太にちなんで養藤の名を称した。その後、光成九世の孫光高は成綱と名を改め、井口城にとどまった。しかし、③元弘二年（一三三二）に井口城は名越時兼《なごえときかね》に攻められて成綱は戦死し、その子倉之助は、山川の地に隠棲した。④応安元年（一三六八）ころ、養藤倉之助は、世の無常を悟って了順と改めて出家し、西光寺を開いた、とある。

①の井口三郎光義は、『源平盛衰記』が説く利仁流井口氏の祖と同名であるものの、秀郷流である点で出自を異にしている。越中における秀郷流井口氏の記録は、西光寺独自のものであるように思える。光義が源義家につき従って越中入りした様子も、ほかの史料には認められない。義家は、康平七年（一〇六四）に越中守への転任を朝廷に申し出たとされる。越中国内には義家の開発神話が残っている地域もあり、八幡信仰の流布とともに創作された可能性もある。

③の名越時兼の井口城攻めと成綱の戦死も、ほかの史料には見いだされない。名越時兼は、建武二年（一三三五）七月の中先代の乱に呼応して蜂起し、越中や能登、加賀の武士たちを結集した。このとき井口氏は時兼に加勢し、ともに井口城に拠ったとされている。実際に井口城の攻防戦があったのは元弘三年（一三三三）で、井口氏が高岡に逃れたのはその前年にあたるため、年代も合致しない。

②・④については、『要藤家記録《ようどうけきろく》』に、倉之助一族は秀郷の百足退治譚にちなんで円に二ツ矢羽を定紋とし、養藤家は円に三俵紋を定紋としたとある。▼注〔14〕

「西光寺由緒」の内容は裏づけが難しく、一見するとすべて西光寺の創作であるかのようにみえる。しかし、この縁起を一片の史実も含まない架空の物語としてよいのだろうか。

六　秀郷流波多野氏と野尻時光

加越国境地域の武士たちをみてみると、井口氏のほかにも、少なからぬ氏族が秀郷流、利仁流の両方を標榜している。もともと秀郷流藤原氏であった少数の一族が、あるときからこの地域で大多数を占める利仁流を自称するようになったケースもある。

たとえば、南砺市野尻周辺の豪族であった野尻氏である。『源平盛衰記』で、寿永二年（一一八三）五月に木曾義仲の越中入りにつき従った武士たちのなかに野尻氏の名がみえる。砺波郡野尻の地に野尻城を構え、砺波郡では石黒・井口氏に次ぐ豪族であった。また『越登賀三州志』によれば、砺波郡野尻村より起こった井口氏の一族とされ、井口氏と同じ利仁流藤原氏とみられる。

しかし、『承久記《じょうきゅうき》』によれば、野尻氏は、承久の乱で鎌倉幕府と敵対して所職を召し上げられた。代わって地頭に補任されたのが、相模国の御家人波多野時光《はたのときみつ》であった。一四世紀成立の『尊卑分脈』や中世後期成立の『続群書類従』の秀郷系図を確認すると、波多野時光は野尻氏を称している。この波多野時光こそが、秀郷流野尻氏の祖であり、時光の弟は河尻宣時、その子は天田式宣と称して砺波郡一帯に土着していったのだ。

ところが、河尻宣時の娘は、加賀の利仁流の豪族富樫泰村《とがしやすむら》に嫁いだ。加賀国守護として勢威をふるった富樫氏と婚姻関係を結ぶことは、野尻氏にとっての処世術であったにちがいない。

ほかにも、承久の乱や中先代の乱において、野尻氏とともに蜂起した越中武士団の多くは利仁流藤原氏であった。秀郷流藤原氏たちは、越中に濃密に展開していた利仁流藤原氏と血の交わりを結ぶことで、この地に根づき、勢力を維持・拡大してゆくことに成功したのである。

七　越中の南北朝内乱と桃井直常

建武二年（一三三五）、建武新政に不満をもち、執権北条高時《ほうじょうたかとき》の遺児時行を擁立した中先代の乱が起こった。このとき、時行の動きに呼応して越中から立ち上がったのが、名越時有の遺子時兼であった。時兼が井口城を本拠として挙兵を呼びかけると、野尻、井口らの越中勢をはじめ、能登・加賀の武士たちも集まり、約六千の軍勢となった。時兼らは魚津城を攻め、さらに新田義貞の支配下にあった越後勢を打ち破る大勝利を収めた。このとき、越中勢を主力とする時兼軍は約三万にふくれ上がっていたと『太平記』は伝えている。

この敗戦に驚いた朝廷は、桃井直常《もものいただつね》に北陸征伐を命じた。直常方と時兼方は、大聖寺周辺で小競り合いをくり返し、劣勢となった時兼方が敗走した。桃井直常は、足利氏に従って多くの戦功をあげ、興国五年（一三四四）に越中守護となった。

続く観応《かんのう》の擾乱《じょうらん》と呼ばれる足利尊氏・直義兄弟の内紛のなかで、終始直義につき従った直常は、直義の死後も抵抗をやめず、激しい京都争奪戦をくり広げた。正平一〇年（一三五五）、ついに幕府方に敗れ、京都を没落。正平一六年（一三六一）に越中で再挙をはかった直常は、ふたたび野尻、井口ら越中の武士を糾合して越中を攻略した。なおも加賀へ侵攻を開始しようとしたとき、井口城に火が放たれ、混乱のなかで惨敗してしまう。建徳二年（一三七一）、ふたたび越中へ進出した直常は、婦負郡《ねいぐん》長沢、砺波郡五位荘で幕府軍に敗北し、飛騨へ撤兵して消息を断った。井口氏・野尻氏など越中に土着していた氏族は、中先代の乱では名越時兼に、観応の擾乱では桃井直常に従った。しかし、名越・桃井らは、いずれも敗者となり滅亡の運命をたどっていく。越中の多くの豪族たちは、一度ならず二度も敗者としてのレッテルを貼られる結果となったのである。秀郷流藤原姓の一族が、利仁流へと出自を変更したのは、こうした相次ぐ敗戦のタイミングではなかろうか。

秀郷流波多野氏を出自とする野尻氏は、婚姻関係を通じて利仁流を標榜するようになった。また、「西光寺由緒」には、井口氏が秀郷流を名のっていた痕跡をみることができる。加越国境地域に残る秀郷や龍蛇の水にまつわる伝承もまた、越中の武士たちがかつて秀郷の後裔を名のっていた痕跡なのではないだろうか。

越中の山奥にひっそりとたたずむ池に伝わる物語。利仁流を語る者と秀郷流を語る者、それぞれの思惑のなかで、加越国境地域に水と火の物語が紡がれていったのである。

【注】

［1］江戸時代後期の文化四年（一八〇七）に刊行された五巻五冊からなる奇談集。著者の鳥翠台北至が加賀、越中、能登、越後、

佐渡、若狭、越前の名所旧跡を訪ね、各地で見聞した奇談を記している。
[2] 龍神を祀る縄ヶ池姫社の祭は毎年七月一五日におこなわれていたという。
[3] 全国各地にあり、貸してくれる場所や貸主は土地によって異なるが、椀の貸主は、龍神、大蛇、乙姫など水界の霊威である淵の主が多い。また、貸出場所となったのは、淵や洞穴は異郷に通ずる場所、あるいは水にちなむ場所が多く、水神少童譚や水神信仰との関連が指摘される伝説も数多く存在する。
[4] 「又旱魃の年は、浮屠氏などをすすめ、登山し供物し祈れは雨降事、其験著し」とある。
[5] 「昔俵藤太此池へ蛇ヲ放シ所其蛇此蛇池ノ主トナリタリト云リ、池ノ廻リ二六七丁ニシテ水清クシテ池ノ底其鮮明ナリ、此水ヲ山岸へ引テ、若干ノ田ヲ養フ、里人云フ此池へ鉄器ヲ投入レハ晴天忽チ曇リテ数日間此池アルルト云リ」。(文澄『奇事談』石川県図書館協会、一九七二年)。
[6] 宝暦七年(一七五七)一一月二三日夜、砺波郡の農民と城端町の細民千余名が、城端町の米屋五軒を打ちこわした一揆。
[7] 柳田國男「一目小僧その他」(『柳田国男全集』六、ちくま文庫、一九八九年)。また、勝俣鎮夫は、『本福寺跡書』から、三上神社の新旧ふたつの神主家の対立が、百足に表現された火と関係の深い金工先住民と、龍王一族に表現された水と深いかかわりをもつ勢力の対抗関係と、後者の勝利という伝承をもとに物語がつくられたと結論付けている。勝俣鎮夫「伝承の歴史　本福寺跡書を読む」(五味文彦編『ものがたり　日本列島に生きた人たち』六　伝承の文学　上、岩波書店、二〇〇〇年)。
[8] 「里人伝へて云。昔藤原の秀郷、瀬多の橋下竜宮へ行、百足虫を退治せられし時、龍人何をか報謝せんと願ふ。秀郷我が領する越中川上の里々旱魃を愁る事久し。所希は汝が子女をして一池に住せしめ、永く我が子女をして池を守らしめ、旱魃のなき事を示さんと也。おしへの如く縄をはりて侍れしに、其夜やがて大雨砂を流し、一夜の中此池湧きだしけると也」。
[9] 「縄池とて渡り八九間あり。俵藤太郎秀郷は此村の産にて此邊を領しける。或時一人禿来て、我は江州瀬田に住める者なるが、瀬田に蚣住みて多くの者の命を取、我子も彼に取られぬ。御身射術の妙有と聞、彼蚣の命を取給へと云。秀郷領掌し、瀬田に至り蚣を射ける。又禿來りて此恩謝し難し、此上は何にても望に任すべしと云。秀郷我住里に水乏し、是を得させよと云へば、縄を一たばね與へ、是を持行き、御身の里に少し水ある所の源に埋置給へ、永代水乏しかるまじとて、彼禿は小龍と成て瀬田の水底へ入りぬ。秀郷我里へ歸り、おしへの如くせられければ、其所池と成、いかなる旱魃にも水漫々たる底しれず。瀬田迄通りたると也。」。

［10］石崎直義『とやまの民話』。「縄が池の主は滋賀県の琵琶湖の主の娘で、今から千年ほど昔、鎮守府将軍藤原秀郷という武将が連れてきて棲まわせたと伝えている。この武将は蓑谷近くの井口村で生まれたそうだ。」。

［11］ただし、この五輪塔は室町時代のものと考えられ、文献による初見も江戸時代に下る。

［12］『日本昔話通観』『日本の伝説』ほかを調べてみると、加越能に濃飛を加えた地域で金気を嫌う蛇をめぐる昔話は、富山五件、岐阜七件、石川一件確認できる。龍宮伝承は石川二件、岐阜一件、椀貸伝承は富山一件、岐阜四件確認できる。雨を降らす蛇の伝説も石川二件、富山四件、岐阜三件、蛇の伝承は富山一件、石川四件、岐阜五件であった。蛇が蟹に倒される話は能登地方に特有に残っている。

［13］廣谷山西光寺編『西光寺の今昔』（二〇〇〇年）。『石堤村誌』等の記載があるのみである。

［14］前掲注13『西光寺の今昔』に引用されているが、原史料は確認されていない。

第五章……地名に秘められた神仏のよすが

水犬の怪鳥退治
――羽咋地名考

❖河合　柚

わたしたちの名前に由来があるように、地名にも由来がある。本稿では、石川県の羽咋《はくい》に焦点をあて、その地名の歴史的背景にせまる。謎をひもとく鍵になるのは、羽咋神社の神事。多くの史料に残された悪鳥退治の伝承は少しずつ姿を変え、語り継がれてきた。「矢根三本」から「三犬」へ。現在に伝わる伝承には、昔の人びとの水神信仰が隠されていた。羽咋地名に隠された謎を今、解き明かす。――礪波玲央

一　「羽咋」の昔話

能登半島の付け根に位置する羽咋《はくい》。半島東方の石動山麓《いするぎさんろく》に発したいくつもの小川は羽咋川となり、北に眉《び》

丈山《じょうさん》丘陵地、南に碁石ヶ峰《ごいしがみね》をかすめて邑知潟《おうちがた》地溝帯を西下し、いったん邑知潟にたたえられる。ふたたび流れ出た羽咋川は、羽咋市街東方で大きく北へ湾曲してからくるりと南南西に向きを変え、子浦川と合流して日本海にそそぎ込む。流路を阻む邑知入江《おうちいりえ》は、まるで鳥の嘴のごとくみえる。

「羽咋」の地名は、『古事記』に「羽咋君」とあるのが初見で、古代には「羽咋」、中世には「羽喰」とも称された。▼注〔1〕この「羽咋」という地名の由来譚を『羽咋のむかしばなし』から引用しよう。▼注〔2〕

むかしむかし、この羽咋地方に悪い病気がはやり、また、滝崎の森には怪鳥がすんで、人びとを苦しめていました。そんな話がヤマトの天皇に伝わり、天皇は子の磐衝別命《いわつくわけのみこと》を羽咋に向かわせました。ミコト（磐衝別命）は怪鳥をたいじし、また、はやっていた悪い病気もなおしていました。勇かんなミコトは怪鳥めがけて弓をうち、矢が命中した怪鳥はもがき苦しみながら落ちてきました。そのときにミコトのつれてきたクロ、シロ、ブチの三びきの犬が、怪鳥にかみつき、羽をくいちぎったということです。それで「羽喰」という地名がおこり、やがて「羽咋」になったということです。また、矢のあたった怪鳥の落ちてきた場所は、「的場」という地名として、今も残っています。

同様の逸話は、実にさまざまな史料に引用されている。▼注〔3〕管見の限り、その初見史料は安永六年（一七七七）成立の『能登名跡志』である。▼注〔4〕これらには少なからぬ異同があり、一部の史料では怪鳥がすむのは邑知入江の突端にある滝崎とされ、怪鳥・悪鳥・毒鳥とも、大鷲ともされる。退治する磐衝別命は、『能登志徴』では気多《けた》大神、『羽咋神社々記』や『押水町麦生相見神社々記《おしみずまちむぎうあいみじんじゃしゃき》』では大国主命とされる。こうした異同は、羽咋地名由来譚の原像を探る上で重要な手がかりになるであろう。

二　「気多社由来記」を読む

羽咋地名由来譚のもっとも原初的なかたちを残す史料は、八世紀初頭の『古事記』にさかのぼる。素戔嗚尊《すさのおのみこと》が野に鏑矢を射て、大国主命にその矢をとりに行かせた。そのとき、野の周りに火がつけられた。大国主命がその輪のなかから出られずに困っていると、鼠から洞穴に隠れるように助言され、なんとか難をやりすごすことができた。そののち、鼠は鏑矢をくわえてきて、大国主命に差し出した。その矢の羽根は鼠の子どもにすべて食われてしまったという。大国主命は、鼠に命を助けてもらった代わりに、鼠の子に矢羽根を食われたのである。

鏑矢をもつ大国主命と鼠が矢羽根をかじる逸話をもつ『古事記』は、羽咋地名由来譚の片鱗をみせる神話と考えられる。のちに『相見神社々記』にとり込まれたように、この『古事記』の神話は羽咋郡、さらには能登半島一帯に広がりをみせていったようである。

さらに、室町期に入ると、「気多社由来記《けたしゃゆらいき》」が成立する。気多社は、羽咋市寺家町にある能登一宮で、大己貴命（大国主命）を祭神とする。天正五年（一五七七）につくられた「気多社由来記」の内容を要約しておこう。

孝元天皇の御代、越中北嶋に魔王化鳥がいて、人びとに害をなし、海を往き来する船も通行を阻まれていた。また、鹿嶋路の湖水に大蛇が出現し、国中の人びとが悩み苦しんでいた。このとき大己貴尊《おおなむちのみこと》が三〇〇余の神々を率いて降り立ち、化鳥と大蛇を殺した。これによって能登・越中は泰平となり、天下・国家・君民の守護神になった。

これは大国主命が越中北嶋の化鳥と鹿嶋路の湖水の大蛇を退治した神話とも読み取れる。「越中北嶋」とは現在の富山県高岡市北島で、「鹿嶋路の湖水」とは邑知潟と考えられている。同様に大鷲を退治する説話が、室町期の「気多社嶋廻縁起」にも登場する。

それは、気多神が土着の神々を鎮めて、新たな地主神として「越」の国に降臨する物語であった。「気多」とは、かつての「古志（越）」から出雲に至る日本海沿岸にかけて展開したきわめて政治色の強い地名であり、神名であった。[注5] また、遅くとも一六世紀までには、気多神の怪鳥退治譚が誕生していたといえよう。

「気多社由来記」は羽咋郡を舞台に展開した怪鳥退治譚であり、羽咋の地名由来説の原像をもっともよく伝えている。ただし、羽咋地名由来譚との大きな違いは、怪鳥退治が弓矢によってなされ、三犬が羽を喰いちぎったという文脈である。加えて、「気多社由来記」では怪鳥のみならず、大蛇も出現している。羽咋の地名由来説は、どのような歴史的背景をもっているのだろうか。

三　邑知潟の大蛇と怪鳥

今から約五千年前、邑知潟周辺は海抜高度の五～一〇メートルあたりまで海水が入り込んでいた。[注6] 縄文前期も終わりごろになると、深く窪んだ海岸線に砂丘が拡大し、邑知入江が形成された。弥生時代までには海岸と完全に分離し、やがて現在のような潟湖ができたといわれる。こうして誕生した羽咋は、邑知潟と日本海の間を湾曲して流れる羽咋川がそそぎ込み、しばしば氾濫をくり返す、水でみちあふれた土地であった。それは、潟湖と河川に囲まれた島のような場所だったのである。

『羽咋のむかしばなし』所収「おろちたいじと夫婦岩」には、邑知潟にすむ大蛇の伝説が語られている。

大むかし、邑知潟におそろしい「おろち」がすんでいました。時々はい出してきて悪いことをするので、人びとは、たいへんこまっていました。なんとかしてこの「おろち」をたいじしようと、人びとは神様の大国主命にお願いしました。神様は「おろち」をたいじすることを引き受けましたが、広い邑知潟なので、どうやってさがそうかと、こまっていました。すると、どこからか一羽の鵜がとんできて、「神様、わたしは邑知潟にいる鵜です。神様が、おろちをたいじしてくださるそうですが、どうかわたしにも手つだわせてください。あす、わたしが見える所までおいでください。わたしが、水面で羽ばたきしたら、おろちはわたしをひとのみにしようと大きな頭を水面にあらわすことでしょう。その時をねらってうちとってください」といいました。水の上をゆっくり泳いでいた鵜は、やがてはげしく羽ばたきしました。やがて、あたりの水がゆらゆらゆれて「おろち」がヌッと頭をあらわしました。するとと、どうでしょう。力いっぱい引きしぼって矢を放ちました。矢は、ねらい通り「おろち」の大きな目玉につきささりました。「おろち」は、邑知潟の水を真っ赤にそめてのたうちまわり、とうとう死んでしまいました。神様は、弓に矢をあてて、神様のおかげで悪い「おろち」はたいじされ、人びとは安心してくらすことができるようになりました。（後略）

毎年四月三日に気多大社で行なわれる蛇の目神事は、この大国主神による邑知潟の大蛇退治伝説を再現したものである。神職が大蛇の目玉に見立てた直径約九〇センチの大的を弓で射て、槍で突き、最後は太刀でえぐるように仕留める。また気多大社では、毎年一二月一六日の夜更けに鵜祭が執りおこなわれている。鵜捕部《うとりべ》が七尾市鵜浦で捕らえた生きた鵜を神前で放し、本殿内の案《つくえ》の上にとまるとすぐにとりおさえ、神社前の海岸に運んで真っ暗な空に放つ。鵜の動きや向きによって、古老がきたるべき年の豊凶を占うという。

水鳥である鵜は、しばしば水神の使いとされた。京都国立博物館所蔵「若狭国鎮守神人絵系図」には、若狭国二宮の若狭姫が降り立つ岩下に二羽の鵜を描く。▼注[7] また『東大寺要録』の修二会《しゅにえ》の所伝によれば、若狭彦と若狭姫が参会したとき、白黒二羽の鵜が岩盤をうがつと地中より甘泉が湧きだしたという。

水にあふれた羽咋には、古くから大蛇を水神として畏怖する伝承がたしかに語り継がれていた。そこでは、潟湖にすむ大蛇とともに、鵺という水辺の鳥の影がちらついている。たとえば、『三州奇談』の「濱鶴の怪女」では、二宮川にかかる田鶴浜の岡野橋で出現した怪女の正体が蒼鷺《あおさぎ》とされる。石動山麓で、二宮川の水源付近にある蛇ヶ池には、蛇婿入り譚や蛇女房譚が残っている。▼注[8]

さらに、「気多社由来記」、「気多社嶋廻縁起」が書かれたころ、『平家物語』では源頼政の鵺退治《ぬえたいじ》が語られ、謡曲『鵺』に展開する。『太平記』の隠岐広有《おきひろあり》の怪鳥退治は、のちに八犬士の活躍を物語る『南総里見八犬伝』にも引かれることになる。羽咋の説話と時を同じくして、列島各地で怪鳥退治譚が語り継がれていったのである。

四　矢根三本から三犬へ

羽咋地名由来譚を伝える史料は、気多社縁起以来、数百年にわたって創作されなかった。とはいえ、能登半島各地の在所では、脈々と語り継がれていたにちがいない。

羽咋の地名由来譚を明記した文献史料は、安永六年（一七七七）の『能登名跡誌』に再登場する。「魔王」が悪鳥に化けて人をとり喰らっていたところ、「気多大神宮」がこれを平定したという。このわずか一行ほどの最古の羽咋地名由来説には、気多社縁起の強い影響がうかがわれる。

また、『能登名跡誌』には、輪島にも鷲を退治する説話が収録されている。昔、輪島にすんでいた鷲から「鷲魔」が転じて「輪島」の地名が生まれたという。このほか七尾の気多本宮（能登生国玉比古神社《いくくにたまひこ》）の近世縁起など、いくつか似通った伝承がみられるようになる。

『能登名跡誌』から約八〇年後の安政四年（一八五七）、羽咋神社の一九〇〇年祭を記念してつくられたのが、「羽咋神社略縁起」（以下、安政縁起）である。全文を以下に紹介しよう。▼注[9]

羽咋神社畧縁起

恭しくも御當社羽咋神社に御鎮座坐す石衝別命の濫觴を闚ひ奉るに、人皇十一代垂仁天皇活目入彦五十狭芽命、山代の大國之淵之女弟苅羽田刀辨を娶して生坐る御子石衝別命王に坐すなり、抑此皇子を邑知里四十ヶ村を領し、羽咋村に居城令坐め給へり〈今ノ本念寺屋敷是なり〉、然るに此皇子御寿命一百三十八歳にして、景行天皇十三年八月廾五日に薨じ給ふ、彼冥府歸命給て後、其神霊を祭りて羽咋神社と稱し、四十八ヶ村の總社と尊敬し奉り、其子孫代々羽咋君を相継きて羽咋神社の神主を兼帯せり〈今深江村に居住して宮谷氏と号す〉、於是人皇卅六代孝徳天皇天萬豊日命の御宇に、西戎國の郡縣の制に倣給て禁中にて万機の政事を執行せ給、諸國に國司大名を頒ち給しより各國縣里に住める國造・君・別・縣主・稲置・直の家柄はおのつから衰へし、大抵は亡び失たるを、羽咋君は代々羽咋神社の神主に被任、數多神領を奉られて當國無双の霊地なりしを、保元平治の大乱より天正年中の兵乱打継き、宮殿楼閣兵火の為焼失度々に及しかば、今終に御本殿拝殿御寳物には八咫鏡・翁ノ面・皷一ツ・矢根三本残れり、然はあれど天下泰平、國安全、御武運長久、五穀成就、産子繁栄を御守り給ふ、御神徳顕然たり、幸當御神恩を謝し奉らむ為、慶賀神事を営む因に恐多しも、参詣の人々に此御寳物を拝礼せしむるものなり、仰べし尊むべし、

安政四巳年七月十六日

安政縁起には、怪鳥退治譚が記されていない。ただし、羽咋神社の本殿には「八咫鏡・翁ノ面・皷一ツ・矢根三本」といった神宝が伝えられていた。なかでも「矢根三本」は、怪鳥退治譚をほのめかす数少ない重要なキーワードである。安政年間（一八五四〜五九）に羽咋神社にあった三本の矢羽根は、『古事記』にも、「気多社由来記」にも、近世の記録類にも登場しないものの、悪鳥を射殺すために使用された武器とは考えられないだろうか。

続く明治元年（一八六八）の『能登志徴』における羽咋地名由来説は、『能登名跡誌』とほぼ同じ内容であった。

ただし、「悪鳥」が「鷲」とされ、「気多大神」は「平げ」たのではなく、「射捕えた」に変化している。

明治二六年(一八九三)の『羽咋郡誌草稿』によれば、「石撞別命都ヲ出玉ヒシ時嘗テ蓄ヒ玉ヒシ黒白班ノ三犬ヲ牽漣ヲレシニ命彼ノ怪鳥ヲ射落シ玉ヒタル時三犬之ヲ咋ヒ殺シ而テ各共ニ死シタリ犬亦與リテ功アルヲ以テ土民之ヲ埋ムル所ナリ中古此塚上ニ少名彦ノ社ヲ奉祀セリ」とある。これまで気多神とされてきた退治者が、はじめて磐衝別命になり、「射落」すという行為が明記されている。同時に、「三犬」なる言葉がはじめて登場し、「怪鳥」とともに埋葬された塚があったと説明されている。ここにはじめて犬による怪鳥退治説話が誕生したのである。

この史料に登場した犬の名称が「三犬」であることは意味深長である。それは、安政縁起の「矢根三本」を継承したものにほかならない。安政四年(一八五七)の縁起で怪鳥を射落とした「三」本の矢は、三〇数年後の明治二六年(一八九三)の記録のなかで、「三」匹の犬へと改変されていたのである。これ以降、「矢根三本」がまったく書かれることなく「三犬」だけが書き継がれてゆくことが、この推測を傍証してくれるだろう。

実際、「矢根三本」と「三犬」は、『宮谷文書』所収の断簡に併記されている。この文書の前後は残っておらず、年紀も不明であるが、直前に書写された文書に「明治二六年紀元節ノ日謹写」とあるから、明治二六年(一八九三)からほどない時期に書かれたものと考えられる。この断簡には、「命勅テ御発シ玉シ時、嘗テ蓄ヒ玉シ黒白斑ノ三犬ヲ率蓮シ、彼ノ怪鳥射御ノ時、三犬之ヲ咋ヒ殺シ而シテ、各共ニ苑セリ、故ニ土民其功アルヲ以テ、塚ヲ築キ之ヲ埋ム」とあり、「當神社ニ安置スル宝器矢ノ根三本、命怪鳥ヲ射殺シ玉フ時ノ矢ナリ」とも記されている。すなわち、黒・白・斑模様の三匹の犬を率いた磐衝別命が怪鳥を射たとき、三犬が怪鳥を喰い殺したことに加え、羽咋神社に安置されている三本の矢の根が怪鳥を射殺した際の矢であったことが明記される。

「矢根三本」から「三犬」へ。怪鳥に致命傷を与えたものは、三本の矢から三匹の犬へと変容していた。中世以来の怪鳥退治譚は、怪鳥の羽を咋いちぎる犬という羽咋地名由来説へと変容していったのである。

五　水犬塚の誕生

羽咋地名由来説における犬の登場を別の角度からみてみよう。

羽咋神社周辺には「七塚」と呼ばれる塚がある。磐衝別命の墓大塚（御陵山）を中心とした七つの古墳群である。七塚の歴史を整理した〔表1〕を参照しながら、羽咋地名由来説の誕生にせまってみることにしよう。『羽咋郡誌草稿』によれば、七つの塚のなかでもっとも早く登場するのは「皇兒塚」であった。元和年間（一六一五～二四）に磐衝別命の御子である石城別命《いわきわけのみこと》の塚として「皇兒塚」の名がみえる。次に登場するのは姫塚で、同じく『羽咋郡誌草稿』によれば、寛文年間（一六六一～七三）に「蛇池」と呼ばれる池跡の近くに「姫塚」があったという。[注10] 次いで、明治元年（一八六八）につくられた『能登志徴』によれば、「土人」が「七塚」と呼ぶ地があり、「神廟（大塚）」、「姫塚」に「神子塚」を加えた三つの塚の名称が記されている。

七つの塚すべての呼称が登場するのは、それから一〇年あまりを要する。明治一二年（一八七九）の『宮谷文書』所収の「石衝別王御墓所在御調理願之義ニ付旧記書上」によれば、「一、紀曰羽咋尓七墳とて、尊き旧跡あり、大塚ハ垂仁天皇の御子石衝別王乃墓、大谷墳ハ石城別王の墓、稲荷山ハ羽咋姓氏の墓、姫墳ハ御妃ノ墓、薬師堂ハ皇子ノの墓、板子も同じ、八幡社ハ石撞別王の御舘跡なり、之を羽咋の七塚と唱ふなり」とある。ここではじめて「大塚」「大谷観音塚」「稲荷山」「姫墳」「薬師堂」「板子」「八幡社」という七種の呼称が出そろったことになる。

さらに呼称を追っていくと、明治二六年（一八九三）の『羽咋郡誌草稿』で、はじめて「水犬塚」なる呼称が登場する。[注11] 明治一二年（一八七九）と明治二六年（一八九三）の七塚の名称には揺らぎがみられる。「大塚」「大谷塚」「姫塚」「板子塚」「八幡社」は、ほぼ変化がない。残るふたつの塚のうち「稲荷山」は、羽咋姓氏の墓から磐衝別命が大切にしていた「宝塚」に変化している。そして、明治一二年（一八七九）まで「薬師堂」と呼ばれてきた塚が、明治二六年（一八九三）にはじめて「水犬塚」と呼ばれるようになる。明治一三年（一八八〇）の『神社明細帳』で「三犬」が登場したことにより、犬を埋葬した塚が明記されることになったのであろう。〔表1〕から、この七塚の呼称が次第に定着してゆくことがわかる。

安政四年（一八五七）の縁起を端緒に、明治一二年（一八七九）から明治二六年（一八九三）にかけて羽咋神社の縁起が整備されてゆく。羽咋地名由来説は、羽咋神社縁起における「三犬」と「水犬塚」の登場によって、その誕生が跡づけられるのである。

〔表1〕「七塚」の名称と初出史料

和暦	西暦	塚名								出典
元和年間	一六一五—一六二四	王兒塚								羽咋郡誌草稿
寛文年間	一七八九—一八〇一	姫塚								羽咋郡誌草稿
明治一二年三月	一八七九	大塚	岩木塚	姫塚	板子墓					石衝別王御墓所在御調理願ノ義ニ付旧記書上（宮谷文書）
明治一二年八月	一八七九	大塚	大谷観音塚	姫塚	板子	八幡社	稲荷山	薬師堂		石衝別王御墓所在御調理願ノ義ニ付旧記書上（宮谷文書）
明治二六年	一八九三	御陵山大塚	大谷塚	姫塚	板子墓	八幡	寶塚	水犬塚		羽咋郡誌草稿
明治三一年	一八九八	御陵山	大谷塚	姫塚	痛子墓	八幡	宝塚	水犬塚		加能宝鑑（羽咋市史中世・寺社編所収）
大正六年	一九一七	大塚	大谷塚	姫塚	痛子墓	八幡森	寶塚	薬師塚	稲荷塚	羽咋郡誌
昭和三年	一九二八	大塚	石城乃森	姫塚	痛子墓	八幡森	寶塚	薬師塚		官幣中社昇格願書
平成二八年	二〇一六	大塚	大谷塚	姫塚	痛子墓	劔塚	宝塚	水犬塚		羽咋市観光協会ホームページ

六　七夕伝説と川渡し神事

それにしても、「犬塚」ではなく「水犬塚」と呼ばれたのはなぜだろうか。

その謎を解くヒントは、羽咋神社の秋祭にあった。九月一四日の夜、祇園囃子や獅子舞が花を添えるなか、祭神である磐衝別命を乗せた神輿が御座舟で長者川を渡り、八幡神社の三足比咩命《みたらしひめのみこと》のもとへ赴く。年に一度、神輿がしずしずと川を渡る姿は、磐衝別命が三足比咩命に会いに通う天界のロマンティックな光景、すなわち、彦星が織姫と出会う七夕神事を想起させる。

そもそも天の河を渡る七夕とは、水の神への信仰であった。羽咋もまた邑知潟と羽咋川に囲まれた水辺の地であり、川渡し神事は水の神をまつる祭礼としてこの土地にふさわしい。

また、羽咋神社から一キロメートルほど南の唐戸山では、磐衝別命の命日である九月二五日に神事相撲が催されている。▼注[12] 各地から力自慢の若者が唐戸山に集まり、相撲をとって神霊を慰める行事が、約二〇〇〇年にわたって継承されている。相撲は、もともと七夕の行事に付属した余興のひとつであった。垂仁天皇七年（紀元前二三）七月七日に当麻蹶速《たいまのけはや》と野見宿禰《のみのすくね》が力比べをしたのが起源とも伝えられている。七月七日は令に定めた節日のひとつで、一二世紀ころまでは、天皇が宮中で相撲を観覧し、参列の諸臣と饗宴を催す相撲節《すまいのせち》とともに、文人による七夕の賦詩《ふし》の宴が恒例化していた。

さらに七夕伝説は、犬とも深いかかわりをもっている。平安初期の『和名類聚抄《わみょうるいじゅうしょう》』によれば、「彦星」は「イヌカヒボシ」と訓じられていた。鷲座の主星アルタイルとその両側にあるふたつの星は、彦星が二匹の犬を連れている姿に見立てられた。▼注[13] 実際、『近江国風土記逸文』「伊香小江」では、「密かに白き犬を遣りて、天羽衣を盗み取らしむるに、弟の衣を得て隠しき」とあって、猟師が犬を連れ、天に昇った天女の跡を追い天界へと向かう。また、御伽草子『毘沙門の本地』によれば、金色太子が、天人玉姫に会うために天空を飛んで、星々に居所を尋ね求める際、犬を二、三匹腰につけた犬飼星《いぬかいぼし》と出会っている。▼注[14] さらに、肥後天草地方の昔話では、一匹の犬を飼った若者が昇天した天女を追って蔓をたどり、犬が垂らしたしっぽにつかまって昇天する。

加えて、『今昔物語集』や『三国伝記』ほか、列島各地に伝えられる忠犬説話は、水の神をめぐる物語であった。▼注[15] 飼い主を守るために、切られた犬の首が水神である蛇を喰い殺す。龍蛇に喰らいついた犬の首は、水の神への贄であり、七夕伝説の表象であったとみられる。

長者川の川渡し神事と唐戸山神事相撲――。羽咋の地に残るふたつの祭礼は、七夕伝説を介した水の神の神事であった。古代以来、日本で展開した七夕の物語では、犬が重要な役割をはたしていた。「水犬塚」とは、羽咋という地で水の神の神話を伝える呼称でもあったのである。

【注】

[1] 林忠雄『ふるさと羽咋の伝承民俗』(林忠雄、一九八四年)。「羽咋」を記す史料には、『続記』、『国造本記』、『万葉集』、『和名抄』、天平一八年(七四六)の平城宮出土木簡。『先代旧事日本記』国造本記などがある。羽咋市史編さん委員会『羽咋市史　原始・古代編』(北国出版社、一九七三年)。

[2] 羽咋のむかしばなし調査編集委員会編『羽咋のむかしばなし』(ワタナベ印刷、二〇〇六年)、「羽咋の生い立ち」(『広報はくい』、羽咋市、一九八三年六月五日発行)。

[3] 羽咋市史編さん委員会『羽咋市史　原始・古代編』(北国出版社、一九七三年)。

[4] 『能登名跡志』(石川県図書館協会、一九七〇年)。

[5] 浅香年木『古代地域史の研究』(法政大学出版会、一九七八年)、同「気多の神と「異国」の王子」(『歴史手帖』一一―五、一九八三年)。

[6] 羽咋市史編さん委員会『羽咋市史　現代編』(北国出版社、一九七二年)。

［7］近藤喜博「若狭国鎮守一二宮神人絵系図攷」（『国華』六七三〜六七八、一九四八年）など。

［8］石川県鹿島郡誌編纂委員会編『鹿島郡誌』（国書刊行会、一九一七年）、『鹿島町史』（石川県鹿島町、一九六六年）。

［9］二〇一四年一〇月二〇日に羽咋市歴史民俗資料館にて写真版を閲覧・複写したものをもとに翻刻した。

［10］『ふるさと羽咋の伝承民俗』によれば、寛文一一年（一六七一）には、「羽咋」の表記が「喰」から「咋」に統一された時期でもある。どうやら寛文年間（一六六一〜七三）ころに、羽咋と七塚をめぐる何らかの歴史が形成されつつあったことをほのめかしている。

［11］大正六年（一九一七）の『羽咋郡誌』は、石衝別命の墓（御陵山）、大谷塚（石城別王の墓）、姫塚（三足比咩命の墓）、寶塚（石別命が愛玩していた什器を埋めた塚、稲荷山ともいった）、痛子塚（皇子の墓）、八幡森（石撞別命の舘址）、水犬塚（怪鳥退治のときの三犬を埋めた塚、又の名を薬師堂）とある。しかし、これらの塚の記述の後に、七塚について『羽咋郡誌』では「大塚、大谷塚、姫塚、寶塚、稲荷塚、痛子塚、八幡森、薬師塚を七塚」とする。また、『羽咋市史　原始・古代編』では、稲荷塚は、寶塚の別称として扱われるようになっている。

［12］羽咋村より一宮村へ越す往来脇なる小高き岡山に、唐戸堀といふて、から堀の如き窪みあり。（中略）文化一四年（一八一七）郡方調書に、唐戸山は羽咋村領砂山にて、本念寺より凡五町五〇間程相隔。地名を唐戸山と唱申とあり。『能登志徴』より引用。羽咋村から一宮村へ越す往来となる脇の小高いところに、唐戸山掘という窪みがある。文化一四年（一八一七）の郡方調書によると、唐戸山は羽咋村領砂山で本念寺から約五町五〇間のところにあり、地名を唐戸山というう。唐戸山が窪地なのは、磐衝別命の墓をつくるために、その山の砂を運んだためと伝わる。羽咋市ホームページ（http://www.city.hakui.ishikawa.jp/）参照。

［13］野尻抱影『日本星名事典』（東京堂出版、一九七三年）、勝俣隆「七夕の伝説の発生と変容」（『古事記年報』四九、二〇〇六年）。

［14］沢井耐三「『毘沙門の本地』天界遍歴譚」（『国語と国文学』八二―一二、二〇〇五年）。

［15］黒田智「水の神の言説、天の河の表象」（『人民の歴史学』一九九、二〇一四年）。

第五章　水犬の怪鳥退治――羽咋地名考

第六章……変容する聖地の夢と霊験

『江島五巻縁起』と仏牙舎利請来譚

——慈悲上人良真と実朝の夢

❖鳥谷武史

中世の弁才天信仰における重要な霊地のひとつであった江島。この地の由緒を語った「江島縁起」には、仮名本系と呼ばれる一群がある。これらの縁起には、良真《りょうしん》という僧を主人公とする独自の物語が含まれる。その背景には、鎌倉幕府三代将軍源実朝が抱いた夢が大きくかかわっていた。良真の物語は、どのような意味をもつのだろうか。本稿では、「仏牙舎利《ぶつげしゃり》請来譚《しょうらいたん》」をキーワードに、仮名本系の成立過程をひもとく。——米田結華

一　良真遷宮譚

列島各地に広がる弁才天の霊地については、一四世紀前半成立の『渓嵐拾葉集《けいらんしゅうようしゅう》』巻第三十七「六所辨財天《ろくしょべんざいてん》

事《のこと》」に「天川紀州、嚴島安藝、竹生島江州、江島相州、箕面摂州、背振山肥州」とあり、六カ所の重要な霊地が知られている。[注1] このうち天川・厳島・竹生島・江島は、おのおのの縁起が詳述されていることから、中世にはとりわけ重要な霊地であったとみられる。そのなかでも唯一、東国に所在するのが江島である。

「江島縁起」は、神奈川県藤沢市にある江島の草創を弁才天の利益とともに語った縁起である。[注2] 現存する「江島縁起」は、大きく四系統に分類することができる。

Ⓐ真名本系　『相州《そうしゅう》津村《つむら》江之島《えのしま》縁起《えんぎ》』（金沢文庫蔵）、『江島縁起』（江島神社蔵）
Ⓑ仮名本系　『江島《えのしま》五巻《ごかん》縁起《えんぎ》』（岩本楼蔵）、『江島五巻縁起』（江島神社蔵）
Ⓒ派生系　『相州《そうしゅう》得瑞嶋《えのしま》上之宮《かみのぐう》縁起《えんぎ》』（江島神社蔵）、『相州江島弁財天縁起』（岩本楼蔵）
Ⓓ現存不明　『江島縁起』（相州大山寺旧蔵）、『江島大縁起』（江島下之坊旧蔵）

Ⓐ真名本系は漢文体で記され、Ⓑ仮名本系は漢字仮名交じりあるいは平仮名によって記されている。Ⓒ派生系は、Ⓐ・Ⓑそれぞれをもとにして改変を加えたとみられるものである。Ⓓ現存不明とは、史料に記録が残っているものの、現存を確認できないものである。

これらのうちもっとも早く成立したのは、Ⓐ真名本系とみられる。Ⓐ真名本系は、ⓐ五頭龍《ごずりゅう》の暴虐、ⓑ江島の創造、ⓒ島を訪れた僧侶の物語、ⓓ旧跡記という四つの内容から構成されている。ⓐでは、神武天皇の代以来、相模国を拠点に悪逆非道の限りを尽くした五頭龍の物語が語られる。ⓑでは、欽明天皇一三年（五五二）[注3]に、人びとに猛威をふるっていた五頭龍が弁才天によって改心させられたあらましが説かれる。ⓒでは、役行者・泰澄・道智・空海・円仁・安然が相次いで島を訪れ、江島明神（弁才天）の神威を目の当たりにする様子が描かれる。ⓓでは、江島の景観をあげつつ、その由緒が語られる。ほかの系統の諸本は、Ⓐ真名本系を増補・改変するかたちで成立したと考えてよさそうである。

Ⓑ仮名本系には、ⓓ旧跡記がないかわりに、慈悲上人良真なる僧による遷宮の物語が新たに付加されている。岩本楼所蔵『江島五巻縁起』から該当部分を引用しよう。▼注〔4〕

〔史料1〕

❶抑竜宮宇賀弁才天女者、文徳仁寿第三慈覚大師の草創よりこのかた正治元年にいたるまて、三百七十三年の暦なり。爰に慈悲上人良真、往昔の法式をとふらはんかために、勇猛精進の志を専にして修行する事一千余日の間畢。其時土御門御宇建仁二年七月十五日夜寅剋はかりに、巌堀のうゑに紫雲わき出て、室中のあひたに異香みてり。光明赫奕として天をてらし、金色皓然として地をかゝやかす。天女壇上に現し、童子左右にはんへり。天女妙音声をいたして、上人につけてのたまはく、此壇所今代には聖天岩屋白狐石とかうす、又は一本松となつく。説一偈曰、昔在霊山名法華　今在西方名弥陀　濁世末代観世音　垂跡宇賀弁才天、我むかし末世の一切衆生を済度せんかために此山の頂に住けり。行者なきによりて其後一宇の社壇はゑし畢ぬ。雨露の難にたゝす。汝われにかなへりと云云。上人難為大悲誓約感涙難押、竭仰の首を地につく。而後高嶺にのほりて、天女のつけのことくかの旧跡をたつねて社壇をたつと云云。

❷元久元年二月上旬の比、千里の波濤をわたりて大唐にいたり、慶仁禅師《けいじんぜんじ》に参て受法了。其後彼嶋の画図を披見せしむ。仁禅師曰、汝不言知ぬ。我不聞に悟ぬ。日本国に補陀落《ふだらく》の楼閣、彼嶋たるによりて大慈大悲の観世音垂跡宇賀弁才天女あらはれ給。まことにこれ言語道断の霊地なり。社壇の北の谷にあたりて一池あり。池より巽の山の尾にあたりて一の荒石あり。その姿蝦蟆の形たり。一切の障碍神也。池の乾に社を荒石に向て建立せしむへし。往昔の誓約如是。弘誓明石其長五尺其広三尺地鎮幷伝渡師子石像。此師子の異形なり。戸をまほる相あり。荒石の乱麁を降伏せんかためなり。上人帰朝の後、仁和尚の教にまかせて、

すなはち将軍に命して、□跡にかさねて社壇をひらく。
❸建永元年丙寅七月上旬遷宮したてまつる。荘厳至妙にして昔に超過けり。自小以来国土安穏当国繁昌其例稀也。彼嶋といふは関東宇賀神主の住所、本地釈迦如来如意輪観世音の化身、一切衆生の悲母福徳を三千界にみて、慈悲を遍法界に放布す。衆生を憐愍し給ふ事、なをし一子のことし。十五童子三万五千の眷属鎮に圍繞し、帰依の人を守護、竭仰の輩、面々挙無数威徳、任意願授所望、恩海漫々経劫巨竭。徳嶺峨々巨石何隣哉。誰人不帰彼尊、何客不運歩哉。

良真の遷宮譚は、❶慈悲上人江島参詣譚、❷慈悲上人受法譚、❸社殿再建譚、という良真にまつわる三つの時期の事績からなる。

❶正治元年（一一九九）から約三年の間、慈悲上人良真は江島に滞在した。建仁二年（一二〇二）七月一五日寅刻、千余日におよぶ修行を終えた良真は、紫雲たなびき、異香ただよう岩窟から、左右に童子をともなった弁才天女が影向《ようごう》するのを目の当たりにした。天女がいうには、「昔、末世の衆生を救済せんがために観音の垂迹《すいじゃく》である宇賀弁才天がこの山の頂にすんだが、行者がいないために社壇が荒廃してしまった」。良真は、天女のお告げにしたがって社壇を建てなおした。

❷元久元年（一二〇四）二月上旬、良真は、千里の波濤を越えて唐へわたり、慶仁禅師より教えを授かった。その際に江島の図を見せたところ、慶仁禅師は、「日本の補陀落であり、観音菩薩の垂迹で、宇賀弁才天が示現する霊地である。社壇の北の谷にある池の乾の山裾の荒石に向かって社殿を建てるべきである」と伝えたという。良真は、帰国後に慶仁禅師から社壇建立の教えを守り、将軍に命じて社壇を開いた。

❸建永元年（一二〇六）七月上旬に遷宮をおこなった。その荘厳至妙なることはかつてに勝るとも劣らず、江島は関東宇賀神の住所として、その功徳をあまねく一切におよぼすこととなった。

この良真遷宮譚は、一三世紀初頭の出来事として設定された縁起譚であった。それは、Ⓐ真名本系のなかでもっとも新しい安然《あんねん》の参詣記事よりも三世紀以上ものちの時代となる。Ⓐ真名本系縁起譚は、役行者が江島に参詣した養老七年（七二三）から安然が参詣した元慶五年（八八一）まで、約一五〇年間の事績について叙述している。Ⓑ仮名本系がこれら八、九世紀の事績から遠くへだたった正治元年（一一九九）の良真参籠の記事を収録したのはなぜだろうか。良真遷宮譚は、Ⓐ真名本系とは異なる背景をもって制作されたⒷ仮名本系の成立を探る上で、きわめて重要な手がかりとなるはずである。

二　江島の遷宮と『吾妻鏡』

良真が江島に参籠するわずか一〇年ほど前に、江島とは指呼の距離にある鎌倉に幕府が開かれた。鎌倉幕府の公式記録である『吾妻鏡』には、一三世紀初頭の江島に関する記事が頻出している。以下に列挙してみよう。

①文覚による大弁才天勧請（一一八二年）　養和二年（一一八二）四月五日から二六日まで、源頼朝は従者を率いて江島を訪れ、藤原秀衡の調伏祈禱をおこなわせるため、文覚に大弁才天を勧請させた。

②源頼家の江島参詣（一二〇一年）　建仁元年（一二〇一）六月一日、将軍源頼家が江島に参詣した。

③鶴岡八幡宮供僧による請雨祈禱（一二〇八年）　承元二年（一二〇八）六月一六日条によれば、前月からまったく降雨がなく、旱魃によって耕作が困難であったため、源実朝の命で鶴岡八幡宮の供僧たちが江島の龍穴で請雨の祈禱をおこなった。

④江島と本州の地続き現象（一二一六年）　建保四年（一二一六）一月一五日に江島明神の託宣があり、本州と江島が地続きになった。

⑤実朝の御台所の江島参詣（一二一六年） 同年三月一六日には、源実朝の御台所が江島に参詣した。

これら①から⑤までの五つの事績は、いずれも「江島縁起」の諸本には書かれていない。逆に、良真が正治元年（一一九九）から江島に滞在し、入宋後の建永元年（一二〇六）に将軍実朝にはたらきかけて遷宮が行なわれたとする「江島縁起」のⒷ仮名本系の記事は、『吾妻鏡』に書かれることがない。

ⓑ仮名本系における良真遷宮譚は、正治元年（一一九九）から元久元年（一二〇四）までのこととされているから、①よりも後で、②と相前後していたことになる。良真遷宮譚よりも後の事績となる③・④・⑤がⒷ仮名本系に収録されなかったのは、Ⓑ仮名本系の方が先に成立していたからとも考えられる。しかし、①・②に関しては、明らかに良真遷宮譚の成立以前に起きていた。特に②は、良真が江島に参籠している期間に将軍頼家が参詣していたことになる。『吾妻鏡』と「江島縁起」には、相異なる江島の事績が書き記され、少なからぬ矛盾が生じているのである。

江島で起きた出来事がⒷ仮名本系に記録されていないのは、その事績があえて縁起の内容から外された、もしくは制作者がその事績を知らなかったことになるだろう。逆に、Ⓑ仮名本系が書き記した遷宮について、『吾妻鏡』にその痕跡を見いだせないのは、編纂者が遷宮の内容をあえて省いたか、もしくは良真の事績そのものが事実でなかった可能性がある。遷宮は、当時の鎌倉幕府将軍源実朝の助縁を受けた一大事業であり、社殿そのものが後世まで残っていることを考慮すれば、前者の可能性は低いだろう。となれば、遷宮譚の真偽について検討しなくてはならない。

三　良真と仏牙舎利請来譚

『江島五巻縁起』によれば、慈悲上人良真《じひしょうにんりょうしん》は、❶江島参籠後に弁才天のお告げを受け、❷宋の慶仁禅師から社壇建立の教えを授かり、❸帰国後に鎌倉将軍の助縁を得て社殿を建立し、遷宮したという。実は、一四世紀の成立とみられる『仏牙舎利起』や『智覺普明國師語録《ちかくふみょうこくしごろく》』には、良真が登場する別の逸話が載せられている。以下に『智覺普明國師語録』巻第八を引用しよう。▼注〔5〕

〔史料2〕

于此日本相州鎌倉都督右府将軍源實朝夢。度大宋國到一寺。則長老陞座説法。實朝向僧問此寺號。答曰。能仁寺。又問長老名。答曰。道宣律師。又問。律師入滅年久。何得現在。答曰。聖者生死無差別。今有律師再誕。汝知之乎。答曰。不知。僧曰。日本鎌倉實朝将軍也。又問。左邊侍者是誰。僧曰。鎌倉良眞僧都。實朝夢覺成奇異想處。良眞夢此趣。壽福寺開山千光和尚亦夢之。三夢依相同。實朝信之。爾來希拜瞻張瓊所獻道宣律師之牙舎利。乃作大船。積美木金銀貨財等。度十二人於大明國。到京師能仁寺。則衆皆問曰。因何到此哉。使者竊説夢。由是來獻此美木金銀貨財。願一年可借賜佛牙。明年復積美木金銀貨財來獻。應返謝舎利。一衆議而以借與使者。傳受之歸朝。乃立飛脚報實朝。實朝甚歡。出舘待小田原。奉載舎利於神輿歸鎌倉。便建寺名大慈安舎利。

『智覺普明國師語録』は、足利義満の信任を受けた南北朝期の臨済僧春屋妙葩《しゅんおくみょうは》（一三一一〜八八）の語録である。あるとき、鎌倉幕府三代将軍源実朝が夢を見た。夢のなかで、実朝は宋の一寺院にいて、ひとりの長老の説法に聴き入っていた。長老は能仁寺の道宣律師と名のり、自分は死して久しいが、聖者は生死を超えて、今また日本の鎌倉の実朝将軍に生まれ変わったという。また、そのかたわらにいるのは、鎌倉の良真僧都《りょうしんそうず》である。夢覚めて、実朝が奇異に思っていると、良真も、寿福寺《じゅふくじ》開山の千光和尚《せんこうおしょう》（栄西）もまったく同じ夢をみたという。三人が同じ夢をみたので、実朝はこれを信じ、道宣律師の牙舎利を礼拝したいと望んで、大船に「美木金銀貨財」を積み、一二人の使者を明に送った。能仁寺に到着して夢の話をうちあけ、仏牙を借り受けたいと請うと、翌年には財貨を献じて舎利をもらい受けることとなった。実朝は大いに喜んで小田原まで迎えに出て、舎利を神輿に奉載して鎌倉へと戻り、寺院を建立して安置した。

　これは、大陸から鎌倉円覚寺へ仏牙舎利を請来する物語である。実朝が将軍職にあった建仁三年（一二〇三）から建保七年（一二一九）までの期間に設定されている。この円覚寺の仏牙舎利請来譚《ぶつげしゃりしょうらいたん》と「江島縁起」の良真遷宮譚とは、一三世紀初頭の良真と実朝にまつわる入宋の物語である点で共通している。とはいえ、良真遷宮譚では入宋後に良真から実朝に江島遷宮をはたらきかけるのに対して、仏牙舎利請来譚では実朝の夢をきっかけに入宋が企てられており、入宋の意味づけも異なっている。また、「江島縁起」に仏牙舎利に関する記述はなく、『智覺普明國師語録』に、良真が一二人の入宋使節に加わっていたかは記されない。

　ただし、実朝が宋に対してひとかたならぬ憧れを抱いていたことは『吾妻鏡《あづまかがみ》』にみえる。建保四年（一二一六）一一月二四日条には、実朝が前世の居所としていた宋の医王山を拝するために、宋へ渡ることを思いつき、陳《ちん》和卿《なけい》に唐船の建造を命じたとされている。翌建保五年（一二一七）四月一七日条では、陳和卿が唐船を完成させて由比ヶ浜から進水させるにあたって、実朝自身も臨席した。しかし、昼から夕方になっても唐船を浮かべることができないまま、実朝は帰家し、船体は砂浜でいたずらに朽ちはててしまったという。

　また、時代は降るが、享保四年（一七一九）に編纂された『高野春秋編年輯録』によれば、建保六年（一二一八）一二月に葛山五郎景倫《かずらやまごろうかげとも》が実朝の使節として宋へ渡るため、筑紫国に向かったという。▼注[6]

源実朝は、かねて前世の因縁を宋に求めて渡海を企てていた。実際、建保年間（一二一三～一八）には宋人の陳和卿に命じて唐船をつくらせたが、進水時のトラブルによって渡宋計画は頓挫してしまっていたのである。実朝の仏舎利請来譚が、この『吾妻鏡』の渡宋計画失敗のエピソードをもとに脚色されたのはまちがいあるまい。実朝の宋への憧れが、後世に仏牙舎利請来譚を生み出した。それは、「江島縁起」の良真遷宮譚とも無関係なものではなかろう。

四　変容する仏牙舎利請来譚

仏牙舎利の請来にまつわる因縁譚は、さらなる変容をとげる。享保一三年（一七二八）成立の『正続院仏牙舎利記』「唐船修造付実朝卿使節ヲ大宋国ニ遣シ玉フ事」をみてみよう。▼注〔7〕

〔史料3〕

去程ニ、実朝卿ハ前生ノ御住所唐土ヲ慕セ玉ヒ、一度渡宋マシマサント、すでに思召タ、レシカハ、北条相模守義時、同舎弟武蔵守時房、サマ〳〵諫メ玉フトイヘトモ、曾テ御許容ナク、同キ十一月二十四日、宋人陳和卿ニ仰付ラレ、唐船ヲ作ラセラル。又御供ノ人々六十余人ヲ定メラル。結城左衛門尉朝光、仰ニヨツテ其人数ヲ選ヒケリ。（中略）泰時ノタクミニヨツテ動カザルヤウニ拵ヒタレバ、午ノ刻ヨリ申ノ刻ニ及トイヘドモ、此船カツテハタラカズ。（中略）渡宋ハ思召トマラセシカトモ、猶モ宿意ヲ果サレンカ為、十二人ノ使節ヲ大宋国ニツカハサル。所謂葛山ノ願成ヲ頭トシテ、雪下ノ良真僧都、大友豊後守、小弐孫太郎、小山七郎左衛門尉、宇都宮新兵衛尉、菊池四郎、村上治郎、三浦修理佐、海野小太郎、勝股兵庫助、南条治郎等トソ聞ヘシ。此輩金銀貨財ヲ多ク給リ、材木器用ヲ載セテ、終ニ唐ニゾオモムキケル。

『正続院仏牙舎利記』は、円覚寺の塔頭である正続院の由緒を記したものである。正続院とは、実朝が宋より請来したとされる仏牙舎利を納めるため、九代執権北条貞時《ほうじょうさだとき》が建立した祥勝院《しょうしょういん》の後身である。

源実朝は、前世の居所であった宋に思いをはせていた。北条義時や時房が再三にわたって諫めても聞かず、建暦元年（一二一一）一一月二四日には陳和卿に唐船の建造を命じて、六〇余名の乗船者を定めた。しかし、北条泰時の企みによって大船は動かず、実朝一行が乗船することはかなわなかった。実朝は渡宋を思いとどまったものの、葛山景倫《かずらやまかげとも》や良真僧都以下総勢一二名の使節が金銀貨財や木材器用を積載して宋へ遣わされたという。〔史料3〕は、〔史料2〕の『仏牙舎利起』や『智覺普明國師語録』の仏牙舎利請来譚を増補したものである。『吾妻鏡』における実朝の渡宋計画、陳和卿による造船と失敗のエピソードは、一四世紀に仏牙舎利請来譚に変容した。その後、一八世紀前半までには、具体的な年代を明示し、人物の情報を付加するなど、改変・増補が加えられてきたものとみられる。

良真は、『吾妻鏡』の実朝渡宋計画にはまったく登場しない。一四世紀の仏牙舎利請来譚においても、実朝の夢語り共同体のひとりとして登場するだけで、入宋の記録はない。ところが、〔史料3〕では、良真を「雪下ノ良真僧都」と称する鎌倉鶴岡八幡宮の供僧にあて、一二人の使節団のひとりとして渡宋したという。良真は、鎌倉将軍実朝の渡宋という夢を共有し、実朝に代わって渡宋をはたす使節団の中心人物になっていたのである。『江島五巻縁起』で語られた内容が、どこまでが真実であるかは判然としない。しかし、良真が建立した社殿は、後世に下之坊という呼称で伝存した。岩本坊を開いたとされる空海や、同じく上ノ坊を開いたという円仁にくらべると、良真は著名とはいいがたい人物である。良真という無名の僧をあえて下ノ坊を開いた人物としたのは、良真による下之坊の開創が歴史的事実であった可能性をさし示すものなのかもしれない。

しかし、一四世紀から一八世紀までに至る仏牙舎利請来譚から、「江島縁起」で語られた内容すべてが事実ともしがたい。仏牙舎利請来譚の変容のなかで創造されていった架空の良真像こそが、「江島縁起」仮名本の良真遷宮譚であったと考えられる。
仏牙舎利請来譚が「江島縁起」に強い影響をおよぼしていたことは、金沢文庫所蔵『相州得瑞嶋上之宮縁起』[注8]にもみることができる。

〔史料4〕

抑新宮宇賀辨才天女者、文徳天皇仁寿第三慈覺大師の草創より土御門院正治元年にいたるまて、三百七拾三年の暮暦を経たり、その間に中絶し、宮祠朽滅せり、ここに慈悲上人栄西僧正、往昔の法式をとふらはんが為に、勇猛精進の志を専にして、嶋山の南東の麓海邊の巖下におゐて一宇の壇場を建て、修行し給ふ事一千餘日州

〔史料4〕は、金沢称名寺に伝えられた江島の霊験を語るテキストで、成立は一七世紀末から一八世紀前半にさかのぼるとされる。[注9]『江島五巻縁起』で良真が江島に参籠した事績は、〔史料4〕では「慈悲上人」という呼称はそのままに栄西の事績として書き換えられている。良真と栄西は、〔史料2〕の『仏牙舎利記』で実朝と同じ夢を共有した者たちであった。加えて、鎌倉将軍と深い関係をもち、かつ渡宋経験のある僧となれば、入宋の年代は異なるものの、栄西が良真の代役としてふさわしい人物といえよう。仏牙舎利請来譚における夢語り共同体が、江島の遷宮譚における混同を生み出していたのである。

「江島縁起」仮名本の良真遷宮譚は、下之坊を開いた良真を主人公としたものであった。その原話は、三代将軍源実朝が前世の因縁から宋への渡航を希求し、唐船の建造に着手しながらも失敗したというエピソードにあった。この実朝の渡宋計画は、一四世紀に禅僧の語録に記録され、実朝が宋の仏牙舎利を日本へもたらす使節を派遣したとする仏牙舎利請来譚へと変化をとげた。良真は、実朝と同じ夢をみた夢語り共同体のひとりに

すぎなかったが、一八世紀になると、実朝に代わって入宋した使節のひとりとして具体化されてゆく。「江島縁起」仮名本の良真遷宮譚は、入宋に憧れた実朝の夢から生まれ、仏牙舎利請来譚とからみ合うことで生み出された、武士の都鎌倉の聖地にまつわる霊験譚だったのである。

【注】


［1］『大正蔵』七六、六二六b。

［2］本稿では、真名本・仮名本をはじめとする諸本を総称して「江島縁起」と表記する。なお、「江島縁起」諸本の翻刻と紹介については、服部清道氏によって公表された一連の研究成果が目覚ましい（後掲注4など）。

［3］『日本書紀』に説かれる仏教公伝の年と重なる。

［4］服部清道編『藤沢市史資料』二〇（藤沢市教育委員会、一九七六年）。

［5］『大正蔵』八〇、七二四c—七二五a。

［6］『大日本仏教全書』一三一（名著普及会、一九八一年）。

［7］『仏教説話集成』一（国書刊行会、一九九〇年）。

［8］向坂卓也「相州得瑞嶋上之宮縁起について——翻刻と紹介」（『金澤文庫研究』三一九、二〇〇七年）。

［9］前掲注8。

コラム④

歴史教材の作り方

村井淳志

編者から「歴史教材の作り方」というお題をいただいた。初等社会科教育法で学生に模範として見せるためにつくった、パワーポイント（以下、PPTと略）教材「人類史における定住革命――地球上で初めて定住を開始したのは縄文人だった！」を例に、「教材の作り方」という自分のなかの暗黙知を、可視化してみたい。

PPTの教材はいずれも、スライドの枚数が一〇〇枚を超え、製作に何か月もかかる。完成した暁のことを想像するとワクワクなのだが、作業自体は根気の要る、肩の凝る苦役であるのもたしか。乗り切るためには、最初に教師自身のエネルギーに点火が必要だ。それは「驚き」と「感動」であり、「この驚きと感動を、何としても、子どもと共有したい！」という渇望である。

「人類史における定住革命」教材づくりのきっかけは、西田正規『人類史のなかの定住革命』（二〇〇七年、講談社学術文庫、初出は『定住革命――誘導と定住の人類史』一九八六年、新曜社）を読んだときの「驚き」と「感動」だった。直立二足歩行する人類が地球上に出現したのは五〇〇万年前。ところが定住を開始したのはわずか一五〇〇〇年前。人類史の九九パーセント以上が定住以前＝遊動生活であることが、子どものころから不思議だった。教科書には「最後の氷河期が終わり」「食べられるものが増え」「定住を開始した」と説明してある。こんな説明はインチキ。氷河期だって地球全体が氷におおわれていたわけではない。この説明が正しいなら、赤道付近の、氷河期でも暖かい地方に最古の定住遺跡が見つかるはずだが、そんな痕跡はどこにもない。

授業のストーリーはこんな具合だ。

①当時の技術水準からすれば、季節変化に対応し、狭い行動範囲で食料を調達しなければならない定住生活はきわめて困難であり、遊動生活の方がはるかに容易で合理的であった。

②しかし氷河期の終了で大陸から切り離され、日本列

島に取り残された縄文人はやむを得ず定住生活を開始せざるを得なかった。
③縄文人は、漁具や斧（磨製石器）、土器の発明によって、困難な定住生活を克服した。
④人類史では農業の開始を、工業革命（Industrial Revolution）と呼ぶが、農業の開始は定住の結果にすぎず、人類史におけるより大きな飛躍は「遊動から定住へ」だと考えられるので、この変化を「定住革命」と呼ぼう。

いずれも、わたしにとって五〇年来の疑問をことごとく氷解させる答えであり、まだ定説になっていないとしても、きわめて魅力的な仮説である。縄文時代が新石器時代であるにもかかわらず本格的な農業開始以前である理由も、これで解けてしまう。

感激が薄れないうちにＰＰＴで教材づくり。ＰＰＴをはじめて使ったのは、Office 2007年版でだった。「社会科の授業は革命的に変わる！」と確信したが、残念ながら、全然そうはならなかった。教師たちは、ＰＰＴを、板書の手間を省くために使うだけ。これでは意味がない。ＰＰＴの最大の魅力は、映像資料を大写しして子どもに見せられることだ。

かつて、子どもに映像資料を見せるのは大変だった。自分が撮った写真はＤＰＯ屋でスライドにしてもらえたが、一枚二五〇円くらいはした（一九八五年ごろ）。一〇枚つくればその一〇倍。結構なお金がかかったし、映写機も自分で用意するしかなかった。本に掲載された小さな写真を見せるには、コピーして印刷して配布。説明の途中でパッと見せて、説明の勢いを削がない見せ方はできなかったのだ。

ＰＰＴの登場は、そうした社会科教師の長年の悩みを一挙に解決するツールだった。声や文字だけの説明と、プラス映像の説明では、説得力がまったく違う。ＰＰＴは基本的に、映像資料を見せるためのツールなのだ。アニメーション機能を使えば、説明文を、映像の先に見せるか後に見せるか選択できるのも魅力だ。

凝ってくると、だんだん映画を製作しているような錯覚を覚える。完成したパワーポイント教材で説明しているとき、教師はあたかも、無声映画の弁士になるのだ。一度作品化してしまえば何度でも使えるし、教師仲間でシェアすることも可能だ。コピーも簡単。

二〇代のうちに頑張って、多くの単元でＰＰＴファイルをつくってしまえば、君はもうスーパーティーチャー！

第三部　歴史史料の可能性

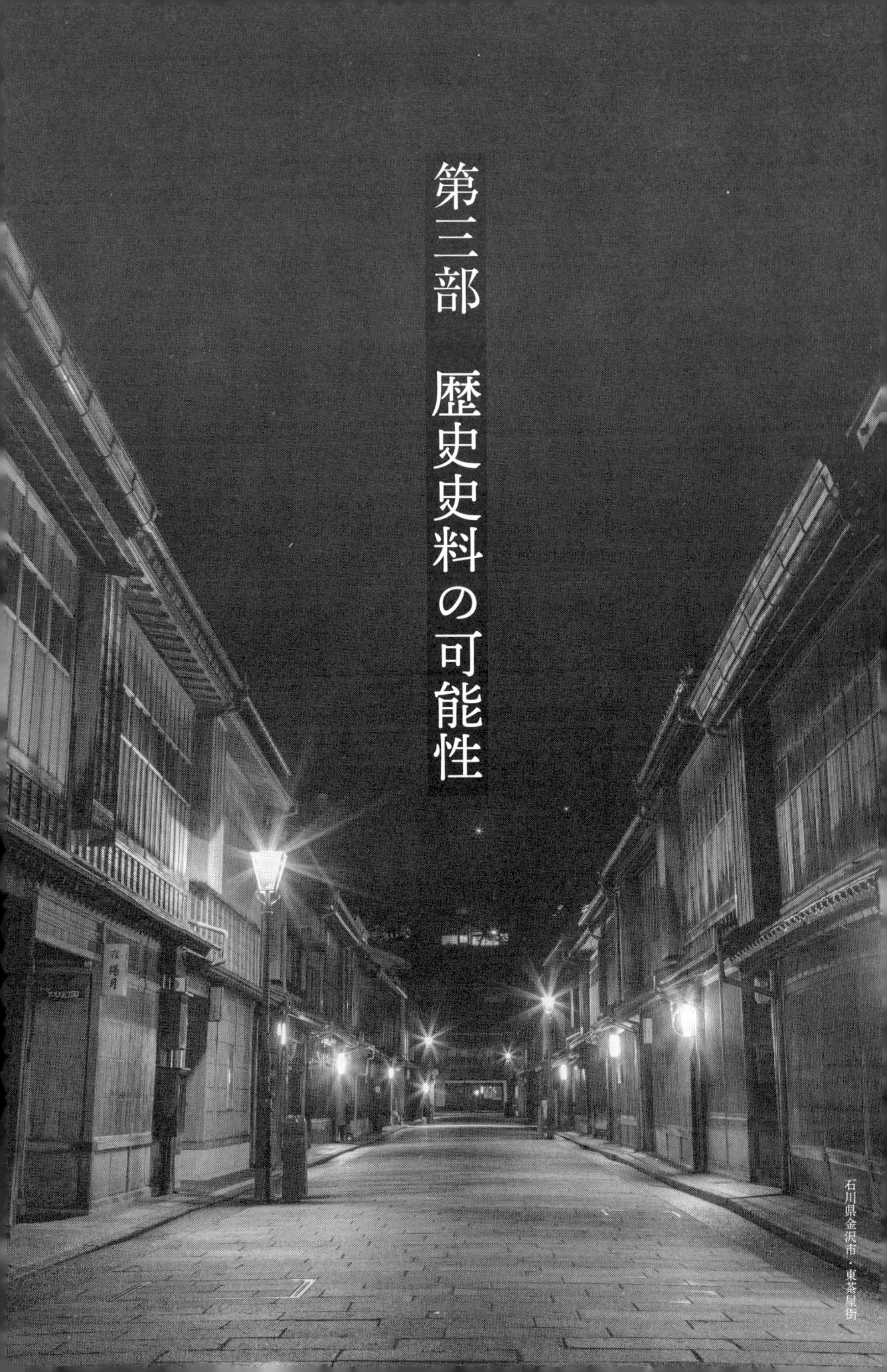

石川県金沢市・東茶屋街

第一章……帳簿にみる民衆のたたかい

能登土田荘公用銭状の研究

❖山科建太

激動の戦国時代の最中。武士同士だけではなく、領主とそこに住む人びとの間にも争いがあった。ことの発端は年貢収納。本稿では、「能《の》登《と》土田《つちだ》荘《のしょう》公用《こうよう》銭状《せんじょう》」の発給数と記載を分析し、領主と村人の関係の変遷を探っていく。公用銭状が残っていない大きな空白期、その前後で年貢の納め方は変化していた。鍵を握るのは、京都の有力者である野洲井氏の介入。それに対抗して、惣的《そうてき》な結合である寄合《よりあい》によって公用銭を獲得するようになった土田荘民。野洲井《やすい》氏と土田《つちだ》荘《のしょう》民《みん》との間でくり広げられた公用銭をめぐるせめぎ合いとは。——山田鈴紗・山本湧也

一　土田荘公用銭状

京都上賀茂社は、列島各地に約五〇カ所もの荘園を有していた。▼注[1] これらの社領荘園のひとつに能登国土田荘がある。土田荘の荘域は、現在の石川県羽咋郡志賀町の矢駄賀茂神社《やだかもじんじゃ》（旧貴船神社）を中心に矢駄地区から北に隣接する倉垣《くらがき》、安津見《あづみ》地区、さらに海沿いの百浦《ももうら》地区を含む地域と考えられている。

土田荘は、寛治四年（一〇九〇）に朝廷が寄進した社領荘園二一カ所のうちのひとつであったといわれている。保延年間（一一三五～四一）から同社正祝《しょうほうり》賀茂成兼《かものなりかね》が社恩として知行しており、領家・預所職は賀茂社家に相伝された。保元元年（一一五六）の保元新制により荘域を削減されたが、寿永三年（一一八四）に源頼朝によって上賀茂神社の社領荘園として安堵されて以降、戦国期に至るまで維持された。▼注[2]

中世土田荘については、『賀茂別雷神社文書《かもわけいかづちじんじゃもんじょ》』に膨大な関係史料が収められており、とりわけ中世後期に集中している。▼注[3] そのうち、大半を占めているのは、京都に送られた公用銭状とその請取状、公用銭の運上にかかわる書状や誓約書などである。▼注[4] 土田荘の年貢は、荘園領主から請け負った代官によって京都に銭納されていた。▼注[5] 賀茂使は、守護請となっていた土田荘に下向し、数カ月ほど滞在して公用銭の徴収に奔走し、能登守護畠山氏の代官から公用銭を受け取って京都の上賀茂社へ運上していた。一公用銭の貢納は比較的安定しており、同じ賀茂社領の加賀金津荘にくらべて納入額も高額であることから、土田荘は、中世後期の上賀茂社の経営を支える重要な基幹社領だったといえよう。

この年貢収納の際に作成されたのが公用銭状である。公用銭状とは、徴収された年貢がどのように分配されたかを記した帳簿である。最初に、土田荘公用銭状の残存状況をみてみよう。

土田荘公用銭状は、一五世紀末から一六世紀末までの約一〇〇年間にわたって作成され、およそ一〇〇通ほどが現存している。公用銭状の初見は文明一七年（一四八五）で、永正元年（一五〇四）までほぼ毎年複数回の公用銭状が発給されている。ところが、永正元年（一五〇四）から永禄三年（一五六〇）までの約六〇年間では、永正一二年（一五一五）、天文一〇年（一五四一）、天文一三年（一五四四）のみの数通にとどまる。続く永禄四年

［グラフ1］公用銭状発給数と年間収納額（公用銭合計額）

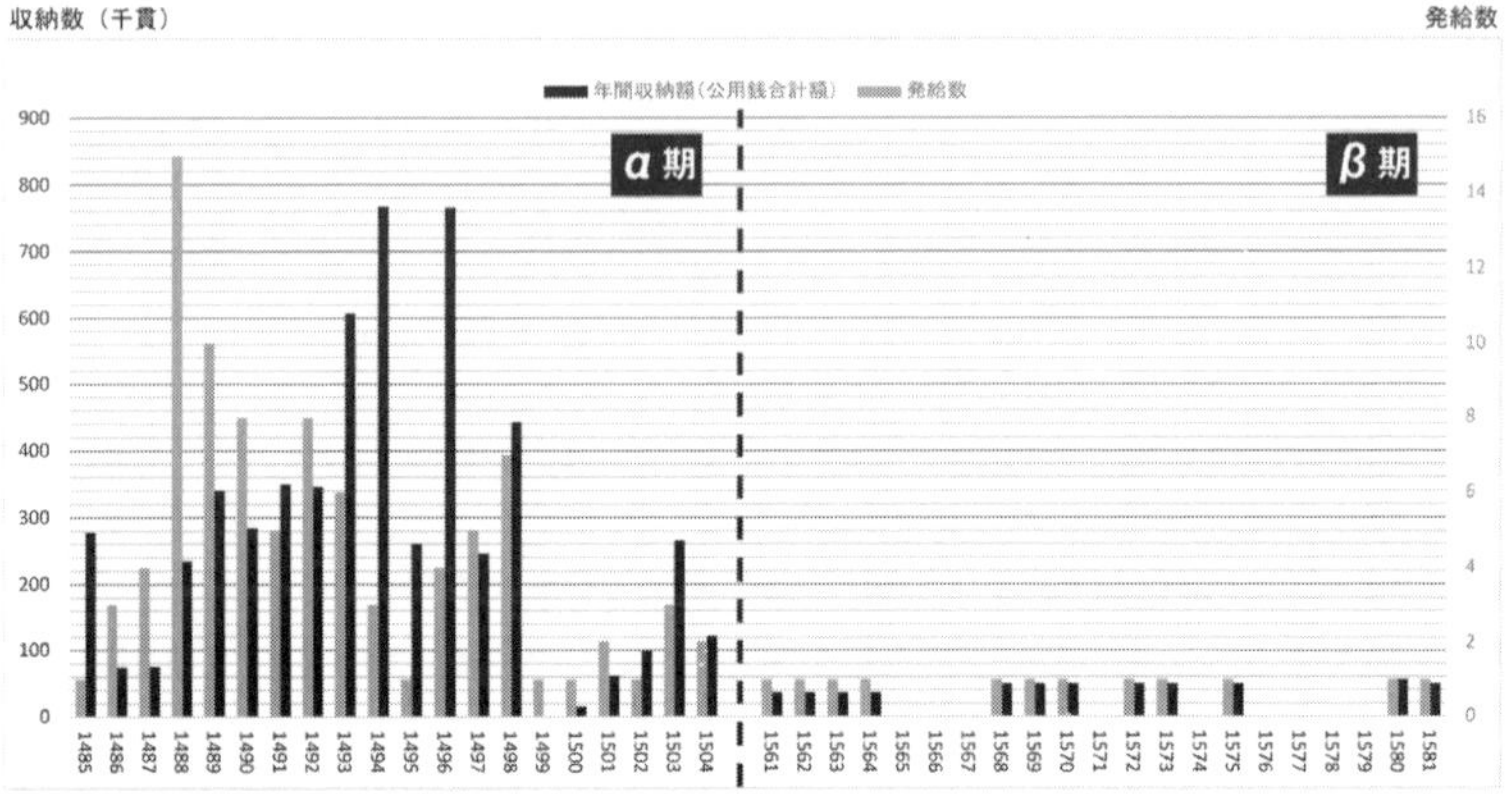

（一五六一）からふたたび断続的に発給が確認できるようになり、天正九年（一五八一）を最後に公用銭状は消滅している。こうしてみると、現存する公用銭状は、文明一七年（一四八五）から永正元年（一五〇四）までのα期と、永禄四年（一五六一）から天正九年（一五八一）までのβ期というふたつの時期に分けられ、その間に六〇年ほどの空白期が存在しているのだ。

〔グラフ1〕をみてみると、一年ごとの発給数についてα期は、文明一七年（一四八五）年から増加傾向にあり、長享二年（一四八八）には一五通もの公用銭状が作成されている。長享二年（一四八八）以降では、延徳元年（一四八九）に一〇通、延徳二年（一四九〇）に八通と比較的多くの公用銭状がつくられているものの、減少に転じ、永正元年（一五〇四）に途絶えている。β期では、ふたたび公用銭状が作成されるようになるが、年間一通程度しか確認できない。

また、年間収納額をみると、α期では一〇〇貫文から三〇〇貫文程度で推移し、明応二年（一四九三）、明応三年（一四九四）、明応五年（一四九六）に六〇〇貫文を超える多額の公用銭が徴収されていることがわかる。他方、β期は毎年五〇貫文の定額で計上されていて、α期にくらべて極端に少ない。空白期をはさんでβ期までには、公用銭の収納システムは形骸化し、その実態は大きく変容しつつあったのである。

［グラフ2］公用銭合計額と神事・酒・寄合額

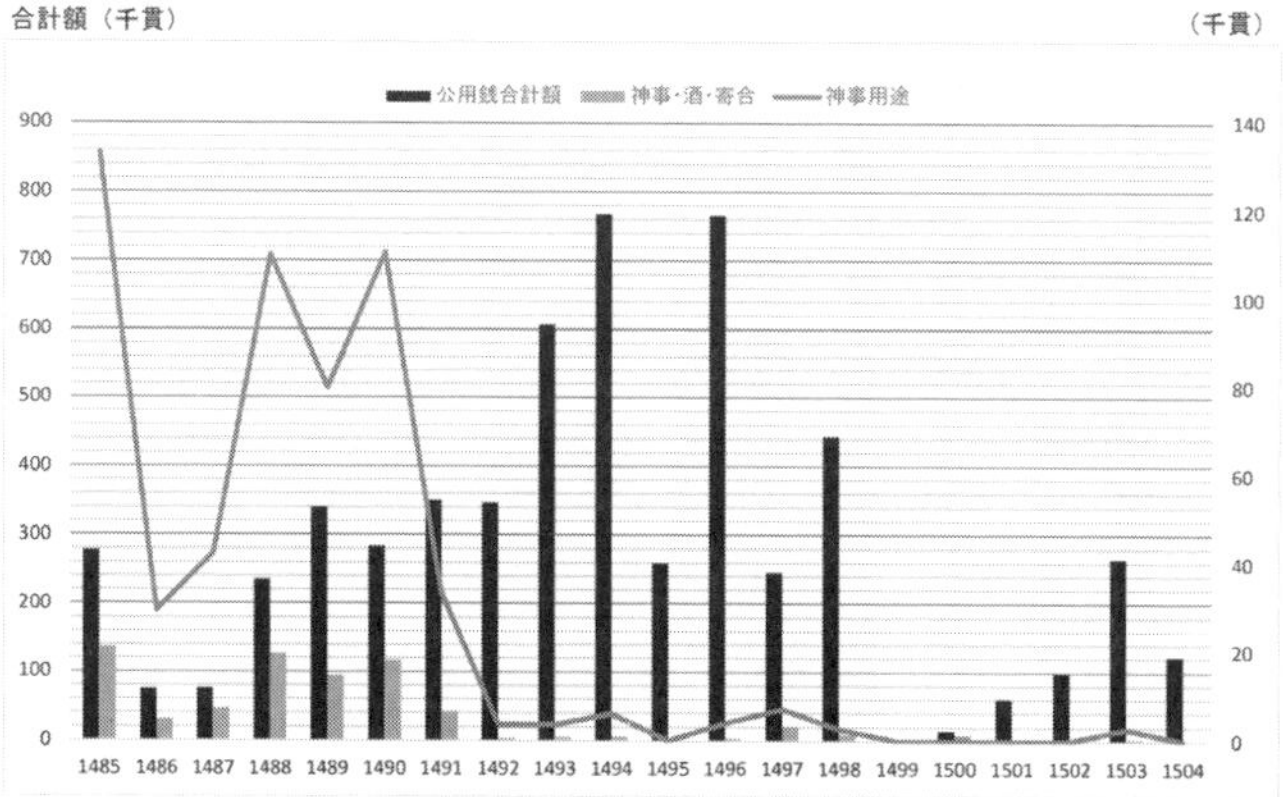

さらに、公用銭の徴収・分配システムが機能していたα期における公用銭状の作成者に注目すると、文明一七年（一四八五）から長享元年（一四八七）までは徳松大夫《とくまつたゆう》や雅楽助《うたのすけ》が中心で、長享二年（一四八八）から延徳二年（一四九〇）は修理亮《しゅりのすけ》や壱岐守《いきのかみ》、山城前司《やましろぜんじ》などが頻出するものの総勢五〇名もの作成者がみられる。延徳三年（一四九一）から明応六年（一四九七）になると、野洲井宣助《やすいのぶすけ》が中心となり、明応六年（一四九七）から文亀元年（一五〇一）では野洲井が消えて、総勢二二名が作成にあたっていた。文亀二年（一五〇二）から永正元年（一五〇四）では、ふたたび野洲井宣助が登場し、すべての公用銭状の作成者になっている。

どうやら公用銭状は、野洲井宣助の関与の有無によって大きく四つの時期に区分することができそうである。公用銭状の分析・読解により、これら四期の特徴を抽出しながら、土田荘公用銭の徴収・分配の歴史的変容をたどってみることにしよう。

二　貴船社神事用途
——α1　野洲井以前（一四八五年〜九〇年）

公用銭状が現存する文明一七年（一四八五）から京都の土倉であった野洲井が代官となって公用銭の運上を請け負いはじめる延徳二年（一四九〇）以前の六年間をα1期とする。

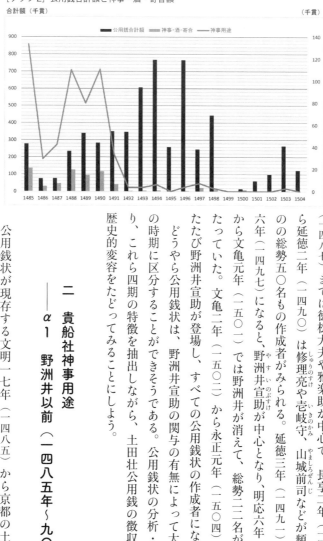

〔グラフ2〕をみると、この時期には神事用途や寄合《よりあい》、酒代がきわだって多い。神事用途がもっとも多いのは文明一七年（一四八五）、寄合のピークは長享二年（一四八八）で、いずれもα1期に属する。なかでも、α1期を特徴づけるのが巨額の神事用途である。

土田荘公用銭状には、神事用途として支出されたとおぼしき表記が三六種類以上におよぶ。これらの神事用途の多くは、「方々下行《かたがたげぎょう》」とされ、貴船社（矢駄加茂神社）の神事にかかわって在地社会に担保されたものであったと考えられる。

α1期の六年間に神事用途として使われた合計額は五〇五貫七八六文で、この時期の公用銭全体の約四〇パーセントにものぼる。また、〔グラフ2〕をみると、文明一七年（一四八五）から延徳三年（一四九一）までの七年間の神事用途への使用額の平均は約七七貫文であるのに対し、延徳四年（一四九二）から永正元年（一五〇四）までの平均額は約七貫文で、一〇パーセントにも満たない。いかにα1期の神事用途への支出が大きなものであったかを、うかがい知ることができる。

一四八〇年代後半から九〇年代前半の土田荘において、公用銭のもっとも大きな支出項目は神事用途であった。α1期は、土田荘百姓らが貴船社の神事への支出を名目にして、寄合や酒代といった細かい項目を公用銭状に記載することで、多額の公用銭を在地に留保しておくことに成功していたのである。

三　野洲井分——α2　第一次野洲井期（一四九一年～九七年三月）

野洲井助秀《やすいすけひで》・宣助親子が上賀茂社の氏人に代わって恒常的に公用銭の運上を行ないはじめた延徳三年（一四九一）から、野洲井の能登下向が一時的に停止するまでの明応六年（一四九七）三月までのおよそ七年間をα2期とする。

野洲井は、京都船橋南西頬《つら》に居所を構えた有力酒屋・土倉であった。野洲井の名は、文明一〇年（一四七八）ころから京都周辺の史料に散見される。はじめて公用銭状に登場するのは、長享二年（一四八八）「長享弐年能州公用御禮かゝ殿散用状」で、このころから土田荘へ下向して公用銭の運上を担っていたことがわかる。ただし、延徳二年（一四九〇）ころまでは、野洲井以外の使者も数多く公用銭の運上にあたっており、数ある運上請け負いの使者のひとりにすぎなかったと思われる。

しかし、延徳三年（一四九一）から明応六年（一四九七）三月までは、ほぼ毎年能登に下向し、時には二二〇日間ほども長期滞在して土田荘の公用銭を運上していた。それまで臨時的だった野洲井による公用銭の運上が、次第に恒常的なものに変化しつつあったのである。

上賀茂社の氏人惣中《うじびとそうちゅう》の多くは、土倉である野洲井から借銭して、翌年分の公用銭で返済していた。野洲井は氏人への銭の融通を機縁にして賀茂社への影響力を強め、その借銭関係は次第に恒常化し、高利な返済額になっていった。長享二年（一四八八）八月二〇日「職中算用状《しきちゅうさんようじょう》」によれば、借銭の支払期日に間に合わず、礼銭を送って詫びている。使者の路銭などの必要経費すら、高利貸資本に頼らなくてはならないほどに、上賀茂社の財政は逼迫していた。そうとなれば、野洲井みずからが下向し、直接に公用銭の徴収を担って上賀茂社からの返済分を天引きするシステムの方が、上賀茂社の氏人が能登に下向して公用銭を徴収するよりも、野洲井にとって効率がよかったにちがいない。▼注〔6〕

α2期の最大の特徴は、公用銭の総額が激増している点にある。〔グラフ2〕をみると、α2期は、毎年約三〇〇貫文前後が計上され、特に三つの年で七〇〇貫文にもおよぶ莫大な公用銭が計上されている。このピークは土田荘公用銭の歴史のなかでもきわだって多額である。野洲井が公用銭の運上を担うことで、土田荘の公用銭は上賀茂社への貢納のみならず、野洲井への借銭返済にもあてられるようになったと考えられる。野洲井は、公用銭から自身の貸付分を確保した上で、なお上賀茂社に公用銭を運上する必要があった。折りから一向一揆勢力の強大な動きは活発で、守護畠山氏もまた都鄙《とひ》の政変の対応に追われており、公用銭の調達は容易ではなく、何回も分割して入手するほかない情勢から、野洲井も公用銭の徴収に苦心したことであろう。

他方、神事用途や寄合、酒代といった在地側に支払われる公用銭が減少している。α1期の六年間の神事用途の合計額は五〇五貫七八六文であるのに対して、α2期の一四年間におけるそれは八九貫三六七文しかなく、年間平均に直せば一〇分の一以下しか支出されていない。神事用途に寄合や酒代を加えた在地側の取り分は、α1期では三〇〜六〇パーセントほどを獲得することができていたのに対して、α2期では全体の一パーセントにも満たない。

α2期において、土田荘民たちは、野洲井の登場によって多額の公用銭を徴収された上に、神事用途などの在地に留保される公用銭の獲得に失敗していた。代官である野洲井との公用銭の分配をめぐるせめぎ合いのなかで、土田荘百姓等の権益は大きく後退し、在地社会は深刻な経営難に直面していたのである。

四　十五人寄合――α3　野洲井失脚期（一四九七年六月〜一五〇一年）

野洲井による公用銭の運上が一時的に停止した明応六年（一四九七）から、野洲井宣助が公用銭の運上を再開する文亀元年（一五〇一）までの五年間をα3期とする。

明応六年（一四九七）六月、上賀茂社と野洲井の関係が悪化した。これは野洲井が運上した公用銭のなかに悪銭が多く混入していたことや上賀茂社と野洲井の間で土地の利権争いが生じたためであった。▼注[7] 上賀茂社は、野洲井に代わって、海津の問丸であった大黒屋などに公用銭の運上をあたらせた。ところが、野洲井はまた引き続き能登に下向したため、公用銭の運上は混乱をきたしていた。▼注[8]

α3期の特徴は、寄合や酒代が増加している点である。〔グラフ2〕をみると、明応六年（一四九七）の公用銭状に多額の寄合・酒代が支出されているが、野洲井が代官請け負いを停止された直後であった。また、明応九年（一五〇〇）には公用銭の総額の約六〇パーセントが寄合に使われていた。さらに、寄合の支出額にはふたつのピークがあり、ひとつはα1期の長享二年（一四八八）、もうひとつがα3期の明応六年（一四九七）であり、いずれも一〇貫文近くが支出されていた。すべての公用銭状に記載された「寄合」の合計額は四九貫三三七文で、神事用途にくらべると小規模の支出ではある。とはいえ、神事用途が激減した反面、寄合に多くの公用銭が支出されていたといえそうである。

α3期は、α1期と並んで、土田荘民たちが一定の公用銭の獲得に成功した時期とみてまちがいないだろう。α2期の神事用途は、野洲井の登場によって全体の一パーセントにも満たないほどに削減していた。野洲井が一時的に活動を休止したα3期には、ふたたび在地社会に留保される公用銭の獲得にのりだしていた。注目すべきは、公用銭の獲得の根拠として、α1期のような神事用途によるものではなく、寄合を名目として計上している点である。それまで神事によって公用銭を獲得していた土田荘民たちが、寄合によって公用銭を獲得するようになった大きな画期といえよう。

寄合は、中世後期の畿内周辺で名主《みょうしゅ》らの連合体である惣《そう》や宮座《みやざ》の集会にいち早くあらわれる。▼注[9]そこでは、まず村落で宗教的な結合が生まれ、次第に村落の有力者が中心となって宗教的なつながりを必要としない、惣的《そうてき》な結合が誕生した。▼注[10]

村の有力者たちが主導して寄合を組織し、荘園領主をはじめとする支配層と年貢収納をめぐって争うことは、中世後期の惣村にしばしばみることができる。たとえば、一四世紀半ばころの播磨矢野荘《はりまやののしょう》では、有力者を中心として結合組織をつくり、寄合を運営しながら結束を高めて荘園領主や守護権力と争った。こうした惣村の事例は、近江菅浦《おうみすがうら》や紀伊鞆淵荘《きいともぶちのしょう》など、枚挙にいとまがない。村落の結束は、惣のなかで独自の法を生み出し、

寄合の運営を恒常化させていったのである。[注11]

土田荘公用銭状には、実に多くの「寄合」が登場する。それらは、①十五人寄合、②三十五人寄合、③二十人寄合、④十人寄合、⑤五人寄合、⑥老若寄合、⑦若衆夜寄合、⑧御寄合の八種類に分けられる。また、寄合には十五人御寄合や御十五人御寄合などのように「御」という尊敬語を冠する場合や、二十人衆寄合などのように「衆」をつける場合も多い。土田荘百姓たちは、時に五人から二〇人、三五人と人数を増減させ、時に老若を加えながら、規模をかえて寄合を開催していたと考えられる。

公用銭状に登場する寄合のうち、もっとも頻出するのが十五人寄合である。寄合が確認できる文明一七年(一四八五)から明応九年(一五〇〇)までの約一五年間において、十五人寄合は合計二七回登場し、次いで多い二十人寄合の八回を大きく引き離している。また、十五人寄合の合計額は三二貫三四五文で、公用銭状に記載された寄合の総額の六〇パーセント以上を占めていたことになる。

十五人寄合は、土田荘における寄合の中核をなしていたとされ、その十五人衆とおぼしき家が、現在もこの地に残っている。たとえば、矢駄地区でもっとも古いといわれる池端家は、現在は羽咋市豊財院に所蔵される平安前期の馬頭観音像を所持していたといわれる。[注12]また、泉家は二三代続く名家で、多くの分家を輩出して、この地域で同姓の家は多い。泉家の先祖は藤原忠平とされ、奥州平泉からこの地に移り住んだとも伝えられている。さらに、髭右近《ひげうこん》家の先祖は、もと上賀茂神社で武具を身につけ、御神体を守っていた公家であったという。

土田荘では、α1期では神事用途を根拠として在地分の公用銭の獲得に成功していたが、α3期では寄合という惣的な結合をもとに公用銭を獲得するようになった。それは、神事という宗教的なベールを剥ぎ取り、より惣的な結合(寄合)を前面に押し出しながら、公用銭の獲得をめざしたことを意味する。そこでは、十五人衆を中心とした寄合がしばしば開かれ、少額ながらも寄合の種類や数を増やすことで、公用銭の獲得に努めていたのである。

五　公用銭システムの崩壊――α４　第二次野洲井期（一五〇二年〜〇四年）

野洲井宣助による公用銭の運上が再開した文亀二年（一五〇二）から公用銭状が途絶える永正元年（一五〇四）までのおよそ三年間をα４期とする。この時期になると、寄合や酒代はまったくなく、神事用途も文亀三年（一五〇三）にわずかに計上されるだけである。野洲井がふたたび公用銭の運上にあたるようになったことで、土田荘百姓らは公用銭を獲得することができなくなってしまったのである。

土田荘民がα２期よりも後退を余儀なくされたのは、野洲井に対する上賀茂社の氏人惣中の借銭が増大したためである。α４期の土田荘公用銭状には、「未進（定められた公用銭に満たない不足分）」や「過上（赤字決算）」の語が頻出する。毎年少なからずみられるものの、文亀二年（一五〇二）まではそれほど高額ではない。しかし、文亀三年（一五〇三）、永正元年（一五〇四）になると、多額の過上分を出していたようだ。

文亀三年（一五〇三）正月二八日「文亀三年土田散用状」には三〇貫二〇四文もの過上金が出ており、同年六月の「文亀三年土田庄散用」で「正月二十八御算用時之過上分」としてまとめて返済している。ただし、このとき新たに一四貫一七四文の過上分が発生しており、同年一一月の「文亀三年土田庄公用散用状」で返済されている。とはいえ、またしても過上分は一九二貫八二七文にまでふくれ上がっていた。この過上分は、翌永正元年（一五〇四）四月「永正元年土田庄公用散用状」において返済が確認できるが、さらに上回る一九五貫三九二文の過上金が発生している。これも同年六月「永正元年土田庄公用散用状」において返済されたが、この際の過上分二〇三貫八〇五文が返済されたのかは定かではない。

α４期には、公用銭のほぼ全額が借金の返済にあてられるようになり、その年の公用銭だけでは返済しきれずに過上分を次回にくり越すことで、雪だるま式に増えていく赤字を返済してゆく悪循環に陥っていたのである。いわゆる自転車操業の財政状況では、正常な年貢収納を行なうことは難しかったとみられる。もはや領主である上賀茂社の収益も見込めず、公用銭システムはすでに崩壊していたといわざるを得ないであろう。

六　公用銭状の終焉——空白期とβ期

永正元年（一五〇四）一〇月二日、室町幕府は徳政令を発布した。[注13] 京都で起こった土一揆が幕府に求め、それを認めるようにして発布されたものであった。

このとき上賀茂社の氏人物中は、野洲井に二〇〇貫文以上もの借銭をしており、そのほか個人的に借銭している氏人も少なくなかったであろう。[注14] 氏人たちは、徳政令を利用した借銭の帳消しを目論んだ。永正元年（一五〇四）一〇月二八日「氏人中置文之事」によれば、上賀茂社境内所在の野洲井方持分田畠の作毛を阻止し、野洲井の賀茂社境内諸郷での土倉活動を禁止している。これによって上賀茂社と野洲井の関係は悪化し、野洲井は公用銭の運上を請け負う代官としての活動を停止し、公用銭状は長い空白期に入ることになった。

やがて、約六〇年にもおよぶ空白期をへて再開されたβ期には、毎年五〇貫文という、α期にくらべてはるかに少額で定額の公用銭の運上が維持され続けた。公用銭の徴収・分配システムを支えていた野洲井という代官亡き後、公用銭をめぐる領主・代官と在地社会との「せめぎ合いの歴史」は幕を閉じたのである。おそらくこのとき、土田荘では十五人衆を中心とした寄合が息を吹き返していたにちがいない。十五人寄合を中心とした物的結合のもとで、土田荘百姓らは、在地社会への余剰分の確保のために、公用銭システムとは別の努力を続けていたのであろう。

天正五年（一五七七）九月の七尾城合戦で、能登守護畠山氏が越後上杉謙信によって滅亡した。このとき守護方代官であった三宅続長《みやけつぐなが》が上杉方に属したことから、土田荘の経営はかろうじて継続された。[注15] しかし、天正一〇年（一五八二）七月の石動山合戦で、続長は上杉方の支援を得た温井景隆らに加担し、織田信長麾下《きか》の前田利家軍との合戦で敗死してしまう。守護方の代官を失ったことで、土田荘の経営は完全に頓挫し、公用銭状は天正九年（一五八一）に終焉を迎えたのである。

【注】


［1］東四柳史明「加賀国金津荘と能登国土田荘」『上賀茂のもり・やしろ・まつり』（思文閣出版、二〇〇六年）。

［2］前掲注1。

［3］奥野高広・岩沢愿彦校訂『賀茂別雷神社文書』一（続群書類従完成会、一九九八年）。

［4］志賀町史編纂委員会編『志賀町史』資料編第一巻（志賀町役場、一九七四年）。

［5］前掲注1。

［6］須磨千頴『荘園の在地構造と経営』（吉川弘文館、二〇〇五年）。下坂守「上賀茂社家（岩佐家・梅辻家）文書について——特に、分一徳政令と土倉野洲井（含翻刻）」（『日本史研究』一〇九、一九七〇年）。

［7］前掲注6。

［8］前掲注6。

［9］「寄合」（三）『国史大辞典』一四（吉川弘文館、一九九三年）。

［10］坂田聡・榎原雅治・稲葉継陽『日本の中世』一二　村の戦争と平和（中央公論社、二〇〇二年）。

［11］石田善人『中世村落と仏教』（思文閣出版、一九九六年）、佐藤和彦『南北朝内乱史論』（東京大学出版会、一九七九年）、黒田弘子『中世惣村史の研究』（吉川弘文館、一九八五年）、春田直紀「中世後期の荘郷秩序と漁村」（『年報中世史研究』一九、一九九四年）など。

［12］これらは、二〇一六年九月二三・二四日に実施された金沢大学学校教育学類開講科目「歴史学実習」（学部二年生対象）における現地聞き取り調査の成果である。

［13］『中世法制史料集』第二巻（岩波書店、一九五七年、一〇六〜一〇八ページ）。

［14］前掲注6。

［15］前掲注1。

第二章……近世寺院史料の集積過程

石動山史料と祈雨の記憶

❖小川歩美

石川県羽咋《はくい》市にある真言宗寺院・亀《き》鶴《かく》蓬莱《ほうらい》山《さん》正《しょう》覚院《がくいん》。八世紀の開基とされ、長い歴史を有するこの寺院には、石動山関係の史料が大量に収められている。筆者は正覚院所蔵の水天《すいてん》供《く》関係史料に着目し、書写・転写の過程から、それらが生成・集積されていく歴史的過程にせまる。近年の中世寺院史料論の深まりの一方で、近世寺院史料はほとんど放置されてきた。本稿は、近世寺院史料に光をあて、新たな研究の道を探るものである。――米田結華

一　寺院史料としての正覚院史料

亀鶴蓬莱山正覚院は、石川県羽咋市寺家町にある真言宗寺院である。「貞享二年寺社由来」によれば[注1]、養老

年間（七一七〜七二四）の泰澄《たいちょう》の開基と伝えられている。もともと隣接する気多社《けたしゃ》の社坊のひとつで、明治の神仏分離により気多社講堂の本尊木造阿弥陀如来坐像をはじめ数多くの仏具類が移された。▼注[2]

加えて、正覚院には、能登石動山関係の仏典・仏画類が大量に所蔵されている。維新後、石動山の住僧長谷《はせ》覚円《かくえん》のもとに山内の院坊の仏具が集められた。覚円は、七尾光善寺をへて、明治一九年（一八八六）に正覚院の住職となり、文書・仏具類をもち込んだのである。しかも、正覚院の石動山関係史料には、石動山内の修法や修学活動を記したものだけでなく、紀伊高野山、京都醍醐寺、仁和寺に伝来した史料が混在している。

石動山天平寺《せきどうさんてんぴょうじ》は、石川県鹿島町石動山にあった真言宗寺院である。▼注[3] 石動寺の開創は、法道仙人・智徳上人・泰澄などの諸説があるものの、平安時代後期までには修験の霊場として知られるようになっていた。中世には山頂の式内社伊須流岐比古神社《いするぎひこじんじゃ》を五社権現と称して、天平寺はその別当寺として隆盛した。南北朝期には兵火で一時衰えたが、最盛時の室町期には寺坊三六〇、衆徒三〇〇〇を擁したと伝えられる。天正一〇年（一五八二）、ふたたび兵火で一山焼亡したが、慶長二年（一五九七）に七二坊が再興し、加賀藩から寄進された寺領一五〇石と、北陸七カ国からの知識米の勧進を勅許《ちょっきょ》されたことで勢威を回復した。しかし、明治の神仏分離令により寺領は収公され、五八坊は還俗《げんぞく》し離散して廃絶した。

近年、各地で寺院史料の整理が進み、中世寺院史料論が深化しつつある。▼注[4] たとえば、神奈川称名寺や京都仁和寺、随心院、醍醐寺、愛知真福寺などの寺院史料調査・研究である。他方、近世の寺院史料ではその低調さ、史料の散逸による困難さが指摘されている。▼注[5] 本稿では、比較的保存状態のよい正覚院史料群のなかでも水天供《すいてんく》関係史料に着目し、書写・転写によって生成・集積されてきた歴史的過程を明らかにしていきたい。

二　祈雨法の歴史的展開

九世紀後半、東寺や醍醐寺といった真言宗寺院の僧たちによって神泉苑《しんせんえん》で請雨経法《しょううきょうほう》が行なわれるようになった。[注6] その後、請雨経法を補完して、孔雀経法《くじゃくきょうほう》の修法が執りおこなわれるようになる。一〇世紀半ばころには、祈雨《きう》法は、失敗のリスクを避けてより下位で無名の僧たちが担うようになった。のちの小野流へ連なる元杲・仁海らが、祈雨の成功により名をあげたのもこのころであった。また、祈雨の霊験は東寺長者の正当性に結びつけられ、請雨経法と孔雀経法という独立したふたつの祈雨法が伝えられることになった。

一一世紀に範俊が請雨経法に失敗してから、小野流は請雨経法を辞退するようになった。これを受けて、醍醐寺においても『孔雀経』に基づく祈雨法が確立した。請雨経法は、一二世紀初頭から一三世紀前半ころまでいったん途絶し、一二世紀末の神泉苑の修築後に復興することになる。

水天供は、一三世紀に入って台頭してきた新しい祈雨法であった。水天供とは、祈雨のために水天に供養して祈願する密教修法であった。一三世紀後半から一四世紀初頭になると、請雨経法・孔雀経法が衰退し、国家的祈雨法は姿を消してゆく。水天供は、これにかわって一五世紀半ばころまでさかんに修されるようになったのである。

実際、真言系寺院における水天供関係テキストの制作・転写過程をみてみると、一一世紀半ば以降にいち早く仁海や頼尋、寛信らの次第や日記がつくられていた。[注7] その後も断続的に新しいテキストが作成され、一三世紀末から一四世紀半ばまでに制作・転写のピークを迎える。一五世紀以降は新しいテキストがつくられることがなくなり、書写活動も下火になる。江戸時代に入っても新たに作成されることはほとんどなかったと思われ、一六世紀末と一八世紀後半に転写のピークがみられるだけである。[注8]

正覚院には、一三・一四世紀に隆盛を迎えた水天供にかかわる史料が大量に伝存している。これらの水天供関係史料群をもとに、その制作・転写活動を通じた地方寺院への伝播の歴史を跡づけてみることにしよう。

三　水天供故実の誕生

正覚院所蔵史料には、請雨経、祈雨法・止雨法、水天供といった水天供関係史料が合わせて五一点ある。[注9] これらの水天供関係史料には、法会の次第や記録のほかに、修行にあたって先例とすべき故実が記載されているものがある。その故実は、大きく六つの事績にわけることができる。最初に、これらの故実をたどりながら、水天供史料の生成についてみてみよう。

（1）建暦・建保年間（一二一二〜一八）

道尊らが神泉苑・安祥寺で興行した四回の水天供の記録である。『水天供日記幷壇図』A本と『水天供日記幷壇図』B本にほぼ同文の記載がある。まず①建暦二年（一二一二）八月一日に、以仁王の子で東寺長者であった道尊が神泉苑で読経を行ない、六日に雨が降りはじめたという。安祥寺住坊では道瑜が水天供を勤修し、六日申刻になって小蛇が出現して甘雨に恵まれたと語られている。次いで②建保二年（一二一四）六月五日、③建保三年（一二一五）五月五日、④建保六年（一二一八）五月一九日に、いずれも神泉苑で道尊が祈雨の読経、安祥寺で成厳が水天供を修して成功した事例があげられる。

①の神泉苑での祈雨読経については、『明月記《めいげつき》』、『玉蘂《ぎょくずい》』、『業資王日記《なりすけおうにっき》』、『東寺長者補任《とうじちょうじゃぶにん》』、『代々御《だいだいお》祈修法御読経等記《いのりしゅほうみどきょうとうき》』にも記されている。[注10] ②は『東寺長者補任《とうじちょうじゃぶにん》』、『仁和寺諸院家記《にんなじしょいんげき》』、『百練抄《ひゃくれんしょう》』、③は『百練抄』、『京都御所東山御文庫記録《きょうとごしょひがしやまごぶんこきろく》』、『一代要記《いちだいようき》』、『東寺長者補任』、④は『東寺長者補任』と『代々御《だいだいお》祈修法御読経等記《いのりしゅほうみどきょうとうき》』にみえるように、いずれも同時代史料によって裏づけることができる。

ちなみに、これらの時期の天候をみてみると、①では七月一二日から八月一日まで少雨はあるもののすぐやみ、晴れが続く。②では四月二一日から、③では、一月中旬に雪が降ってから儀式の前まで雨の記録がない。④でも一月二一日から約四カ月の間、雨が降っていない。▼注[11]

（2）寛喜元年（一二二九）

『清瀧宮《きよたきぐう》祈雨《きう》御読《みど》経《きょう》発願《ほつがん》』A本に記載がある。同年八月九日に醍醐寺《だいごじ》遍智院《へんちいん》僧正成賢《じょうけん》が同寺清滝宮で行なった祈雨の修法である。『明月記』寛喜元年（一二二九）七月一〇日条に炎旱《えんかん》により祈雨の修法を行なった記事があり、八月一〇日と一二日条に降雨の記事がある。『明月記』によれば、六月一九日の大雨から七月一〇日までの約二〇日間、雨が降ってもすぐやみ、ひどい暑さが続いたことがわかる。▼注[12] この年三月、飢饉により「安貞」の元号を「寛喜」と改元していた。なおも天候不順は続き、翌々年の寛喜の大飢饉を迎えることになる。

（3）寛元元年（一二四三）

『水天供次第』D本、『水天供』A本にみえるが、詳細は不明である。▼注[13]「光明遺身院御口決」を引用して、この年六月一六日から水天供が修されていた。同時代の記録類には記録がないが、六月一〇日から数日間雨が降っていない。▼注[14]

（4）正和五年（一三一六）

『祈雨』A本と『祈雨』B本にみえる。この年七月一八日から二二日まで、引摂院《いんじょういん》定範《じょうはん》・大楽院《たいらくいん》信日《しんにち》・三蔵院《さんぞういん》覚和《かくわ》を導師として水天供が勤仕され、二三日酉刻までに大雨が降ったという。同様の記事は、『水天供現行記』にもあり、正和四年（一三一五）四月二五日の水天供に続いて連年修行されていたことがわかる。▼注[15] ほかの記録をみても祈雨の記事はなく、炎旱等の天候不順にも言及がない。

このとき導師のひとりであった信日は、叡尊《えいそん》の甥にあたり、高野山大楽院主となり、徳治二年（一三〇七）

に死去した。大楽院を継いだのが信日の弟信堅《しんけん》（一二五九～一三二二）であった。[注16] 大楽院の教相興起に貢献し、嘉元三年（一三〇五）には亀山上皇に「釈摩訶衍論《しゃくまかえんろん》」を講じた。[注17] また、『紀伊続風土記《きいぞくふどき》』「正智院旧記」に「祈雨興行次第」という史料があり、信堅が水天供を修したことが記されている。正覚院所蔵史料のなかには、信堅の手によるテキストがあり、『祈雨』A本、『祈雨』B本のほか、『水天供』D本、『水天供次第』B本、『水天供次第』E本の五点を確認できる。

（5）応永五年（一三九八）

『水天供表白』A本、『水天供表白』B本、『水天供表白』C本にみえる。応永五年（一三九八）六月ころ、連日の炎旱によって要請があり、御影堂で尊勝陀羅尼《そんしょうだらに》、金堂や大瀧で理趣三昧《りしゅざんまい》を行なったが、効験がなかった。そこで、「延慶の例」にならって六月二三日亥刻に山王院において宥快《ゆうかい》を導師として水天供が修された。翌二四日夕には降雨があったという。このときの炎旱と祈雨について記した同時代史料がない。ただし、記録類をみると、直前の天候は四月八日からの二カ月半にわたって降雨の記録がないことがわかる。[注18]

『水天供《すいてんく》表白《ひょうびゃく》』A・B・C本は、一四世紀後半の宝性院宥快によるもので、いずれもほぼ同文である。宥快（一三四五～一四一六）は高野山宝性院の信弘に師事し、その跡を継いで宝性院門主となる。[注19] 京都安祥寺の興雅《こうが》に学び、同寺門主を兼帯し、さらに長覚とともに高野山の教学を大成した。

（6）天文二二年（一五五三）

『水天供壇指図』に確認できる。六月一七日から宝性院快旻《かいびん》を導師として山王院で水天供が修され、三日目で降雨に恵まれたという。『お湯殿の上日記』、『言継卿記』の六月一三日条に祈雨の記事がある。天候をみると、約一カ月少雨はありつつも、晴れが続き、干ばつが起きている。[注20]

一三・一四世紀の水天供の故実のうち（1）・（2）・（4）・（6）は、同時代史料によって裏づけられ、直前の炎旱を契機に修行されたものであった。他方、同時代史料で裏づけられないものは（3）・（5）である。これらのなかで、（4）・（5）・（6）は、高野山の僧により興行されたものであった。正覚院の水天供関係史料は、同一のテキストを転写したと思われるものも多く、なかでも『水天供次第』の外題をもつものが五点、『水天供表白』が四点も重複して伝存している。また、これらのテキストがセットで転写されたケースも少なくない。『水天供次第』は信日《しんにち》・信堅、『水天供表白』は宥快によって作成され、（4）・（5）が故実として物語られることで、水天供テキストが確立していったと思われる。▼注[21]

高野山では、当初、大楽院の信日・信堅らが中心となっていた水天供は、山王院における宥快の興行をへて、近世には正智院に吸収されてゆくことが指摘されている。▼注[22] 正覚院所蔵の水天供関係史料もまた、（4）正和五年（一三一六）の水天供を故実とする大楽院信堅本と、（5）応永五年（一三九八）の水天供を故実とする宝性院宥快の『水天供表白』を根本史料として伝来したといえそうである。正覚院史料は、高野山を中心とする真言系水天供テキストの生成・展開と軌を一にするものと評価できるだろう。

四　水天供関係史料の集積過程

正覚院所蔵水天供関係史料の表紙や奥書等に書かれた原本制作者をみてみると、先述したように、一四世紀前半の大楽院信堅、一四世紀後半の宝性院宥快がもっとも古く、かつ中核をなしている。こののち一五世紀から一六世紀前半まで新たなテキストが作成された形跡がない。さらに、一六世紀後半に入ると、『幡《ばん》並《ならびに》龍索《りゅうさく》縒様事《よりようのこと》』や『龍索事幡之事《りゅうさくのことばんのこと》』を著した大楽院来宗《たいらくいんらいしゅう》や、『止風法《しふうほう》』を書いた海弁《かいべん》、『水天供持年次第《すいてんくじねんしだい》』を説いた一七世紀の霊雲寺浄厳《じょうごん》もあげられる。彼らは、いずれも高野山の学僧であった。

〔表1〕をみてみると、一六世紀以降は、ほとんど原本制作は行なわれず、もっぱら転写が断続的に行なわれていた可能性が高い。転写活動は、一七世紀第四四半世紀から増加に転じ、一八世紀後半の空白をへて一九世紀にふたたびピークを迎えている。書写活動が比較的活発であった時期は、大きく四つに分かれる。四つの時期に書かれた史料に登場する書写者や旧蔵者を整理してみると、aからnまでの一三人となる。

Ⅰ期＝一六世紀末～一七世紀初頭

a来宗《らいしゅう》（一六世紀後半）高野山春栄坊大楽院。[注23]「天正十七年（一五八九）六月廿二日」の奥書をもつ『幡並龍索縒様事』など、二点に「大楽院来宗」とみえる。

b栄旻《えいびん》（?～一六一七）高野山善集院。[注24]同じく天正一七年（一五八九）に『幡並龍索縒様事』など二点を来宗から授与された。

c俊圭《しゅんけい》（?～一六二四）高野山心王院。[注25]「慶長十五年（一六一〇）十一月十二日」の『祈雨』B本、『水天供次第』B本に「乗圓坊俊圭」としてみえる。

Ⅱ期＝一七世紀第四四半世紀

d源應《げんのう》（一七世紀後半）不明。五点の史料の表紙に名がみえ、『水天供表白』A本、『水天供口決《すいてんくくけつ》』には「延宝七年（一六七九）八月下旬」の年紀がある。

e澄祐《ちょうゆう》（?～一七一二）石動山天平寺大徳坊。[注26]『水天印義《すいてんいんぎ》』A本、『水天振鈴事《すいてんしんれいのこと》』A本にみえる。石動山内の大師堂横の墓地銘文より、正徳二年（一七一二）に死去したことがわかる。

Ⅲ期＝一八世紀第二四半世紀

f泰道《たいどう》（一六七二～一七四八）高野山常楽院、備中浄瑠璃山持宝院。[注27]九点の史料にみえ、このうち六点に「享保一二年（一七二七）三月」の「廿一日」「廿三日」「下澣日」、三点に「享保戊申（一七二八）」の年紀が確

期		人名	生没年	史料名	奥書年代
Ⅰ期	a	來宗	一六世紀後半	幡並龍索縒様事五帖之内	一五八九
	a	來宗	一六世紀後半	龍索事　幡之事	一五八九
	b	栄旻	?—一六一七	幡並龍索縒様事五帖之内	一五八九
	b	栄旻	?—一六一七	龍索事　幡之事	一五八九
	c	乗圓坊俊圭	?—一六二四	祈雨B　五帖之内	一六一〇
	c	沙門俊圭	?—一六二四	水天供次第B　五帖之内	一六一〇
Ⅱ期	d	源應	一七世紀後半	水天供表白A	一六七九
	d	源應	一七世紀後半	水天供口決	一六七九
	d	源應	一七世紀後半	祈雨A	一六八〇
	d	源應	一七世紀後半	請雨経	一六八〇
	d	源應	一七世紀後半	水天供A	一六八〇
	e	澄祐	?—一七一二	水天印義A	一七〇〇
	e	澄祐	?—一七一二	水天振鈴事A	一七〇〇
Ⅲ期	f	浄瑠璃山泰道	一六七二—一七四八	祈雨B　五帖之内	一七二七（二八）
	f	浄瑠璃山持寶院泰道	一六七二—一七四八	水天供C　切紙五帖之内	一七二七（二八）
	f	泰道	一六七二—一七四八	水天供口伝A　五帖之内	一七二七（二八）
	f	持宝院泰道	一六七二—一七四八	水天供次第B　五帖之内	一七二七（二八）
	f	浄瑠璃山沙門泰道	一六七二—一七四八	水天供日記幷壇図A　五帖之内	一七二七（二八）
	f	高野山常楽院泰道	一六七二—一七四八	水天供B	一七二七（二八）
	f	高野山常楽院泰道	一六七二—一七四八	水天供次第C	一七二八
	f	高野山常楽院泰道	一六七二—一七四八	水天供表白B	一七二八
	f	沙門泰道	一六七二—一七四八	幡並龍索縒様事五帖之内	一七二八
	g	東室院真海	?—一八一二	止風雨経法B	一八〇〇
	g	東室院真海	?—一八一二	止風雨経法C	一八〇〇
	h	宝行坊広範	一九世紀半ば	止風雨経法B	一八一三
	h	広範	一九世紀半ば	止風雨経法C	一八一三
	i	空賢（朱印）	一七九二—一八四九	止風雨経法A	一八一三

認できる。また、四点には「浄瑠璃山持宝院」、三点には「高野山常楽院」を冠して、備中持宝院と紀伊高野山常楽院を兼住していたとみられる。泰道は、持宝院の寺宝の整理、堂舎の再建事業に携わっていたこともわかる。

Ⅳ期＝一九世紀

g 真海《しんかい》（?〜一八一二） 高野山東室院。[注28]『止風雨経法《しふううきょうほう》』A・B本にみえる。

h 広範《こうはん》（一九世紀半ば） 石動山天平寺宝行坊の僧。[注29]「文化十年（一八一三）八月六日」の奥書をもつ『止風雨経法』B・C本に「宝行坊広範」の名がみえる。

i 空賢《くうけん》（一七九二〜一八四九） 石動山天平寺中央院。[注30]同じく文化一〇年（一八一三）の奥書をもつ『止風雨経法』A・B本にみえ、真海書写本を所蔵していたとみられる。高野

〔表1〕正覚院所蔵水天供関係史料の集積過程

Ⅳ期				
i	空賢（朱印）	一七九二―一八四九	止風雨経法B	一八一三
i	中央院空賢	一七九二―一八四九	止風雨経法B	一八一三
i	空賢	一七九二―一八四九	清瀧宮祈雨御読経結願三―B	一八四二
j	隆鳳	一九世紀前半	水天供表白C	一八二二
j	隆鳳	一九世紀前半	水天供D	一八二二
j	隆鳳	一九世紀前半	水天供次第E	一八二二
k	良翁	一九世紀前半	水天供口傳B	一八二二
k	良翁	一九世紀前半	水天供日記幷壇圖B	一八二二
k	良翁	一九世紀前半	龍索事　幡之事	一八二二
k	良翁	一九世紀前半	水天供次第E	一八二二
l	天平寺大智院凝然	一九世紀半ば	大雲輪請雨経	一八三四
l	天平寺大智院凝然	一九世紀半ば	祈雨法壇儀軌（請雨経）	一八三四
m	高野山真別所栄厳	一九世紀後半	止雨大事　付包紙	一八六四
m	高野山真別所栄厳	一九世紀後半	止雨之大事許状	一八六四
n	龍禅	一九世紀後半	止雨大事　付包紙	一八六四
n	龍禅	一九世紀後半	止雨之大事許状	一八六四

山真別処との交流が確認できる。

j　隆鳳《りゅうほう》（一九世紀前半）　高野山寂静院、阿弥陀院。▼注[31]『水天供表白』C本、『水天供』D本、『水天供次第』E本にあって、文化八年（一八一一）二月一四日、一五日の年紀をもつ。

k　良翁《りょうおう》（一九世紀前半）　不明。『水天供口伝』ほか四点にみえる。

l　凝然《ぎょうねん》（一九世紀半ば）　石動山天平寺大智院。▼注[32]『大雲輪請雨経《だいうんりんしょううきょう》』、『清瀧宮《きよたきぐう》祈雨御読経結願《きうみどきょうけちがん》』にみえ、いずれも「天保五年（一八三四）正月」の年紀をもつ。弘化二年（一八四五）の「聖徳太子傳暦」、安政四年（一八五七）の「善女龍王画像」の寄進から、大智院の後に願成寺現住となったことがわかる。

m　栄厳《えいごん》（一九世紀後半）　高野山真別所の僧。元治元年（一八六四）六月に『止雨大事』を龍禅に伝授したことが記されている。

n　龍禅《りゅうぜん》（一九世紀後半）　不明。元治元年（一八六四）に『止雨大事』を伝授された。

各期の特徴をみておこう。**Ⅰ期**における転写活動は、高野山僧が主体で、その方法も伝授というかたちが多い。**Ⅱ期**になると、書写活動に石動山僧（e）の関与がみえはじめる。**Ⅲ期**のf泰道は、紀伊高野山と備中持宝院を兼帯した僧で、こうした兼住の学僧たちが中央と地方寺院との橋渡し役となり、水天供史料の地方伝播に大きく寄与していたと推測される。**Ⅳ期**には、石動山の学僧であったh広範、i空賢、l凝然らの転写活動が活発化していたことをうかがわせる。転写活動のピークをなす**Ⅳ期**は、**Ⅲ期**以前にみられる単独の書写活動と異なり、同一テキストの転写・所蔵に複数の学僧がかかわっている点も特徴的である。

書写活動は、一六世紀までは中央寺院である高野山の学僧たちの間で伝授というかたちで行なわれていた。続く一七世紀の高野山内ではそれまでの積極的な書写活動が沈静化し、一八世紀を通じて地方寺院へ伝播していった。一九世紀になると、石動山の複数の学僧たちによる組織的な転写活動が活発化し、テキストの移動等によって史料が集積されていった。

高野山での書写活動の沈静期に正覚院史料が増加する傾向にあり、それは時代をへるほどに顕著となる。たとえば、石動山では一七世紀に入ると書写活動がさかんになるが、高野山では一七世紀末には転写活動が沈静化してゆく。また、一九世紀前半は石動山の転写活動のピークだが、その直前の一八世紀後半は高野山における転写のピークをなしている。正覚院所蔵史料とは、散逸した近世高野山における転写活動の空隙を補完する貴重な史料群といえるであろう。

それにしても、水天供関係史料は、一五世紀から一六世紀前半までぽっかりと空白期となっている。一四世紀は、列島の寒冷化が進んだにもかかわらず飢饉史料がピークをもたない特異な時代とされている。▼注[33] 続く一五世紀は、高湿時の干ばつを原因とする飢饉の時代であった。列島に深刻な気候変動が起こっていたとき、雨への祈りはいかにしてなされていたのか。その理由は今後の課題とするほかない。

今まで、羽咋正覚院所蔵史料の特質と、それらが書写・転写によって生成・集積されてゆく歴史的過程をみてきた。高野山を中心に制作されてきた水天供関係史料は、すでに平瀬氏が指摘するように、一四世紀の信堅・宥快によって整備されたテキストを根本史料として流布したものである。▼注[34] 正覚院に残る石動山《せきどうさん》史料《しりょう》でも、一三世紀の神泉苑における祈雨の記録を根拠とするものがみられるものの、あくまで信堅本、宥快本を中心に転写が行なわれていたことが改めて確認できた。

また、書写・旧蔵からみた石動山における水天供史料から書写・集積活動をみることができる。一六世紀には高野山内で伝授によりくり返されていた書写活動は、一七世紀には沈静化する。一方で、石動山では書写活動がさかんになりはじめる。一八世紀には石動山僧と高野山僧が混在するようになり、地方寺院へ伝播していく。一九世紀になると、単独ではなく複数の石動山僧によって転写されるようになっていた。中世末から近世前期までにはもっぱら高野山内で伝授によって伝えられていた史料が、一八世紀以降になると各地の地方寺院によって転写され、広域に流布していったとみられる。

近世の地方寺院史料は、研究の低調さ、史料の散逸による困難さが指摘されている。しかし、寺院史料から得られる情報は、その地方、時代のみに限られるものではない。近世石動山史料は、近世高野山の宗教活動のよすがであるだけでなく、中世のテキストの生成をもうかがわせる貴重な史料群だといえるだろう。

【注】

［1］「貞享二年寺社由来」は、加賀藩へ提出された諸寺社の由来である。金沢大学日本海文化研究室編『加越能寺社由来』上巻・下巻（石川県図書館協会、一九七四年（上巻）―一九七五年（下巻））。

［2］正覚院史料を用いた研究史としては、羽咋市史編さん委員会編『羽咋市史』中世・社寺編（羽咋市、一九七五年）、志賀町史編纂委員会編『志賀町史』（石川県羽咋郡志賀町、一九七七年）などがあり、石川県羽咋市教育委員会文化財課編『正覚院・本念寺史料調査報告書』（羽咋市教育委員会文化財課、二〇〇七年）では正覚院の計四七六一点の文書・聖教などが調査・整理されている。ほかに、鹿島町史編纂専門委員会編『鹿島町史』石動山資料編（石川県鹿島郡鹿島町役場、一九八六年）。

［3］鹿島町史編纂専門委員会編『鹿島町史』資料編（石川県鹿島郡鹿島町役場、一九六六年）、桜井甚一ほか『能登石動山』

（北國出版社、一九七三年）、橋本芳雄「石動山縁起と五社権現」（『山岳宗教史研究叢書』一〇、名著出版、一九七六年）。浅香年木『中世北陸の社会と信仰』（法政大学出版局、一九八八年）、由谷裕哉『白山・石動修験の宗教民俗学的研究』（岩田書院、一九九四年）、前掲注2『鹿島町史』石動山資料編などがあげられる。

［4］永村眞『中世寺院史料論』（吉川弘文館、二〇〇〇年）。

［5］梅田千尋「近世寺院史料論の課題――興福寺関連史料を中心に――」（『国文学研究資料館紀要　アーカイブズ研究篇』六、二〇一〇年）。

［6］スティーブン・トレンソン『祈雨・宝珠・龍』（京都大学学術出版会、二〇一六年）。

［7］真言系の水天供、祈雨、請雨に関するテキストを国文学資料館古典籍総合目録データベース（http://base1.nijl.ac.jp/~tkoten/）で検索・整理すると、合計二一一点が検出でき、このうち年代がわかるものは八九点である。

［8］近世高野山水天供の中核的存在ともみなしうる正智院の聖教集積の歴史については、今後の課題である。

［9］二〇一七年五月二九日と六月二七日に正覚院史料の熟覧・撮影をおこなった。参加者は、小川のほか、黒田智、鳥谷武史、吉岡由哲、大石匠悟、豊原正晴、米田結華、水上空、玉崎藍子である。正覚院住職宮下栄仁様に深甚の謝意を申し上げる。

［10］松本郁代「鎌倉時代の神泉苑請雨経法指図――財団法人藤井永観文庫所蔵「神泉苑請雨経法道場図」の紹介――」（『アートト・リサーチ』五、二〇〇五年）。真鍋俊照「請雨経法とその図像儀軌の伝承について――新史料「定真本」周辺の一考察――」（『印度學佛教學研究』一八（二）、一九七〇年）。

［11］水越允治編『古記録による一三世紀の天候記録』（東京堂出版、二〇一〇年）。

［12］前掲注11。

［13］『水天供』A本には「寛永元」とあるが、日付が同一かつ文章内容もほぼ同じであることから、寛元元年の誤写の可能性がある。

［14］前掲注11。

［15］続群書類従完成会編『続群書類従』第二五下（続群書類従完成会、一九二四年）。

［16］『日本人名大辞典』（平凡社、一九七九年）。

［17］「金剛峯寺諸院家析負輯」（『続真言宗全書』三五、続真言宗全書刊行会、一九七八年）。

［18］水越允治編『古記録による一四世紀の天候記録』（東京堂出版、二〇〇八年）。

［19］前掲注16。

［20］水越允治編『古記録による一六世紀の天候記録』（東京堂出版、二〇〇四年）。

［21］高野山持明院、真別処ほかに『水天供次第信日所修法』が所蔵される。

［22］平瀬氏は、祈雨だけでなく僧の教相研鑽の証としての機能もあったとする。平瀬直樹「中世高野山における祈雨の意義——宥快著『水天供表白』の分析——」（『金沢大学文学部日本史学研究室紀要』一、二〇〇五年）。

［23］『幡並龍索縒様事』『龍索事幡之事』の「水天祈雨詞」にてこれを草すとある。来宗は、一六世紀後半の高野山春栄坊大楽院の住僧で、正覚院には『幡並龍索縒様事』や『龍索事幡之事』が所蔵されている。前掲注17。

［24］前掲注17。

［25］「金剛峯寺諸院家析負輯」（『続真言宗全書』三四、続真言宗全書刊行会、一九七六年）。

［26］宝性院（御廟山）墓地では年代は判別できないが、大徳坊二世として墓碑を建立している。前掲注2『鹿島町史』石動山資料編。

［27］持宝院『走出薬師　持宝院の歴史と文化財』（東方出版、一九九三年）。

［28］前掲注25。

［29］前掲注2『鹿島町史』石動山資料編。

［30］前掲注2『鹿島町史』石動山資料編。

［31］前掲注17、25。

［32］前掲注2『鹿島町史』石動山資料編。

［33］伊藤啓介「藤木久志『日本中世災害史年表稿』を利用した気候変動と災害史料の関係の検討」（『総合地球環境学研究所成果報告書一』総合地球環境学研究所、二〇一六年）、同「『CD-ROM版　鎌倉遺文』に収録された古文書件数と気候復元データの関係の定量的分析」（『鎌倉遺文研究』四〇、二〇一七年）。

［34］前掲注22。

第三章……合戦の勝敗を分けた天候

賤ヶ岳合戦の雪

❖中山貴寛

織田家屈指の猛将柴田勝家《しばたかついえ》。天下統一をめざす豊臣秀吉を前に賤ヶ岳《しずがたけ》合戦で敗北した。なぜ勝家は敗北したのか。その理由を「雪」という新たな面から探る。遠い過去を思うときには忘れてしまいがちだが、今も昔も変わらず、人間は自然に左右される運命にあるのだと痛感する。季節が違えば、日本の歴史は変わっていたのかもしれない。——玉川泉妃

一　柴田勝家文書の古文書学

柴田勝家《しばたかついえ》は、織田信長に仕え、織田家屈指の猛将として活躍した戦国武将である。天正一一年（一五八三）四月、近江賤ヶ岳において天下統一をめざす羽柴秀吉と戦って敗北し、越前北ノ庄で自害した。なぜ柴田勝家は賤ヶ

〔グラフ1〕柴田勝家文書の総数と発給数

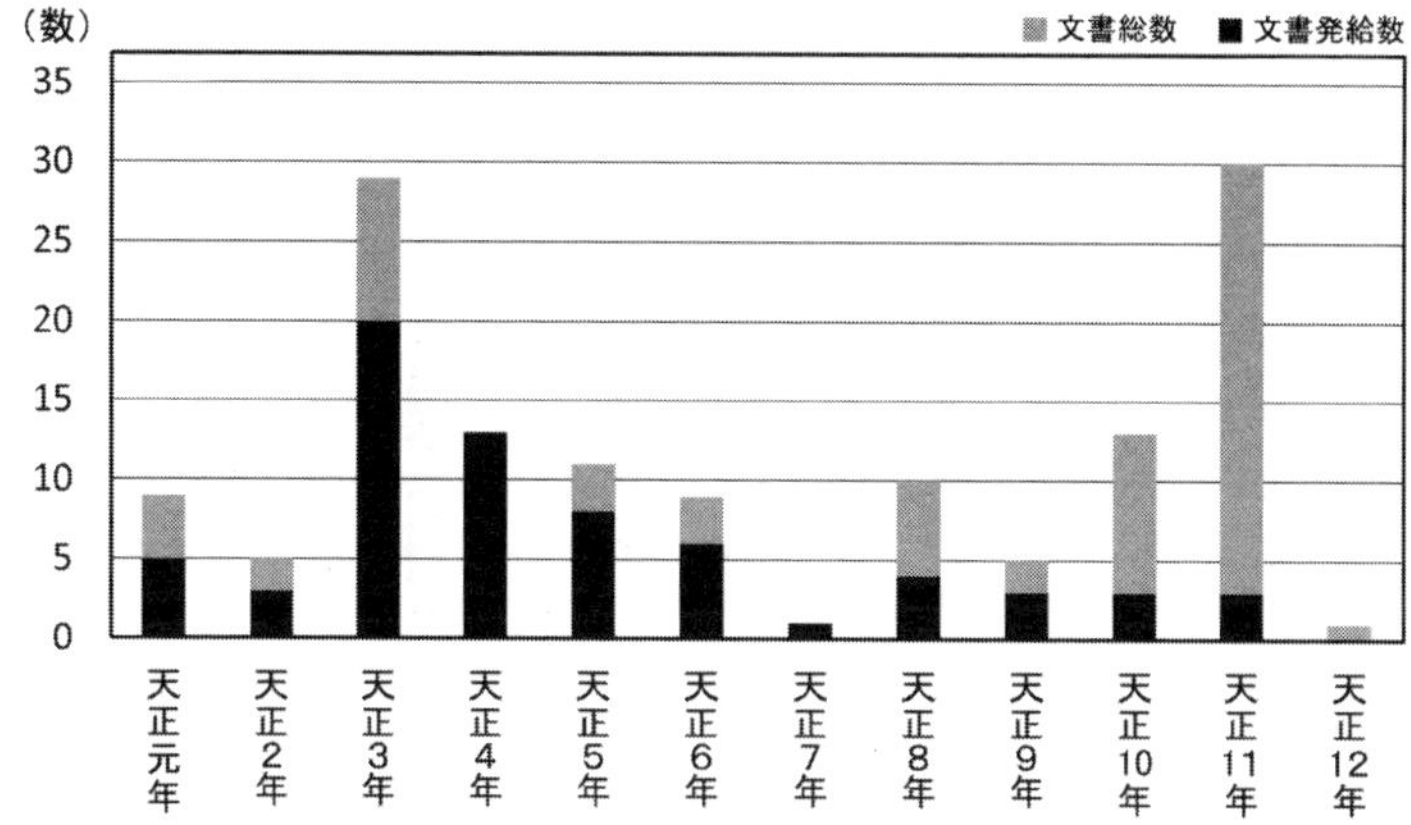

岳合戦で敗北したのだろうか。わずかに残された勝家関係の古文書から、合戦の真相にせまることにしたい。

柴田勝家の文書総数は一七二通で、▼注[1] 戦国大名の文書数としてはきわめて少ない。史料上にはじめて「勝家」の名前が登場するのは、永禄一一年（一五六八）一〇月一二日「柴田《しばた》勝家《かついえ》等《ら》連署《れんしょ》禁制《きんせい》写《うつし》」で、勝家が死去する天正一一年（一五八三）までの一五年間、年平均にすると約九・一通のやりとりがあったようだ。柴田勝家の関係文書が少ない背景には、勝家が賤ヶ岳合戦で敗れて自刃し、ほぼ子孫が途絶えたこと、合戦後に北ノ庄城が焼亡し、福井城下町形成にともなって廃滅したこと、豊臣政権下で勝家が敵視されたこと、近世に入っても、太閤びいきにより勝家の悪役イメージが定着したことなどがあげられる。

次に、勝家関連文書数の推移を年別にみていくことにしよう。勝家が発給した文書、勝家が受給した文書、文書中に「勝家」と記載された文書について、文書数を「グラフ1」にまとめた。これをみると、天正三年（一五七五）と天正一一年（一五八三）のふたつの時期にピークを迎えていることがわかる。

天正三年は、勝家が信長の命によって北ノ庄を拠点に越前支配をはじめた年にあたる。発給文書数に着目すると、天正三年の発給文書は二〇通で、越前国内の寺社や商人に宛てたものがほとん

〔グラフ2〕柴田勝家文書の月別総数と発給数

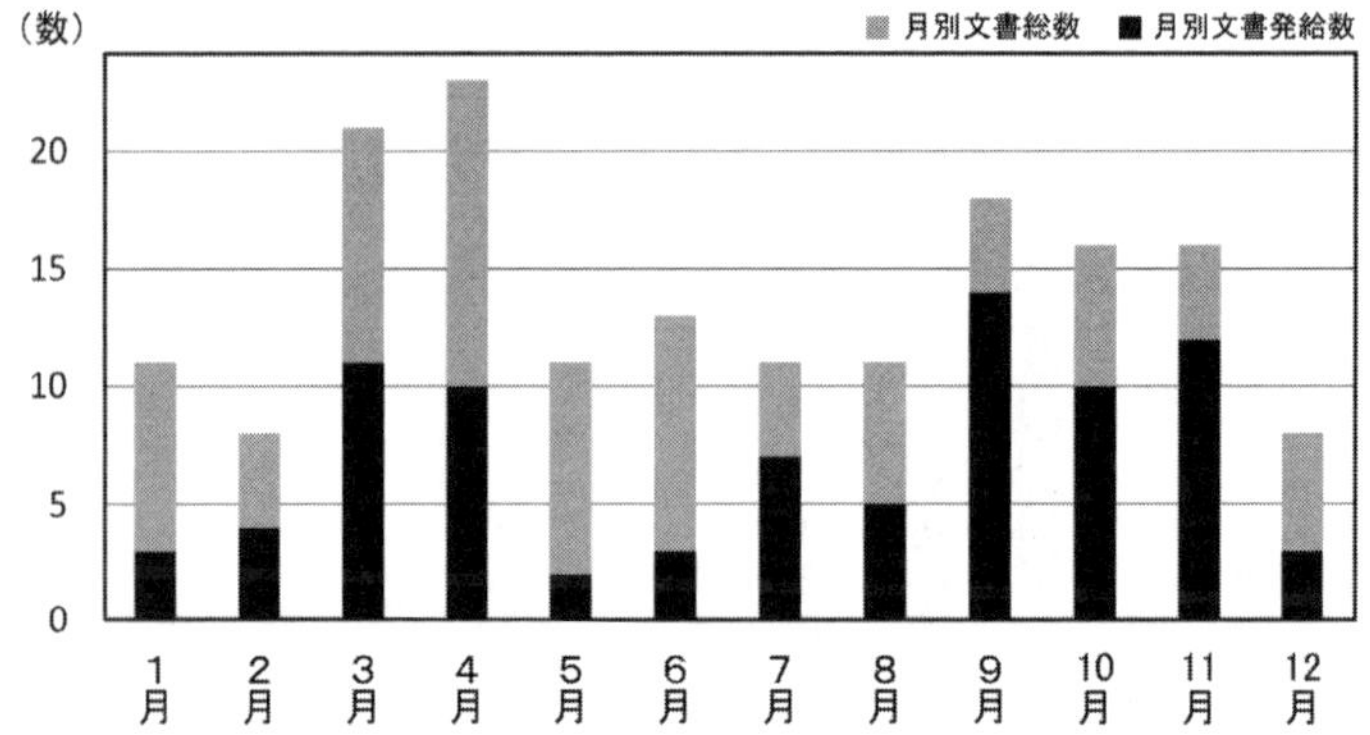

どである。天正三年の勝家関連文書の増加は、勝家による越前支配の確立と領国経営を目的として大量の文書が発給されたためであろう。また、天正一一年は、賤ヶ岳合戦が行なわれた年である。これについては第四節で詳しく紹介する。

続いて、月別の文書数をみてみよう。〔グラフ2〕は、勝家関係の文書数を月別にまとめたものである。最多月は四月の二三通で、最少月は二月と一二月の八通となっている。発給文書数に限定すると、一二月から三月の冬期の発給文書数は合計で一九通しかなく、冬期は文書数が少ない傾向にあるようだ。また年末年始期の発給文書数がきわめて低いことも特徴的である。とりわけ一一月の発給数が一二通であったにもかかわらず、一二月には三通と激減している。

二　前田利家文書の季節性

なぜ冬期は文書数が少ないのだろうか。そもそも、こうした特徴はほかの武将にも共通しているのだろうか。

そこで、前田利家と羽柴秀吉の月別文書発給数を勝家のそれと比較してみよう〔グラフ3〕。

まず前田利家の例をみてみよう。▼注〔2〕前田利家の発給文書総数は

〔グラフ3〕勝家・利家・秀吉の発給文書数

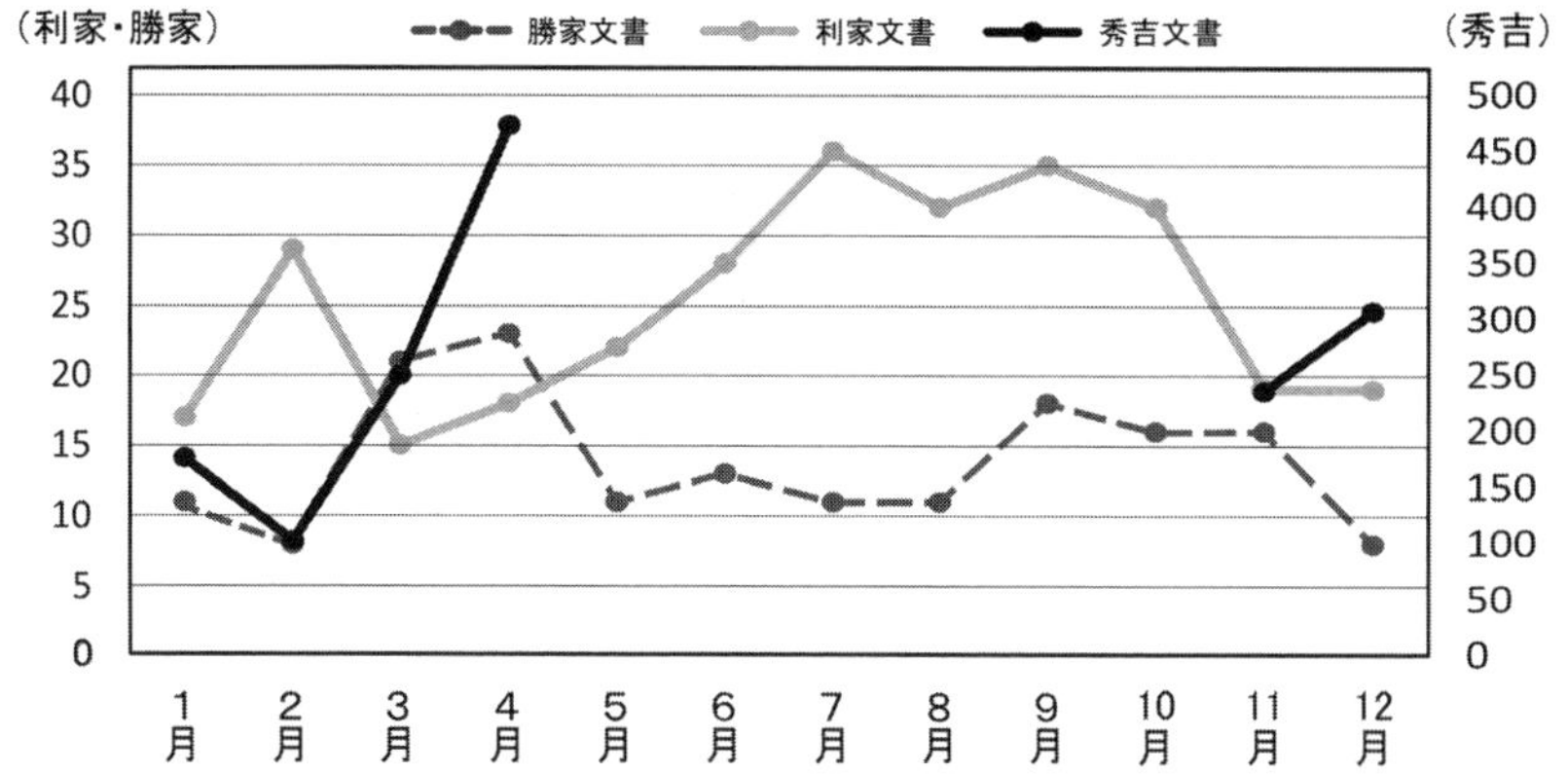

三〇八通で、勝家文書のおよそ三・六倍である。最多月は七月の三六通で、最少月は三月の一五通であった。夏期（七月〜一〇月）の月別発給数はすべての月で三〇通を超えているのに対して、冬期の月別発給数は夏期の半分ほどしかない。利家文書もまた、冬期の文書数が減少しているのである。

ただし、利家文書では、年末年始の文書数に目立った減少傾向はみられない。一二月は一九通、一月は一七通と決して数は多くないものの、一一月は一九通、二月は二九通と大きな変化はない。すなわち、冬期における発給文書の少なさは、勝家にも利家にも共通している一方で、発給文書数の異例の少なさ、年末年始期の発給文書の少なさは、勝家だけにみられる特徴といえよう。

三　羽柴秀吉文書の季節性

次に、羽柴秀吉の発給文書数と比較してみよう。▼注〔3〕秀吉の発給文書総数は、三一六〇通で桁違いに多い。最多月は四月の四七三通で、最少月は二月の一〇三通であった。一カ月の平均発給文書数は、二六〇通であるのに対し、一月が一七六通、二月が一〇三通、三月が二五〇通と、平均を下回っている。利家に続き秀吉文書もまた、冬期の発給文書は減少傾向にある。ところが、年末年始の文書数をみてみると、一二月は三〇八通、一月が一七六通であった。勝家文書とは逆に、年末年始期の発給文書が多いことがわかる。

つまり、秀吉の発給文書の特徴として、大量の文書が残存していること、冬期発給文書が比較的少ないこと、年末年始期の文書数が多いことがあげられる。

四　天正一一年の勝家文書

利家、秀吉の文書傾向を踏まえ、改めて勝家の文書傾向を振り返ってみよう。

ふたたび〔グラフ1〕をみてみると、天正一一年における文書総数は急増しているものの、発給文書数、すなわち勝家自身が発給したものはわずか三通にすぎない。合戦前夜ともなれば、情報収集やほかの大名たちとの連携をはかるために、諜報活動がさかんになるはずである。したがって、発給文書数が増加すると予想されるが、勝家自身が発給した文書数はきわめて少ない。

もちろん、勝家の自刃と北ノ庄の焼亡によって多くの文書が失われた可能性は否定できない。それでも、三月に開戦した賤ヶ岳合戦の準備期間を考えれば、この年の一月から二月に勝家がさかんに文書を発給するはずである。それにもかかわらず、天正一一年の発給文書がきわめて少ないのは、そもそも勝家が自分の所領の外部に文書を発給できない環境にあったからではないだろうか。さらに、勝家・利家といった北陸を拠点とする武将らの文書数が、ことごとく冬期に減少している背景には、〝冬〟という季節性と〝北陸〟という地域性が大きく影響していると考えられる。

〔グラフ4〕日記にみる降雪記録

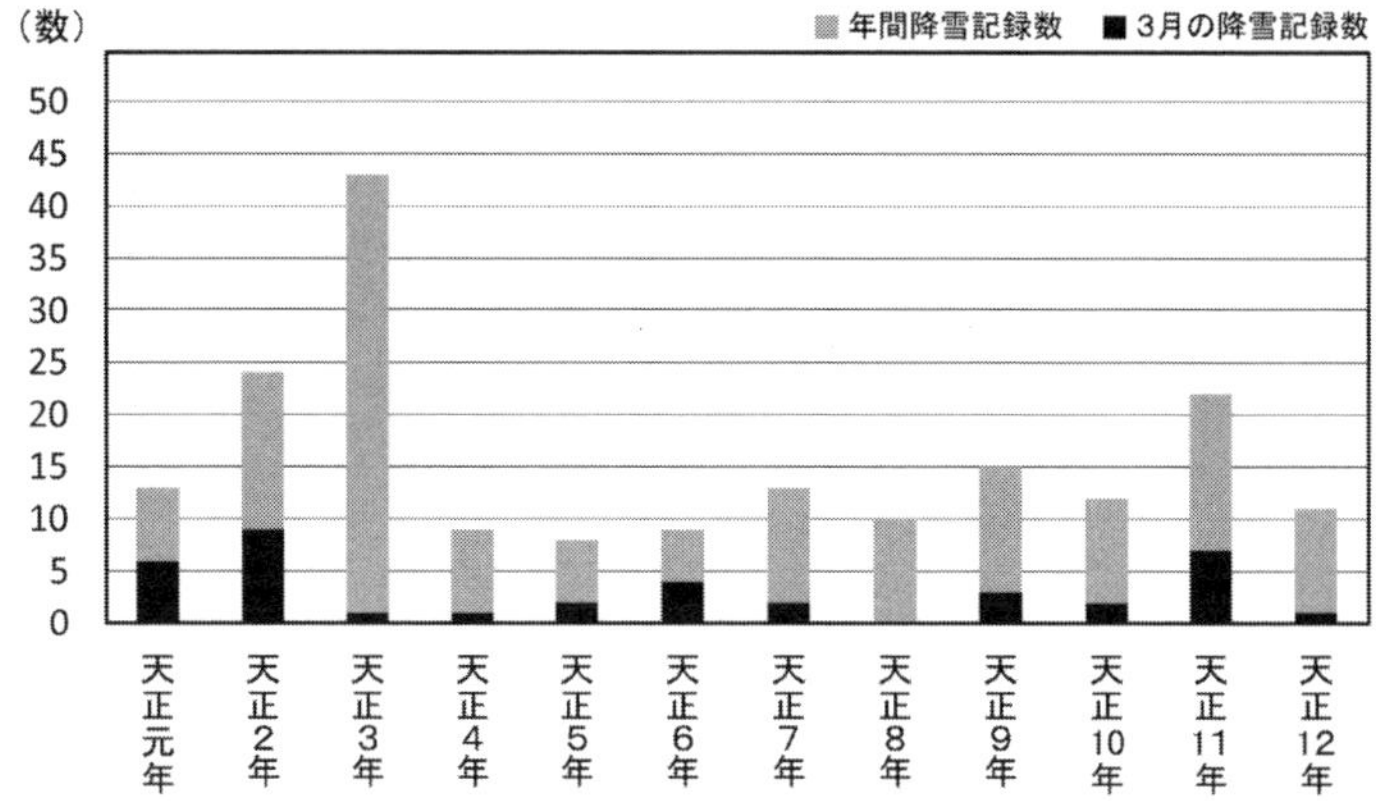

五　天正一一年の積雪

どの武将も冬期に文書数が少なくなるのは、天候との関連性、すなわち降雪により文書を含む物資の往き来が困難になるためではないかと推測できる。そこで、一六世紀の公家や武士、僧侶たちの古記録から、賤ヶ岳合戦が行なわれた天正一一年（一五八三）三月の降雪状況について検証してみよう。

大永六年（一五二六）から慶長五年（一六〇〇）に書かれた『お湯《ゆ》殿《どの》の上日記《うえのにっき》』、『多聞院日記《たもんいんにっき》』、『家忠日記《いえただにっき》』、『兼見卿記《かねみきょうき》』、『言継日記《ときつぐにっき》』、『言経日記《ときつねにっき》』▼注[4]をもとに、一年ごとの降雪日数と三月における降雪日数を抽出して、〔グラフ4〕にまとめた。

まず、年別では、年間平均で一五・八日の降雪が記録されている。天正一一年（一五八三）の降雪日数は二二日で、天正年間（一五七三～一五九三）のなかで四番目に多い日数である。

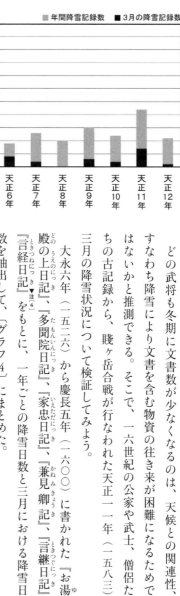

また、月別でみてみると、三月の降雪記録の平均は二・八日であった。年間降雪日数が多かった天正一一年の三月は、やはり平均を上回り七日間を記録している、これは天正年間（一五七三～一五九三）のなかで、天正二年（一五七四）の九日間に次ぐ二番目の多さである。

さらに、大永六年（一五二六）から慶長五年（一六〇〇）までの三月の日記別の降雪日数をみてみると、すべての史料で降雪日数が一致するわけではないようだ。ある史料では降雪日数が多くても、そのほかの史料では降雪日数が少ないケースがみられる。とはいえ、天正一一年(一五八三)では、『お湯殿の上日記』で一一日、『多聞院日記』で九日、『家忠日記』で一〇日といずれの史料においても、多くの降雪日数が記録されている。なお、複数の史料が同時に多くの降雪日数を記録している年は、天正一四年(一五八六)以外には見当たらない。降雪量こそ不明だが、天正一一年(一五八三)三月が寒冷で、雪が降りやすい天候であったことはまちがいないであろう。

ただし、これらの史料は京都・奈良で書かれたものであり、降雪記録がそのまま合戦の舞台となった近江賤ヶ岳付近の降雪状況だと断定することは難しい。そこで、現在の降雪データを参考にして、京都・奈良の降雪と賤ヶ岳周辺の降雪との関係をみてみよう。

昭和五二年(一九八二)から平成二五年(二〇一三)までの過去三二年間の三月の降雪日数と降雪量を、京都市、奈良市、勝家が陣をしいたとされる滋賀県柳ヶ瀬、越前・近江国境である福井県今庄の四カ所について検討した。現在の三月の京都・奈良では降雪日数がかなり少なく、雪は降っても積もらないとみていい。他方、柳ヶ瀬・今庄では、三月にもかかわらず、ある程度の降雪日数・降雪量が記録され、降雪日数の変動の様子もよく似ている。そして、このふたつと地域の降雪量の関係をみてみると、京都・奈良で降雪日数が多い年は、柳ヶ瀬・今庄でも多い場合がほとんどであった。

以上のことから、天正一一年(一五八三)三月に記録された京都・奈良における降雪とその日数の多さは、合戦の舞台となった近江・越前国境の賤ヶ岳付近でも、少なからぬ降雪・積雪があったことを示していると推測できる。

天正一一年(一五八三)三月の賤ヶ岳の雪。この雪こそが、柴田勝家の合戦への準備を妨げ、戦場への道のりを困難にしたのである。勝家は、文書が発給できないことで、諜報活動はもちろん他大名との連携も不十分なまま、軍事行動に踏み切らざるを得なかったのだ。その結果として、勝家が賤ヶ岳合戦において秀吉軍に敗北するという事態を招いたのではないだろうか。

六　木ノ芽峠越え

大雪に見舞われた天正一一年に勝家の行く手を阻んだのは、雪だけではない。

越前木ノ芽峠《きのめとうげ》は、現在の福井県南条郡南越前町と敦賀市の堺にあって、いわゆる嶺北・嶺南の分水嶺である。『日本紀略』によれば、木ノ芽峠は、天長七年（八三〇）に官道である北陸道の一部として開かれたという。険峻な渓谷を縫って続くこの峠道は、人馬の往来や荷物の運送のみならず軍事戦略上の重要路であった。一二世紀末の木曾義仲の上洛や一四世紀の新田義貞の下向、さらに一六世紀には朝倉、織田軍や一向一揆勢がこの稜線に沿って築かれた城砦で攻防をくり広げた。

一方で、道の険しさや冬の厳しい気候のために、中世の北国街道のなかでも交通上の難所のひとつであったことが知られる。たとえば、建武四年（一三三七）一月には、新田義貞軍が比叡山から越前に下る木ノ芽峠越えで多数の凍死者を出す事件が起こっている。

天正一一年（一五八三）の柴田勝家もまた、北ノ庄を発してこの木ノ芽峠から敦賀に出て、刀根《とね》越えで柳ヶ瀬に入ったとされる。春の大雪に見舞われたこの北国街道屈指の難所は、勝家軍の越境を妨げるひとつの障壁となったにちがいない。

七　賤ヶ岳合戦の雪

天正一一年（一五八三）の降雪は、賤ヶ岳合戦や両軍の軍事行動にどのような影響を与えていたのだろうか。本能寺の変後の政治情勢と、賤ヶ岳合戦以前の勝家・秀吉の行動を伝える『秀吉事記《ひでよしじき》』をみてみよう。▼注[5]

〔史料1〕

抑羽柴筑前守秀吉者、天正十年十月十五日、相勤将軍之御葬禮以来、帝都坤角山崎上拵一城直下五幾内、相鎮生民然而迎取前秋田城介平朝臣信忠御若君、奉安置安土欲令守護之處、織田三七信忠相談柴田、瀧川云、於相渡若君於秀吉者、彼一人相計天下、恣可振権威眼前也、寧非招秦趙高之怨、唐國忠之殃哉言而、一味同心介抱之、於是秀吉一端重将軍御子弟之禮、且又思誓紙之恐、雖呈條々之懇札、信孝心不許容、剰内々企敵対之計策者也、此時柴田修理亮勝家令同名令伊賀守勝豊謀之為和平之扱、前田又左衛門利家、不破彦三、金森五郎八差上京都、其故者越国自初冬至残春、雪深而難運粮唯今於起干戈者、人馬之疲、百姓之労、寔國之虚也思之儀也

明智光秀を倒し、信長の後継者の地位を固めつつあった秀吉は、清洲会議《きよすかいぎ》で信長の嫡孫三法師を跡継ぎにすえた。これに不満をもった信長の三男織田信孝《おだのぶたか》が、勝家や滝川一益《たきがわかずます》とともに秀吉に敵対した。越前では初冬から残春まで雪が深い。そのため、兵糧の運搬が困難で、人馬や百姓が疲弊し、国が衰えるもととなる。そこで、勝家は前田利家《まえだとしいえ》・不破彦三《ふわひこそ》・金森五郎八《かなもりごろはち》を京都に遣わし、清須会議以来、関係が悪化していた秀吉と和平した。

秀吉との合戦が避けられない状況となった天正一〇年（一五八二）一〇月半ばの時点で、勝家はいったん秀吉との和平に踏み切らざるを得ない状況にあった。つまり、「雪深くして粮を運びがたく、ただ今干戈を起こ

す（深い雪におおわれた越前で兵糧を確保し、兵を起こす）」ことが困難であると承知していたのだ。

また、『高木家文書』によれば、天正一一年（一五八三）二月九日、秀吉は宇喜多秀家宛てに次の文書を発給している。[注6]

〔史料2〕

東表出馬付而、早々御状並花房又七郎被懸御意候、祝著之至候、仍江北長濱之儀、柴田伊賀宿老共、人質七人迄出之相澄候之間、直ニ越州へ可押込處、雪深候條無是非候、岐阜儀、三七殿無御別儀候、何様ニも、我等次第と候之間、入念相堅候、瀧川不屈子細候間、北伊勢へ相動、成敗申付候、月相ニ者可明隙候間、頓而可令開陣候條、可御心安候、尚其節可申承候、恐々謹言、

「直ちに越州へ押し込むべきところ、雪深く候条、是非なく候」。秀吉は、長浜の柴田勝豊から人質を得たので、ただちに越前に攻め込みたい。しかし、雪が深いため是非もなく、侵攻することができない。だから、その間に北伊勢に攻め入り、勝家と組んでいた滝川一益を攻めるという。

秀吉の作戦は、雪深いため勝家に兵を出すことができない状態にある間に、織田信孝や柴田勝豊と同様に滝川一益も処分しようとするものであった。すなわち、秀吉・勝家の両者が身動きがとれない状況は、この年二月の尋常ならざる積雪を物語っている。

賤ヶ岳合戦において勝家が敗れた背景には、天正一〇年（一五八二）晩冬から天正一一年（一五八三）早春にかけての大雪が関係していたとみられる。[注7]大雪という足枷をはめられ、隔絶された環境にあった勝家は、文書の往復や兵糧の輸送を閉ざされて戦前に十分な準備を整えることができなかった。また、賤ヶ岳合戦の前哨戦となった秀吉の長浜城・岐阜城攻めにも援軍を出すことができず、秀吉の後塵を拝することとなった。さらに、

近江賤ヶ岳での決戦に向けて行軍する勝家軍は、大雪におおわれた木ノ芽峠をはじめとする北国街道の難所に阻まれ、その運命を翻弄されることとなったのである。

【注】

［1］使用した文献は、第一に勝家が仕えていた信長関連文書が集積されている奥野高広『織田信長文書の研究』上・下・補遺（吉川弘文館　二〇〇七年）である。第二に天正三年（一五七五）から最期までを過ごした地である越前史料が集録された福井県編『福井県史』資料編二〜七（福井県、一九八二〜九二年）と福井市編『福井市史』資料編二（福井市、一九八九年）である。第三に故郷であることや信長に仕えたことからなじみが深いという点から愛知県史史料編さん委員会編『愛知県史』資料編一一・一二（愛知県、二〇〇三・七年）、岐阜県編『岐阜県史』古代中世一〜四（岐阜県、一九六九〜七三年）、一時期治めていたことがあるという点から滋賀県編『滋賀県史』三（名著出版、一九七一年）の以上の六冊である。

［2］日置謙編『加能古文書』（名著出版、一九七三年）を使用した。また、天正年間（一五七三〜九三）の発給文書の記録を月別に集計した。

［3］三鬼清一郎『豊臣秀吉文書目録』（名古屋大学文学部国史学研究室、一九八九年）を使用した。

［4］『お湯殿の上の日記』（続群書類従刊行会、一九七三年）、『多聞院日記』（臨川書店、一九六八年）、松平家忠『家忠日記』（臨川書店、一九六八年）、吉田兼見『兼見卿記』一五七〇年〜九二年（斎木一馬・染谷光広　校訂『史料纂集』続群書類従完成会、一九七一年）、山科言継『言継日記』一五二七年〜七六年、山科言経『言経日記』一五七六年〜一六〇八年（東京大学史料編纂所『大日本古記録』東京大学、一九五二年）。

［5］『大日本史料』第一一編三冊（東京帝国大学、一九三〇年）。

［6］前掲注5。

［7］このほか『天文日記』に、本願寺光佐が勝家に年頭のあいさつのため使いを送った記述がある。

一、越前國柴田修理亮方へ年頭御音信、此使ハ越前御門徒衆ニ被仰付了、少進存知之也、

柴田修理亮　　太刀、馬代

同権六殿へ　　同前

佐久間玄蕃助　同前
徳山五兵衛　同前
巳上四人　イツレヘモ御書被遣之、御日付閏正月十八日、此使發足ハ三月十日頃、

書状の日付は閏一月一八日にもかかわらず、使者が出発したのは三月一〇日であった。約二カ月の時間差は、越前周辺の大雪で越境できなかった可能性が考えられる（前掲注5）。

コラム⑤

郷土史研究と地域学習

宮下和幸

現在、地域では郷土の歴史に関するニーズは高く、書店では郷土コーナーが設置され、テレビでも頻繁に特集が組まれている。郷土にまつわる歴史講座も同様であり、博物館などの公共施設にとどまらず、公民館などでも多くの歴史講座が催されている。いずれの講座も受講者は熱心であるが、共通の傾向として、まずは読み方など細部にこだわる点がみられる。歴史的文脈といった大きな視点は、講座の限られた時間ではイメージしづらく、細かい箇所に目が向きがちになるため、講師は丁寧に説明しながらイメージを膨らませてもらうように進める必要がある。また、絵図類などの視覚効果が高い資料を好むのも共通の傾向といえ、古文書の写真を示して説明を加えるよりも、絵図を見せながら解説する方が明らかに受講者の反応がよい。研究者が古文書と向き合いながら、学術的に理解するのとは異なるため、講座を担当する場合にはその点を意識し、関心をより高めてもらうために研究で得た知見をどのように還元できるか、常に模索しなければならないだろう。そして、このような講座を実施する際には、講師・受講者の双方で講座に対する方向性を共有することも大切である。講師が話し、受講者が聞くという講義形式のもの、古文書講座のように講師が適宜説明を加えつつ、受講者が古文書を解読するというワークショップのようなものもある。講師の発信と受講者のニーズに齟齬がないように取り組まねばならない。

つまり、講座のような限られた時間のなかで歴史的文脈を理解することはハードルが高く、容易なものではないということである。さらに、地域学習で講師が安直な発信をしてしまえば、「おらが地域」のような地域ナショナリズムを喚起しかねない（講座に限らずメディアでの発信も同じであり、地域では新聞やテレビの影響は大きい）。以上のことを踏まえると、古文書だけではなく、絵図類など視覚効果が高い資料を活用しつつ、その資料をとりまく歴史的背景などを丁寧に伝えることが、学習の場での有効な手法ではないだろうか。

たとえば、桶狭間合戦での活躍を描いた前田利家の肖像画がある〔図版1〕。当時の前田利家は織田信長の勘気をこうむって出仕停止の状況で参戦しており、ここでの活躍とその後の美濃攻めの功績によって帰参することになる。つまり、この肖像画はまさに自身の人生を切り開く勇ましい利家の姿を描いたものといえる。ただし、この肖像画は同時代に作成されたものではなく、近世後期から幕末維新期にかけて複数作成されたことが指摘されており、現在は前田家ゆかりの寺院・神社や、公共施設などに所蔵されていることから、肖像画が流布したことがわかる。この肖像画が作成された近世後期は、全国的に藩祖顕彰や藩史編纂が展開する顕彰の時代であり、前田利家の二五〇回忌も相俟って藩祖を勇ましく描いた肖像画が流布したのであろう。藩体制が動揺するなか、領内では藩祖の存在がひとつの紐帯になったと考えられるが、やはり資料そのものを語るだけではなく、その背景も含めて理解することが求められよう。

〔図版1〕金沢市立玉川図書館所蔵「前田利家桶狭間凱旋図」

地域の歴史を学習するということは、地域を誇ることを目的としているわけではない。絵図資料などを用いて間口を広くしながらも、その背景や評価などをおのおのが丁寧に学び、理解を深めようとする真摯さを育むことが大切であり、それを導くことが研究者の役割といえるのではないか。

第四章……系図という一族の物語

「額氏系図」を読む

——金屋彦四郎家の記録

❖加護京一郎・黒田　智

戦国時代、さかんに起こった下剋上。加賀一向一揆もそのひとつである。富樫氏が滅びたなか、金沢商人としての特権的地位を保持した一族がいた。彼らは、代々金沢銀座役をつとめ、さまざまな業種を手広く経営した。それが額氏《ぬかし》である。一向一揆で倒れた初代額景春《ぬかかげはる》の「景」の一字。これを受け継ぐ「額」の復姓に秘められた思いとは。——栖原佳乃子

一　一向一揆の落とし子

長享二年（一四八八）五月、本願寺派の坊主・門徒に率いられた一向一揆衆は、「南無阿弥陀仏」の筵旗《むしろばた》を立て、加賀国守護富樫政親《とがしまさちか》の籠もる高尾城を包囲した。▼注[1] 数十万ともいわれる一向一揆衆の攻撃はすさまじく、六月九

日には高尾城が落ち、政親は自刃した。こののち「百姓の持ちたる国」が約一〇〇年間にわたって続くことになる。
加賀一向一揆で敗滅した守護富樫氏。本宗家衰滅のなかで近世をたくましく生きのびた一族がいた。

富樫氏の庶流にあたる額氏である。その数奇な歴史を語る史料が、金沢市立近世史料館加越能文庫に所蔵されている。「額氏系図《ぬかしけいず》」は、額氏一五世の子孫額道因（景震）が作成した系図である。▼注〔2〕一五世紀を生きた額景春を始祖として、明治一七年（一八八四）一二月の一六世の記事を下限とし、明治九年（一八七六）の一七世源三郎の誕生を末尾に記す。一七代、約四〇〇年間におよぶ系図には、合計一二一人の人物が記載され、このうち男性七五人、女性四六人にのぼる。

藤原利仁《ふじわらのとしひと》の流れをくむ富樫氏は、在庁官人として加賀国富樫荘を拠点に勢力を伸ばした豪族であった。南北朝期に入って富樫高家が加賀国守護職につくと、不安定ながらも一五世紀末に至るまで君臨し続けた。

額氏は、一二世紀末の富樫景家を境に富樫氏から分立する。▼注〔3〕景家の父家経は、『平家物語』延慶本で寿永二年（一一八三）に木曾義仲の上洛につき従った加賀の武士団のひとりで、『源平盛衰記』では落馬した家経が郎党に助けられた記事がみえる。兄にあたる泰家は、能『安宅』や歌舞伎『勧進帳』で安宅関《あたかのせき》の関守であった「富樫左衛門」のモデルともされる。景家もまた、庶流として加賀富樫氏の一翼をになって鎌倉時代に活躍した人物と思われる。

景家の子ともされる額用家は、守護の富樫高家・氏春らが在京するなか、加賀に在国して分国経営にあたった。『金勝寺太平記《こんしょうじたいへいき》』では、建武五年（一三三八）七月に上洛する越後の南朝方を高松浜で迎撃し、那谷《なた》城に退却したことが記されている。

額氏が富樫氏から分立して五代目の子孫に、額丹波守景春なる人物がいる。景春は、『白山宮荘厳講中記《はくさんぐうしょうごんこうちゅうき》録《ろく》』文明六年（一四七四）条に「守護代額熊夜叉殿」として登場する。▼注〔4〕庶流であった景春は、宗家たる加賀守護富樫幸千代、さらには政親に仕えていたとみられる。『官知論《かんちろん》』によれば、長享二年（一四八八）六月七日の合戦で討ち死にした名簿のなかに「富樫氏同族額丹後守、その子額八郎次郎」の名があった。[注5] この日の早朝、一向一揆勢が狼煙をあげ、富樫氏の居城である高尾城にせまった。この二日後に、守護富樫政親もまた高尾城で自刃し、富樫氏は滅亡することになる。いわゆる加賀一向一揆である。

このとき景春とともに討ち死にしたのが、嫡男の八郎次郎親家であった。景春が三五歳ほどであったとすれば、親家はおそらく一五から二〇歳程度の若さだったのではないか。若年の親家には、ひとりの妻がいた。「額氏系図」は、親家の項に「妻　野村氏生一男／旧系譜ニ載ス、河北郡若松村一向宗院家本聖寺某之女也／八郎次郎戦没之時、既懐妊而後生一男於本聖寺云々」と記している。親家の妻は、浄土真宗本泉寺の娘であった。若松本泉寺は、本願寺蓮如の子蓮悟が二俣本泉寺《ほんせんじ》を河北郡若松村に移転させた寺院で、長享元年（一四八七）の創建とされる。長享一揆のわずか一年前のことであった。親家と本泉寺の娘との婚儀もまた、本泉寺の創建と相前後する時期であった可能性が高い。ふたりの結婚は、風雲急を告げる加賀の政治情勢のなかで、暴発寸前の富樫氏と一向一揆衆との間をつなぎ止めるための政略結婚であったのかもしれない。あるいは、目前にせまった戦火を前に、ふたりは偶然に出会って恋に落ち、道ならぬ結婚に踏み切ったのかもしれない。

しかも、親家が高尾城で華々しく討ち死にをとげたとき、妻はひとりの子どもを宿していた。富樫一族の滅亡という悲劇が幕を開けたとき、庶流であった額氏にひとりの男児が産声をあげようとしていたのである。その子こそが、額氏三世道寿であり、近世社会の黎明とともに江戸時代を生き抜く額氏繁栄のきっかけをつくった人物であった。

二　柳ヶ瀬の砲弾

道寿は、延徳元年（一四八九）に若松本泉寺で誕生した。この一年前、父親家は高尾城で一向一揆によって命を散らしていた。残された妻は、おそらく一向一揆側の拠点である本泉寺に残り、ひそかに敵対する亡夫の子を産み落としたのであろう。道寿は父の顔を知ることなく、敵方であった本泉寺で成長することになる。道寿は当初、「額八郎次郎景寿」とも名のっていたようだが、系図では「三世野村八郎左衛門道寿」とされている。野村は、母の出自である本泉寺の坊官の名字であろう。

本泉寺で過ごした道寿の半生については不明である。「額氏系図」が伝えるのは、道寿の最晩年のある出来事だけであった。すなわち、「天正元年、伴第四之孫重蔵者、謁国祖高徳公于京師請遣重蔵仕時年八歳、公以児小将、賜秩禄七十石」とある。天正元年（一五七三）、八六歳となった道寿は、八歳になる四番目の孫重蔵を連れて上洛し、京都で前田利家に謁見した。このときから重蔵は利家のもとで小姓となり、七〇石の扶持を与えられたという。道寿はこの年の五月一四日に死去している。

ただし、天正元年（一五七三）には、織田信長と石山本願寺との合戦が継続していた。また、朝倉義景が一乗谷で自刃するのもこの年の秋のことで、前田利家が柴田勝家の与力として北陸方面軍に編入されるのは翌天正二年（一五七四）のことであった。数カ月後に死をひかえた真宗寺院の老人が、加賀から上洛して織田家の一家臣にすぎなかった利家に謁見するのは、少々できすぎた話といえるだろう。重蔵の仕官は、もうしばらく後のことなのかもしれない。

ともあれ永禄八年（一五六五）に生まれた野村重蔵は、八歳にして前田家に出仕し、村井左馬助や富山下総ら有力家臣の子弟たちとともに、児小姓として前田利家の側近く仕えたとされる。ところが、順調に武士としての道を歩みはじめたかに思われた重蔵の身に転機が訪れる。天正一一年（一五八三）四月、一八歳となった重蔵は、利家とともに賤ヶ岳合戦に出陣したが、柳ヶ瀬において砲弾を膝に受けて負傷した。帰陣の途中、利家の命で水を汲みにゆくうちに山中で道に迷い、数日間、木の実を食べて飢えをしのいだ。ようやく金沢に戻ったときには、被弾した足の傷が悪化して歩くこともできなくなっていた。重蔵はもはや禄をはむ武士として前田家に仕えることをあきらめ、利家の命によって三ヶ屋九郎兵衛の養子となり、商人として寛永一三年（一六三六）まで七一年の生涯を全うしたのであった。重蔵は法名を浄甫といい、後述するように、その妻は油紙屋の祖であった。のちにこの油紙屋が額氏の重要な傍系をなすことになる。

賤ヶ岳合戦後に金沢城への入部が決まった利家は、重蔵の父や兄の所在を尋ねたという。額景春から四代目となる重蔵の父三郎左衛門道保は、享禄二年（一五二九）生まれで、野村道寿の四一歳のときの子ということになる。道保は、金沢御堂の後町（金屋町）に住して蝋燭商売を営み、慶長一二年（一六〇七）に死去した。道保の嫡男で、野村重蔵の一一歳上の兄にあたる五世蝋燭屋甚右衛門道味は、金沢入城の途上にあった利家に拝謁をはたし、肴を献上した。後年、三代利常との拝謁もはたし、御書を賜ったのが加賀藩における町人拝謁のはじまりともされている。前田利家の小姓であった野村重蔵との機縁を介して、いわゆる家柄商人としての特権を獲得することに成功していったのである。

三　金屋彦四郎家の特権

道味の嫡男であった六世八郎次郎道慧は、はじめ蝋燭屋《ろうそくや》、天秤屋を称していた。慶長九年（一六〇四）、一八歳となった道慧は、藩主前田利長の命により正室玉泉院の侍女新大夫の娘孝との婚儀がなった。新大夫の父は讃岐の名族であった香西又六で、天正二年（一五七四）の長島一揆で討ち死にしていた。▼注[6] 新大夫は、織田信長の娘玉泉院が前田利長に入輿《にゅうよ》する際につき従い、娘孝を一向宗の坊主か町人の嫁とすることを望み、道慧との婚儀をすすめたという。このとき道慧は金沢城に召されて「彦四郎」と改名し、料理や腰物の下賜に加えて、諸役の永代免除の御書を賜っている。

元和六年（一六二〇）、道慧ははじめて銀座役を命じられ、通用金銀の吹座を務めた。おそらくこのとき蝋燭屋・

天秤座を改め、「金屋」を称したと思われる。金屋彦四郎《かなやひこしろう》家の誕生である。「金屋」の屋号と銀座役は、かつて金沢御堂の膝下にあった尾山八町の金屋町に住したからだけではなく、縁戚関係をもつ本泉寺を介して一向一揆時代の金堀衆となんらかの関係をもっていたと推測すれば理解しやすい。

金屋彦四郎家は、こののち幕末に至るまで加賀藩の家柄商人としてきわめて特権的な地位を維持してゆくことになる。「額氏系図」からその特権について整理しておこう。

第一に、代々金沢銀座役を務めた。▼注[7] 銀座役とは、町人でありながら御土蔵や銀見の監督者のことである。代表者として藩役所に出入りして為替について藩経済と深くかかわりをもち、両替商たちの監督者として城下の商人経済とも関与していた。▼注[8] 天正一九年(一五九一)、秀吉配下の金工家後藤用助の下向によって金沢に銀座が開設されると、銀座役には金沢の裕福な商人があてられた。歴代当主では、六世道慧、七世宗治、さらに一二世道遊、一四世宝道、一五世道因、銀座相見役を九世保守が務めていた。また金屋のほかに浅野屋次郎兵衛や福久屋新右衛門らが命じられていた。

第二に、銀座役のほか、蝋燭屋、天秤屋、酒造商売などの他業種を手広く経営していた。また、代々の次男以下が油紙屋と紙屋の養子となっていた。油紙屋は野村重蔵の妻を端緒とし、紙屋は七世宗治の七男が南町紙屋元祖九右衛門の養子に入ったことにはじまる。さらに、一〇世が蝋燭肝煎《きもいり》、一一世と一五世が横目肝煎を務めた。一二世、一三世、一五世は町年寄役を務め、明治に入って一五世は金沢市長となった。そのほか、散算用聞、御払方、御用銀の貸付方・取立方、蔵宿職など、金融にかかわる多種多様な役職についていた。

第三に、歴代藩主への拝謁は、五世道味以降、一度も欠かすことなく維持された。彦四郎家の当主は、相続の直後のお目見えが恒例とされ、歴代藩主の襲封や藩主一族の忌日法会に際して拝礼をはたしていた。

第四に、有力武士、文化人、商人たちとの婚姻関係である。先述したように、六世道慧の妻は香西氏であった。また、七世宗治の妻は俵屋宗雪の娘であった。宗雪は、若狭京極家から禄をはんでいたが、のちに加賀藩前田家に仕え、慶安三年（一六五〇）に江戸藩邸の襖絵を描いた絵師であった。七世宗治は、同家の老臣多賀越中の娘とも婚儀を結んでいる。そのほか歴代当主の妻は、平野屋半助、中町袋屋、福久屋、油紙屋、有松屋など、金沢城下の有力商人から迎えられた。また、次男以下の養子先や娘の嫁入先をみてみると、松任屋、山崎屋、浅野屋、能登屋、宮腰屋、袋町木綿屋、粟崎木屋、河原町清金屋など、金沢周辺の商家が目につく。

四　金屋と油紙屋

寛永二〇年（一六四三）、六世道慧は、末期にあたって七世甚右衛門宗治は「無器量者」のため、別の者に後役を命ぜられることを望んだ。ところが、江戸に在府していた藩主前田光高から収納に支障が生じるとの理由で許可されず、そのまま相続することになったという。「道」の通字をもたない七世宗治の当主就任は、父の意にそぐわない継嗣だったのである。

「無器量者」とされた宗治だったが、藩主綱紀に拝謁をはたし、諸役免除の御書を受け、数年にとどまったとはいえ銀座役を務め、そのほか種々の職も兼帯した。八世杏寿も、同様に綱紀に拝謁し、はじめて酒造商売をはじめたものの、引き続き銀座役にはつかず、町年寄り役も病身により辞退している。九世保守は、銀座役を勝手不如意につき辞退し、銀見相見役を務めている。一〇世宗守は、蝋燭肝煎を務めたものの、銀座役にかかわった形跡がない。

一〇世宗守には四人の息子がいたがいずれも早世したため、宝暦一〇年（一七六〇）に浅野屋次郎兵衛の次男の三郎左衛門が養子に入って、一一世賢守を名のった。ところが、賢守は、彦四郎家の当主となってわずか六年にして、子もないまま二八歳で死去してしまう。明和二年（一七六五）、賢守没後ほどなくして、ふたたび宮腰屋次右衛門の次男庄右衛門居昌を養子に迎えた。彦四郎の名を継いだ居昌は、明和八年（一七七一）に銀座役に就任したが、翌安永元年（一七七二）に「不届きの趣」によって閉門を命じられ、役儀を放たれて実家へ戻されることとなった。金屋彦四郎家は断絶の危機に直面していたのである。

彦四郎家の次期当主として白羽の矢が立ったのは、嫡家と血縁関係にある油紙屋六代三郎右衛門景秀であった。二代続けてほかの商家からの養子をもらい受けたものの、早世や不祥事によって途絶えたため、金屋の後継者は一門のなかから選ぶこととなった。景秀は、享保四年（一七一九）生まれで、安永四年（一七七五）に五五歳にして彦四郎家一二世道遊を名のった。

道遊の出自である油紙屋の起源は、野村重蔵にさかのぼる。前述のように、前田利家の小姓であった重蔵は、合戦で膝に受けた弾痕から武士の道を捨て、三ヶ屋次左衛門（道甫）と名のって商人になり、幾多（妙意信女）を妻とした。この妻幾多こそが油紙屋の祖とされ、娘アイ（妙以信女）を二代目とするという。重蔵の兄で、彦四郎家五世道味の三男が油紙屋の三代目を継ぎ、八世の次男は油紙屋の婿養子となって道遊をもうけた。金屋と油紙屋とは、代々血の交わりを濃くする縁戚関係にあった。かつて野村重蔵がのちの金屋と前田家の間を取り持ったように、金屋の嫡流の断絶に際して油紙屋がセーフティネットの役割をはたしていたのである。

道遊の相続は、金屋彦四郎家にとって六世道慧以来、実に一三〇年ぶりの「道」の通字をもつ当主の誕生であった〔表1〕。三世道寿から六世道慧までの当主は、諱《いみな》に「道」の通字が使用され、「八郎次郎」の幼名をもっていた。ところが、続く七世宗治から八世杏寿、九世保守、一〇世宗守、一一世賢守までは、諱に「宗」や「守」をもち、いずれも「甚右衛門」を名のっていた。

また〔表1〕より、道遊の旧名「景秀」は、一向一揆で倒れた初代額景春や三世道寿の旧名景寿から「景」の一字を受け継ぐものでもあった。これは、富樫氏の末裔たる額氏の正統な子孫であることを自覚したものではなかったか。

かつて富樫一族の者として高尾城にたてこもり、一向一揆の拠点であった本泉寺から前田利家の小姓として仕え、金沢銀座役を務めた家柄商人として金屋彦四郎家の復活を託す願いも込められていたのかもしれない。
事実、道遊は、安永四年（一七七五）に金屋を相続した直後に、横目肝煎とともに銀座役を命じられている。また、安永五年（一七七六）には町年寄役、天明六年（一七八六）には御領国津出米裁許を務めた。一〇代藩主前《まえ》田《だ》治《はる》脩《なが》の継目年頭の拝謁をはたし、歴代藩主の法事にも拝礼、扶持を加増されている。

〔表1〕金屋彦四郎家歴代当主

	諡	実名	通称（幼名→初名）
始祖	景春		熊夜叉
二世	親家		
三世	道寿	景壽	八郎次郎
四世	道保		八郎次郎
五世	道味	吉恵	八郎次郎
六世	道慧		八郎次郎
七世	宗治	景全	八十郎
八世	杏壽	懋績	甚右衛門
九世	保守	正誠→成之→保守	甚右衛門
十世	宗守	可久→宗守	甚右衛門
十一世	賢守	賢守	三郎左衛門
十二世	道遊	景秀	
十三世	通勝	祥	八郎左衛門
十四世	寶道	景商	八次郎→甚右衛門
十五世	道因	景虎（？）	元太郎
十六世	了道	景廉	松次郎→甚右衛門→甚内
十七世	源三郎		

道遊の子は早世したらしく、後継者に恵まれなかった。そこで、道遊の孫にあたる油紙屋七代次郎右衛門の娘を養女とし、大文字屋弥右衛門の次男伊兵衛を婿に迎えて、一三世道勝を名のらせた。これ以降、金屋彦四郎家の歴代当主は、銀座役、町年寄役をあいついで務め、金沢商人としての特権的位置を保持し続けてゆくことになる。

五　額氏の復姓

安政三年（一八五六）一二月一日、金屋彦四郎一五世道因は、藩から「以後代々の名字御免」を許された。このとき道因は、「額」姓に復することを認められている。

かつて金屋彦四郎家から輩出した文化人たちが採用したのは、額や野村といった一六世紀にさかのぼる祖先たちの姓であった。たとえば、七世宗治の次男権兵衛は、幼くして算術にたけ、好んで木下順庵の門をたたいて儒学者となり、京都をへて伊勢桑名に移り住んだという。儒者となった権兵衛は、名を野村順成と改めている。野村は、三世道寿の母の実家である若松本泉寺の坊官の姓であり、曾祖父の弟重蔵の姓でもあった。また、わずか一年で銀座役を解かれ、廃嫡された庄右衛門居昌は、実家の宮腰屋に出戻ったのち、歌学者となって額庄蔵と名のり、西庵と号したという。

「額氏系図」の作者でもある一五世道因は、「豪壮にして質素倹約を守り、読書勉励、不倦能書にして詩賦《しふ》を好む」と記されている。道因が自家にまつわる古文書や記録、典籍類を読みあさるなかで、金屋彦四郎家の始祖に長享一揆で非業の討ち死にをとげた額高春・親家父子の存在にたどり着いたのであろう。

道因がみずからの諱としたのは、額氏の通字であった「景」を含む景震であった。〔表1〕によれば、歴代当主では、初代景春に続き三世景寿、とりわけ一二世道遊が景秀を名のって以降、一四世景商、一六世景廉と「景」

を通字とすることに自覚的であったと思われる。こうした富樫氏の末裔額氏の子孫たらんとする祖先観の醸成こそが、名字御免にあたって額姓を選択させた背景にあったにちがいない。それは、加賀一向一揆で額親家が討ち死にをとげてから、実に三六八年ぶりの復姓であった。

【注】

［1］北西弘『一向一揆の研究』（春秋社、一九八一年）、井上鋭夫『一向一揆の研究』（吉川弘文館、一九八八年）。

［2］「額氏系図」の末尾には、六〇通ほどの文書が収録されている。このうち寛永年間（一六二四〜四三）に二三通、承応年間（一六五二〜五四）に一二通あり、六世道慧、七世宗治の代のものが多い。

［3］尊経閣文庫所蔵「富樫系図」や善性寺所蔵「大桑氏系図」によれば、額氏の祖は富樫家経の子家忠とされている。

［4］『白山宮荘厳講中記録』（『白山比咩神社文献集』石川県図書館協会、一九七一年）。

［5］『官知論』は、『日本思想大系』一七　蓮如・一向一揆（岩波書店、一九七二年）参照。

［6］香川県編『香川県史』通史編Ⅱ（四国新聞社、一九九〇年）。

［7］三世道保が住んだ金屋町は、かつて鉄や金を求めて歩き、小立野台地で砂金を発見した「金屋」と呼ばれる漂泊の民が金沢につくった最初の町で、尾山御坊時代には金屋衆が住んでいたと思われる。もともと本泉寺にいた道保は、尾山御坊を中心とする一向一揆のなかで、金屋にかかわる技術や特権を有していたのかもしれない。

［8］中野節子『近世金沢の銀座商人』（平凡社、二〇一八年）。

第四章 「額氏系図」を読む——金屋彦四郎家の記録

第五章……「家」を支えた互助システム

加賀前田家年寄の後見制
――本多政和を事例に

❖林　亮太

年寄として加賀藩の藩政を支えた八家。彼らによる世襲制は、元禄期から幕末までの長きにわたり、変わることなく存続してきた。この体制を支えたのは、幼くして家督を継いだ年寄家の当主を、別の年寄が後見役としてサポートする後見制であった。本稿では、年寄本多家九代政和の事例をもとに、加賀藩年寄家における後見制の実態を明らかにする。そして、その世襲制の維持に大きく貢献したシステムについて考察する。――米田結華

一　加賀前田家年寄の研究状況と課題

加賀前田家の年寄（他大名家における家老に相当）は八家あり、世襲制が採られていた。▼注〔1〕年寄の研究については、

その職制成立に関するもの、[注2]各家に関するものなどがあるが、[注3]総じて研究はあまり進んでいない。特に、元禄期に年寄が八家となって以降、幕末までその体制は変わることなく維持されたにもかかわらず、研究が成立期に集中しており、その体制がどのように維持されていたのか、といった視点は見過ごされている。

本稿では、右の研究状況に鑑み、年寄の「家」[注4]を存続させるために用いられた制度である後見制について考察する。後見制とは、年寄の当主が幼くして相続したときに、一定期間、ほかの年寄が後見役となり、当主、およびその「家」を支える制度のことである。後見制については、一二代藩主前田斉泰《まえだなりやす》の子で、年寄前田直之系を相続した静之介（直会）を事例にした研究がある。[注5]静之介は、藩主家の子が正式に年寄家の家督を継いだ唯一の事例である。後見の仕方についても、藩主家の子であるという特異な面が意識されていたと思われる。そこで本稿では、これ以外の年寄の後見制についてみていきたい。対象とするのは年寄本多家九代政和《まさかず》の後見制であり、この事例から若干の考察を試みる。

二　本多政礼の遺書

まず、二通の遺書をみよう。これらは、穴水町歴史民俗資料館（石川県）に寄託されている長家文書の「本《ほん》多政礼遺書《だまさつぐいしょ》」「本多政礼遺書写《ほんだまさつぐいしょうつし》」である。

本多政礼の経歴は、〔表1〕の通りである。政礼は、寛政元年（一七八九）一二月に、年寄本多家七代政成《まさよし》の子として誕生した。享和三年（一八〇三）四月の父政成の死去にともない、同六月に五万石を相続した。その後は、順調に年寄が就く役職に就任していった。しかし、文政元年（一八一八）八月一〇日に、公儀御用・加判・月番・勝手方御用主附《かってかたごようぬしづけ》を指し除かれた。この処罰がきっかけとなり、二通の遺書が書かれた。まず、〔史料1〕の遺書をみよう。

〔表1〕本多政礼の経歴

年月日	内容
享和3年6月26日	5万石相続
享和3年7月21日	御宮請取火消就任
享和3年12月24日	安房守叙爵
文化2年2月11日	見習
文化3年9月10日	人持組頭、加判就任
文化4年3月6日	月番就任
文化13年4月15日	公儀御用、勝手方御用主附就任
文政元年8月10日	公儀御用、加判、月番、勝手方御用主附指し除き
文政3年7月7日	人持組を当分長連愛へ預ける（病気のため）
文政3年7月10日	死去

（注）金沢市立玉川図書館近世史料館所蔵加越能文庫「先祖由緒并一類附帳」本多政以、同「金都柱石史」2により作成。

〔史料1〕「本多政礼遺書」▼注〔6〕

私義今般恐入候蒙仰出、迷惑至極仕候段、御賢察可被下候、然ハ此上恐多候へとも不慮ニ煩ニ取詰候ハヽ、跡職之義幼少ニハ候へとも、同氏磐松（政和）へ何分ニも被仰付候様ニ願上置申候、猶又宜御執筆之義奉頼候、相残子共之義ハ磐松へ被下候御知行之内を以如何様ニも育候様ニ申付置候、依而願之通被仰付候ハヽ、御後見之義、乍御難題奉頼候、伊勢守（前田孝友）殿・土佐守（前田直時）殿ニも間柄之義ニ候間、後見之義頼置候被仰入宜敷奉頼候、併なから貴所様之御義ハ格別之御間柄ニ候間、何事取わけ御世話義奉頼候、磐松成立之義ハ申ニも不及候、家中仕置之義も貴所様御家来同事与思召宜敷御指引可被下候、家格之義等委敷申上万端相伺候様ニ家老共初申付置候間、呉々奉頼候、家事之義ハ尤同姓之者共へも申付置候間、是等も宜敷御示談可被下候、右等之趣相願置候、以上

文政元年八月十七日　本多安房守（政礼）（花押）

甲斐守（長連愛）殿

宛名は、年寄の長《ちょう》連愛《つらよし》である。史料冒頭で、「私義今般恐入候蒙仰出、迷惑至極仕候」と、途方に暮れてい

る様子がうかがえるが、その「仰出」とは先述した処罰のことを指す。この背景については後で説明する。そして、なにか不慮のことがあれば、政礼の子である政和（史料引用以外は、政和で統一する）へ跡職を仰せ付けられるように頼んでいる。政和は、文化一〇年（一八一三）八月生まれで、当時六歳であった。政和が相続したならば、後見役を勤めるように願っている。また、本多家と「間柄」（旧縁）を有する、年寄家の前田孝友《まえだたかとも》（長種系）・前田直時《まえだなおとき》（直之系）へ後見役を勤めるように頼むことも依頼している。そのほか、「家中仕置之義も貴所様御家来同事与思召宜敷御指引可被下候」と、家中についても、自分の家来と思って「仕置」してほしいと頼んでいる。これについては、前《まえ》田直良《だなおさだ》の後見役を勤めた年寄奥村栄実《おくむらてるざね》に対しても、直良の父直時が同様のことをいっているので、[注7] 後見役は自分の「家」と同じように、被後見人の「家」の「家中仕置」をおこなっていたのではないかと考えられる。また、「家事」、家内部のことであろうか。これについても、「宜敷御示談可被下候」と記されている。

内容をまとめると、政和の後見役となり、「家中仕置」などを含め、本

〔図1〕本多家・長家関係系図

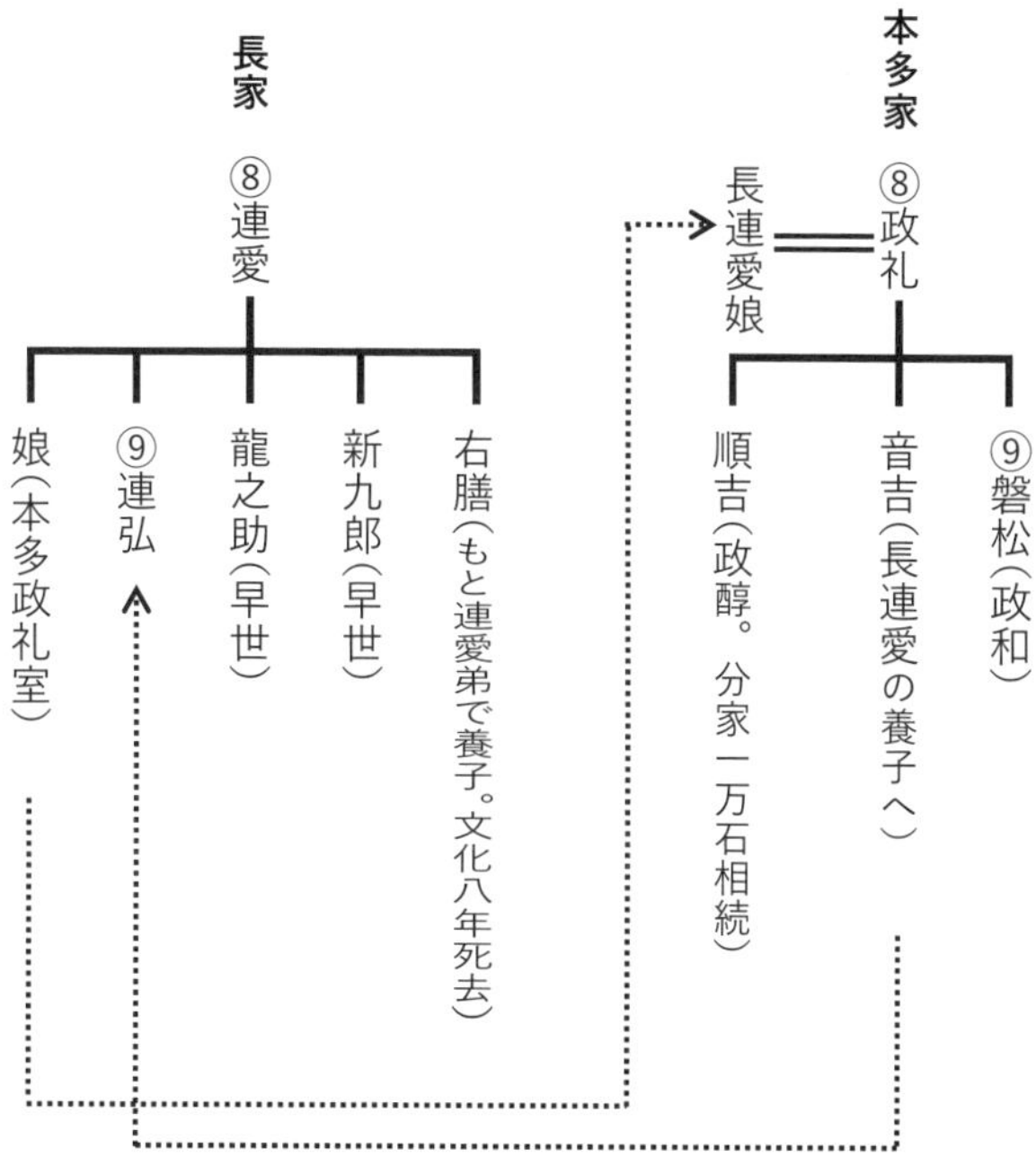

（注）金沢市立玉川図書館近世史料館所蔵加越能文庫「本多系譜」、「長家譜」、同館所蔵郷土資料「諸士系譜」により作成（本稿に関係する者のみ抜き出した）。丸囲いの数字は代数をさす。

多家がうまく存続するように頼んでいるものといえる。また、政礼は連愛を「格別之御間柄」と認識しており、連愛の娘を正室とする政礼の意識がうかがえる（〔図1〕）。「格別」な間柄だからこそ、こうした「家」の存続にかかわることを頼んだのである。後見役の決定過程の詳細は不明だが、この政礼からの依頼により、連愛は後見役を勤めることを意識したと考えられる。

では、次に〔史料2〕の遺書をみよう。

〔史料2〕「本多政礼遺書写[注8]」

被存出《（ママ）》為与《（ママ）》与存書付置候

我等跡職之義、磐松《（政和）》江何分ニも被仰付候様ニ願置候間、其方事ハ磐松を我等同事ニ被存候而、何事をも申なりニ致し可被申候、若御軍役等之義候ハヽ、磐松家来同事ニ召連可申候、何事も磐松次第ニ勤候義則公儀江之御奉公ニ候間、努ニ失念無之大切ニ可被相心得候、扨ハ一門中其外家来之《（ものカ）》も共茂慇懃に可被致候、不及申ニ事ニ候へとも、文武之嗜油断有之間敷候、両人共ニ幼稚之事ニ外ニ申置候事も無之候、成長之上者、只今之一言を不存忘、磐松江奉公可被致候、不慮ニ煩ニ取詰候時之為と存認置候、以上

文政元年八月十五日　　本多安房守《（政礼）》御判

本多音吉殿

本多順松殿

この遺書は、政礼の政和以外の子、音吉・順松に宛てたものである。音吉は、文化一二年（一八一五）八月生まれで、文政元年（一八一八）当時四歳であった。順松は、文政元年七月生まれで、当時、生後一カ月であった。内容にうつろう。まず、政和が本多家を相続したときの心得が書かれている。「磐松を我等同事ニ被存候而、

何事をも申なりニ致し可被申候」と、政和に従うようにとし、さらに、もし軍役などがあれば、政和の家来と同様に召し連れられるようにとある。そして、「何事も磐松次第ニ勤」めることは、「公儀江之御奉公」につながることだという。ここでの「公儀」とは、藩主前田家を指していると思われる。また、文武を嗜むようになどということも記されている。こうしたことを成長した上は忘れず、政和へ奉公するようにとある。

以上、二通の遺書をみたが、〔史料1〕は本多政礼の自筆と考えられるもので、〔史料2〕は写である。〔史料2〕は、当初、政和の後見役を勤めていた長連愛が所持していたが、音吉・順松が成長したときに両人へこれを渡し、その写が長家側に残ったのであろう。

こうした遺書は、あまりみられないものである。よくみられる年寄の遺書は、次のようなものである。

〔史料3〕「前田直時遺書控」▼注〔9〕

私儀文化五年十二月十五日被召出、新知被下置、其後祖父近江守（前田直方）隠居、私家督先格之通無相違被下置、月番・加判之御用被仰付、且又芳春院様（初代藩主利家の正室松）二百回御忌法事御用於京都如先格被仰付、不相変人持組頭、叙爵迄被仰付、中将様（一二代藩主斉広）隠居之上竹沢御殿ニ御引移ニ付、御身附御用被仰付、其外品々兼役之御用等被仰付、段々結構ニ被仰付、重畳難有仕合御鴻恩之程冥加至極、可奉申上様茂無御座候、然処為指勤仕茂無之死去仕候儀無是非次第ニ奉存候、せかれ初丸（前田直良）儀当年五才ニ罷成申候、幼少者之儀ニ御座候得共、家督之儀被仰付候様奉願候旨加賀守様（一三代藩主斉泰）江申上置候、一生之御礼申上度急死難計相調置申候、中将様江此段宜被達御聴候、恐々謹言

前田土佐守
（文政七年）甲申正月二日　直時（花押）
長甲斐守（連愛）殿
村井豊後守（長世）殿

横山求馬（隆章）殿
奥村内膳（惇叙）殿
村井又兵衛（長道）殿

これは、前田直之系六代直時の遺書である。このように自身の経歴、希望の相続人を記し、ほかの年寄に宛てた遺書は多くみられる。同家では、正月（多くは二日付）に右のような遺書を書いており、前田土佐守家資料館には、その控が多く所蔵されている。[注10] 奥村宗家の史料にも「毎年正月二日之日付ニ而遺書調置」[注11]き、という記述があることから、正月に遺書を書くのは年寄家で一般的におこなわれていたと考えられる。実際に死去すれば、右のような遺書が相続時に提出されたのだろう。

先にみた本多政礼の二通の遺書はこれとは異なり、私的な希望を含んだ遺書といえる。政和の相続の際には政礼の遺書が提出されているので、[注12] 二通の遺書のほかに、〔史料3〕のような遺書を書き残していたと思われる。

次に二通の遺書が書かれた背景をみていきたい。先述したように、これらは文政元年（一八一八）八月一〇日の諸役指し除きをうけて書かれた遺書である。先行きが不透明な状況で、「家」の存続を不安視していたと考えられる。処罰に至る過程は、次の通りである。[注13] 文化一三年（一八一六）四月、勝手方御用主附の長連愛と奥村質直《おくむらかたなお》は免除され、その代わりに本多政礼・横山隆盛《よこやまたかしげ》（同閏八月死去）が任命された。当時、そのほかに勝手方御用として家老の前田道済もいたが、文政元年五月に奥村栄実と代わっている。苦しい状況であった藩財政を改善しようと、政礼は財政運営の中心を担った。この時期の取り組みとしては、大坂廻米の停止、諸経費の削減、領内の裕福な者へ借り銀を命じたほか、引免立ち帰り仕法（内容は、引免とされた箇所を詮議し、元へ立ち帰らせるなど）を実施した。しかし、結果はうまくいかず、結局、その責任を取らされるかたちで、諸役を指し除かれた。なお、このとき政礼だけではなく、栄実も月番・加判・金沢城代・勝手方御用を指し除かれている。

三　後見役の実態

本多政礼は、文政元年八月一〇日に諸役を指し除かれた後、同三年七月五日から「脚腫」「気滞」などを煩い、同九日、長連愛へ自身が支配していた人持組の支配を頼んでいる。その後も体調は回復せず、翌一〇日に死去した。

政礼の死後、文政三年九月六日に政和は登城し、家督相続の許可を得た。同日、御用番（月番就任者の中で、当番月の者）から自身の座列（「村井又兵衛（長世）次、求馬（横山隆章）上」）についても申し渡された。「金都柱石史《きんとちゅうせきし》」には、その二カ月ほど前の七月の箇所に、「磐松義幼少ニ付、後見之義甲斐守（長連愛）・伊勢守（前田孝友）両人申談候事」▼注〔14〕と記されており、七月の時点で長連愛・前田孝友が後見役を勤めることは決まっていたと考えられる。〔史料1〕をみると、政礼の希望は長連愛・前田孝友・前田直時であったが、実際に後見役を勤めたのは連愛と孝友であった。この理由は判然としない。

家督相続から八日後、政和の後見役ふたりは、御用番の村井長世《むらいながよ》から次の文書を渡された。

〔史料4〕「金都柱石史」二▼注〔15〕

本多磐松（政和）殿家督相続就被仰付候、朔望・佳節出仕可有之処、当年八歳ニ而幼若之義ニ候間、両三年出仕御用捨被成下候様有之度旨、御紙面相達御聴候処、其通被仰出候条、左様御心得磐松殿江御申談可被成候、以上

九月十四日（文政三年）　村井又兵衛（長世）

長甲斐守（連愛）様

前田伊勢守（孝友）様

通常年寄は、朔望《さくぼう》（正月元日・同一五日・七月一五日を除く、毎月一日・一五日）・佳節《かせつ》の出仕をしていたが、[注16]政和が幼少であったので、二、三年の「出仕御用捨」を願い、それが認められた。このことは、政和の後見役であった、長連愛と前田孝友へ伝えられた。両人を経由して政和へも伝わったものと考えられる。また、月次出仕も右と同様の理由でしていなかったが、年頭御礼は格別であるということで、登城して御祝詞を申し上げていた。

文政四年（一八二一）八月、前田孝友は隠居し、[注17]それ以降、長連愛が一人で後見役を勤めた。同五年五月一八日に、長連愛は御用番の前田直時に対し、政和が今年一〇歳になったので、朔望・佳節の出仕をできるように願い、[注18]同二二日、直時から、その出仕を認める書状が届いた。同年七月には、連愛が参勤の御供として江戸へ行くことになり、その代わりに年寄横山隆章《よこやまたかあき》が後見役を勤めることになった。これは、連愛の在府中のみの交代であり、一時的なものであったと考えられる。政和は順調に成長した。同九年六月二四日、連愛は政和の額角入・袖下留、および名を磐松から左馬助に改名することを願い、即日藩主斉泰からの許可が伝えられた。[注19]

前節では、政和のふたりの弟の存在についても確認した。政和の弟ということで、政和の後見役である長連愛は、この弟についてもサポートしている。それは、「左馬助実弟音吉初而御目見願、甲斐守《後見》ゟ被相達」と、文政九年六月、音吉の初御目見願いを連愛がおこなっていることからわかる。後見役としての勤めの対象は政和のみならず、兄弟にまでおよんでいた。なお、連愛には、養子を含め嫡子に指定した者がいたが、全員連愛より先に死去しており、その後、同一一年二月に音吉が連愛の養子となった。そして、天保二年（一八三一）一二月に家督を相続した（九代連弘）。

文政一〇年二月二四日、政和は、「成長ニ付後見之義指止」めとなった。この「指止」めは、長連愛から意見が出され、藩主の許可を得て認められたものであった。これにて、後見役としての勤めは終わった。後見役が「指止」めになるのは、前髪執（元服）がおこなわれる前後の時期であった。それは、後見役の村井長在《むらいながあきら》・奥村直温《おくむらなおあつ》が、被後見人の年寄前田孝敬へ「御自分様、御幼少ニ付、拙者共致御後見罷在候処、段々御成長今度御前髪をも被執候ニ付、御後見之義指止候段、御聴ニも御達候条、左様御承知可被成候」と、宛てた書状内容からも確認できる。[注20] 政和の前髪執は、同三月一一日にそれを願い、即日許可されている。[注21] つまり、政和の後見役は、前髪執が許可される約二週間前に「指止」められたのである。後見役の「指止」めの理由が前髪執ではなく、「成長ニ付」とあるように体格などの見た目はもちろん、そのほか言動なども基準とされていたのではないかと考えられる。

以上、政和の後見役の実態をみてきた。通常、後見役は二、三人つけられたが、この事例では前田孝友の隠居後も同役を補充した形跡はなく、長連愛が一人でそれを勤めていた。奥村栄通《おくむらてるみち》・横山隆章は、前田静之介（直会）の後見役を勤めたが、彼らは月交代で後見の任にあたっていたという。[注22] こうした事例もあるので、後見役の体制などの詳細については今後の課題としたい。

四　後見制の意義

後見役は、前髪執（元服）の前後までつけられており、その後は見習・加判・月番……などの役職に就任し、年寄として藩政に関与していくことになる。後見制は、こうした役職就任の前段階に、被後見人、およびその「家」を後見役が支える制度であり、これにより年寄の「家」の安定的な存続が実現していた。後見制は、年寄の世襲制維持に寄与した制度であったといえる。年寄の世襲制を維持するための工夫には後見制のほかに、役職就任制でもみられた。役職就任制は別稿で詳細に検討する予定であるが、簡単にいえば、幼くして年寄家を相続しても、段階的に職を勤めさせることによって年寄の基礎となる職務に慣れさせ、その上で年寄にとって重要

な職で、かつ年寄の当主しか就くことができない人持組頭に就任するといったものである。▼注[23]

後見制は、役職就任制とともに年寄の世襲制を支えた重要なものであった。今後は、本稿でみた後見役以外の事例も検討し、より理解を深める必要があるだろう。

【注】

[1] 年寄は、本多家・長家・横山家・前田長種系・前田直之系・奥村宗家・奥村支家・村井家で構成されていた。

[2] 石野友康「加賀藩における貞享の職制改革について」(『加能地域史』三三、二〇〇〇年)、拙稿「加賀藩上級家臣団の職掌と職名の変化について――貞享三年の職制改革後を対象として――」(『地方史研究』三六二、二〇一三年)など。

[3] 石川県教育委員会事務局文化財課金沢城研究調査室編『金沢城代と横山家文書の研究』(石川県教育委員会事務局文化財課金沢城研究調査室、二〇〇七年)、拙稿「加賀藩年寄奥村宗家の養子からみる家関係と家意識」(『加賀藩研究』四、二〇一四年)、同「加賀前田家の墓目役と奥村家」(加賀藩研究ネットワーク編『加賀藩武家社会と学問・情報』岩田書院、二〇一五年)、大塚有将「加賀八家の先祖観――『三州奇談』と横山家家譜――」(『北陸史学』六五、二〇一六年)など。

[4]「家」とは、家名(名称)・家職(家業・職業)・家産(財産)の三つを基本的に兼ね備え、先祖から子孫へ相続されるという観念を有した社会集団である(高野信治『大名の相貌―時代性とイメージ化―』清文堂出版、二〇一四年、四・五頁)。本稿でも、「家」を右の考え方で捉えている。

[5] 石野友康「加賀藩前田家の庶子と重臣層」(前掲注3『加賀藩武家社会と学問・情報』)。

[6] 穴水町歴史民俗資料館寄託長家史料(四五八)。

[7] 前掲注5。後見役は基本的に加判就任者の中から選ばれた。しかし、例外もあったようで、前田直良の後見役を勤めた奥村栄実は、当時加判をはじめ、月番・勝手方御用などを指し除かれていたが、最終的には直良の父直時の遺言に従い、栄実が勤めることになったという(同注)。

[8] 穴水町歴史民俗資料館寄託長家史料(四五七)。

[9] 前田土佐守家資料館所蔵(家政四五一)。

[10] 前田土佐守家資料整理調査委員会編『前田土佐守家資料館所蔵品目録』(金沢市、二〇〇一年)。

[11] 金沢市立玉川図書館近世史料館所蔵（以下、未刊行史料は同館所蔵）奥村文庫「南岸見聞愚考録」（〇九四・〇―一七）。

[12] その遺書の原本・写ともに現時点では確認できないが、政和の相続の際には、「故安房守（政礼）遺書被遂御覧候」と、藩主が目を通している（加越能文庫「金都柱石史」二、一六・三四―九四）。

[13] 一連の説明は長山直治『寺島蔵人と加賀藩政―化政・天保期の百万石群像―』（桂書房、二〇〇三年、一四九〜一六一頁）による。

[14] 前掲注12「金都柱石史」二。本節で注記がないものは同史料による。

[15] 同右史料。

[16] 日置謙『加能郷土辞彙』（北国新聞社、一九七三年）、「朔望佳節」の項。

[17] 加越能文庫「先祖由緒并一類附帳」前田豊（一六・三一―六五）。

[18] 加越能文庫「本多家由緒帳七種」（一六・三一―一六八）。

[19] 同右。

[20] 加越能文庫「前田弾番後見之件」二（一六・三二―五八）。後見の終了時期は同史料を根拠とし、すでに前掲注5で指摘されている。

[21] 前掲注18。前髪執を誰が願ったのかは不明である。

[22] 前掲注5。

[23] 基本的に年寄は、無役→火消（勤めない場合も）→見習→加判→月番（加判と同時のことも）→人持組頭、という順で役職に就任した（五代藩主吉徳期以降）。この過程については、年寄各家の家譜などで確認できる（加越能文庫「奥村家譜」（一六・三一―八一）など）。人持組頭就任後は、叙爵した者は公儀御用（大老）を勤めた（例外として、前田直之系の当主は四代直躬以降、叙爵してもそれを勤めなかった）。また、勝手方御用・学校方御用・金沢城代などの職は、月番就任後に勤めることがあった。

第六章……茶屋街の近世と近代

東山の成立

❖西田夏希

歴史的景観がひしめき合う小京都金沢。本稿は、その一端を担う〝ひがし茶屋街〟に焦点をあてる。茶屋街をとりまく土地利用、成立までの過程、そして、そこに暮らす美しい遊女たち。この街は、風紀の乱れを理由に政府から弾圧され続けた。それにもかかわらず、今もなお艶やかな文化が花開いている。町名の変遷から、「東山」成立の過程にせまる。――山田鈴紗・礪波玲央

一　卯辰地域をとりまく空間秩序

今や金沢を代表する観光地となった「ひがし茶屋街」。卯辰山《うたつやま》のふもとにつくられた町場空間は、どのような変遷をたどってきたのだろうか。まずは、茶屋町が形成される前の、金沢城東部卯辰山麓地域の空間秩序を

整理してみよう。この地域は、浅野川《あさのがわ》と北国街道《ほっこくかいどう》によって区分でき、A窪市《くぼいち》、B卯辰寺院群《うたつじいんぐん》、C三角地帯、D町場（街道沿い）、E材木町《ざいもくちょう》の五つのブロックに分けられる〔図1〕。

A窪市

窪市は、浅野川中流左岸、北国街道の西側に位置する。中世には、浅野川と中通り道が交差する流通上の丁字路があり、久保市乙剣宮《くぼいちおとつるぎぐう》の門前市として発展した。戦国期に入り、一揆の争乱に巻き込まれて久保市乙剣宮は焼失し、窪市の市場としての機能は衰退した。荒野となったこの地に寺社が点々と建つ枯木町となったとされている。

B卯辰寺院群

卯辰寺院群は、浅野川中流右岸、北国街道の東側にあたる卯辰山麓に位置する。慶長初期から寛文後期（一七世紀前半～一八世紀後半）にかけて形成された。浅野川沿岸から寺院が建てられ、年をへるごとに徐々に北東へと伸びていった。長期にわたり分散的に、寺院が建立されていったものとみられる。▼注〔1〕

C三角地帯

卯辰山と北国街道と浅野川に囲まれた三角形上の区分である（以下、「三角地帯」と呼ぶ）標高二〇メートルの浅野川の河岸段丘低部にあたり、しばしば浅野川氾濫による大きな被害を受けてきた。氾濫原、かつ泥湿地帯であったため、後進地域であったと考えられる。

この地に町場が形成されたのは、寺院群の移転がきっかけであった。

まず、前田利家入城にともない祇園社が創建された。その後、慶長四年から六年（一五九九～一六〇一）に、前田家とかかわりの深い「七ヶ寺」がこの地に移転。北国街道から観音院への参詣路周辺に、観音町などが拓かれた。また、明王院の参詣路周辺には、茶屋町・愛宕下町・愛宕門前町が形成された。さらに、年

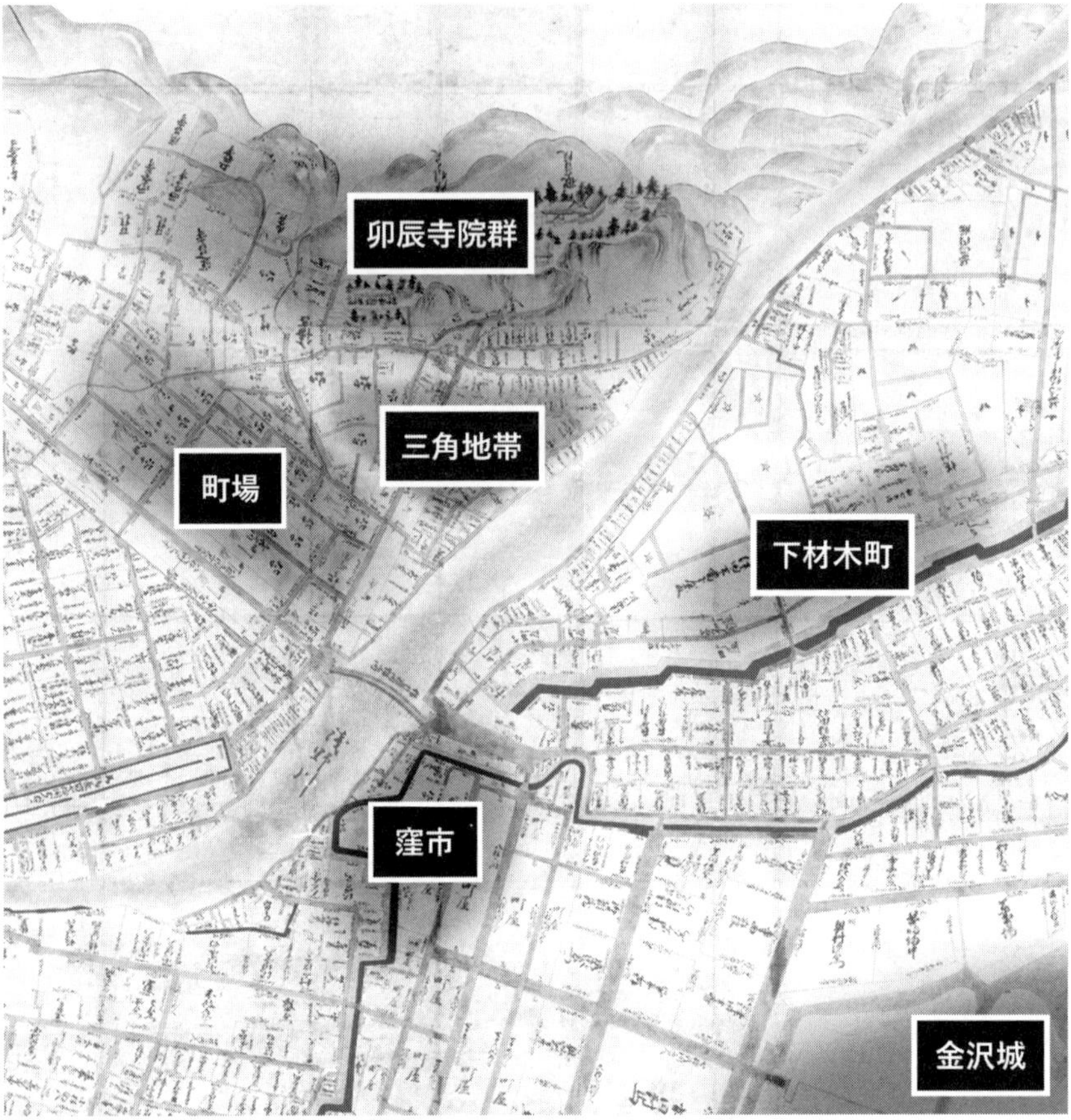

〔図 1〕金沢城東部卯辰山麓地域の空間秩序

代不明であるものの、卯辰八幡宮の門前に八幡町がつくられた。

やがて寺院に加えて、窪市から久保市乙剣宮、近江町から市姫神社が三角地帯に移転した。市の神の移転は、三角地帯に商業の風をふきこみ、集住と繁華の一助となったと考えられる。▼注〔2〕

D町場（北国街道沿い）

浅野川右岸の北国街道沿い、浅野川口から北東へ、卯辰町・森下町・金屋町が並ぶ。卯辰町・森下町は本町、金屋町は七ヶ所のひとつで、▼注〔3〕本町・七ヶ所は、成立時に「永々町屋居住地」として認められたものであった。「永々町屋居住地」とは、御用地や郡地・武家地に接収されない土地で、町人地のなかでも格の高い土地であることがわかる。慶長年間（一五九六〜一六一五）から本町の町役を命ぜられた森下町は、江戸初期にさかのぼる。

金屋町は、尾山八町のひとつでもあり、もともと金沢城の南側にあたる南町と堤町の間、金谷門付近に位置していた。寛永一二年（一六三五）の大火にともなう整備で材木町に移転したのち、旧金屋町（現金沢市森本一丁目・東山二丁目）に移転したといわれている。

E材木町

浅野川左岸、北国街道の東に位置する。下材木町にあたる地域（現橋場町・材木町）は、卯辰地域と同じ浅野川の段丘低部で、洪水による被害を受けやすい土地であった。他方、寛永年間の大火以降、金沢城石川門から北へ下る紺屋坂下にあった紺屋町が移転して上材木町が形成された。

すなわち、浅野川右岸の**A窪市**が中世において流通ルートの核心であった。その後、窪市の衰退と城下町の形成にともない、対岸である卯辰山に**B卯辰寺院群**がつくられた。寺院群の形成と平行して、浅野川左岸の北国街道沿いに**D町屋**ができ、**C三角地帯**に新たな門前町が成立した。他方、浅野川右岸の**E材木町**には、前田氏入部以前からの紺屋町や金屋町が移転して、町屋が形成されていった。

二　茶屋町の成立

金沢に城下町が形成されはじめた元和年間（一六一五〜二三）には、すでに京・大坂から女歌舞伎や操りなどの芸人が城下に入っていた。[注4] こうした芸人たちは浅野川や犀川《さいがわ》で芝居興行をおこない、「御前様・御子様がた」から町人・百姓までさまざまな階層の人びとでにぎわっていた。なかでも、御荷川・なかいと川の河原では、女歌舞伎が座を立て、お吉・塩釜・十五夜という美人で評判の高い三人の太夫がいた。そのほか京・大坂から下ってきた若い女性たちが「御屋敷様方」といわれた重臣たちに寵愛されたという。金沢では、寛永年間（一六二四〜四三）までこうした浄瑠璃や操りなどの芸能がにぎやかに上演されていた。

また、元和六年（一六二〇）には浅野川沿いの堀川町に遊女がいたことが記録されている。ここには、荷積宿が数多く立ちならび、遊女を抱える許可が下りていた。公許の廓を禁止した加賀藩では特例であった。さらに、犀川大橋をはさんで形成された野町・中河原町（現片町）では、風呂屋に湯女と呼ばれる遊女をおいて漂客を誘っていた。[注5]

藩はたびたび禁令を出し、寛永年間（一六二四〜四三）には出合宿の禁令が相次いで出された。ところが、たび重なる禁令にもかかわらず、天和年間（一六八一〜八四）以降も出合宿は増え続け、武士と町人が結託して出合宿を経営するものもあらわれた。たとえば、元禄三年（一六九〇）、定番御馬廻組一六〇石の小禄《しょうろく》を受ける高崎半九郎ら八人が、町人とともに一九人の遊女を屋敷・空屋敷へ引きいれ、出合宿をおこなっていた。藩は、高崎らを五箇山《ごかやま》へ流罪、町人を斬首、または耳・鼻削ぎの追放、遊女は里子刑に処して奥能登へ流罪とした。寛保三年（一七四三）の禁令では、出合宿の向こう三軒両隣を所払いとし、町肝煎や組合頭にも罪がおよぶ場合があるとした。さらに、明和三年（一七六六）には、違反をしたものは盗賊方で取り締まり、近隣まで処罰することが言い渡されている。しかし、こうした禁令により実際に処罰を受けた例はなく、出合宿はその数を増す一方であった。

禁令もゆるくなった明和年間（一七六四〜七二）以降になると、犀川筋では中河原町、笹下町（現寺町・野町）などで、出合宿が軒を連ねるようになった。また、浅野川口では母衣《ほろ》町（現彦三町）、観音坂下（現観音町）、さらには小立野《こだつの》口の馬坂（天神町から宝町に通じる坂）に出合宿がみられた。これらの場所を整理すると、犀川・浅野川沿いの両岸に出合宿が集中していたことがわかる。

「綿津屋《わたづや》政右衛門《まさえもん》自記《じき》」によれば、「きやくじんこし候せつ、たかごゐならす、さはぐにも、つんぼさはぎと申て、ものいはず、ただ、おかしき風して、さけのむばかり。もつとも、下女などに用事有せつは、たばこぼん・はい吹なとたたき、または、せきばらひをあひづにいたし候。尤、らうそくなどは相ならず、あんどうにまいかけかぶせ、くらがりのあそび也」とある。出合宿では、物をいわず、音を一切出さず、暗がりのなかで黙々と酒を飲んで遊んでいたようである。▼注[6]

経済的にも無視できない出合宿の盛行に、文化九年（一八一二）、年寄層の一部が遊郭の検討をしていたことが、壬申二月付「遊所《ゆうじょ》歌舞伎《かぶき》等《とう》御《お》尋《たずね》之《の》御請《おうけ》」に書かれている。廓の公認を求める町会所は、人間の色欲は押さえがたく取り締まりも困難で、経済効果の面からも無視できないことを指摘し、女奉公人の出合宿の厳禁を求めていた。ただし、あくまで実情調査で終わったようで、政策面で表立った動きはみられない。

この後、遊郭の公認をめぐる具体的な動きがあらわれる。金沢町奉行山崎頼母は、取り締まりと困窮した子女の活路として、遊郭の設置を検討。当初は遊郭設置場所として大衆免浄時光寺と御中間の地の間の家とし、別に後泉町六斗林の間を指定した。しかし、文政元年（一八一八）一一月、人持組横山蔵人が反対を上申し、「金沢には他国からの遊客がないことから、遊郭を設置しても藩にとって利益がない。むしろ、遊ぶ者が増加し、それぞれの仕事を怠り困窮する者が続出する。それにより、かならず風俗が乱れる」との理由で保留となった。文政三年（一八二〇）四月、藩は廓の設置を公認した。藩では出合宿を取り締まる方針をとりながらも、下層町人の困窮状態を思慮し、その生活手段として廓で働く救済措置をとったのである。

一方で、遊郭設置の背景には、加賀藩の台所事情も大きく関係していたようだ。当時、藩財政は火の車だったのだ。元禄一五年（一七〇二）、将軍綱吉が江戸本郷邸へ来訪する際におこなわれた盛宴以来、数十回におよぶ老中以下の饗応を契機として財政難が続いていた。その上、延享二年（一七四五）から寛延元年（一七四八）にかけて起こった加賀騒動をへて、大槻朝元の財政立て直しが失敗。莫大な赤字と家臣の貧窮を救済するため、宝暦五年（一七五五）に藩札を発行したが、経済の悪化を招き、上げ米・借知政策に転じていた。大坂・江戸の上人からの借財もかさむいっぽうで、財政の改善は一向に進んでいなかった。

廓は「上筋は石坂町辺、下筋は卯辰茶屋町辺」の二カ所に指定された。上筋とは犀川口をいい、下筋は浅野川口を指す。上筋と下筋は城下町の西と東にあたるため、石坂町辺を「西の廓」、卯辰茶屋町辺を「東の廓」と称した。ここに、卯辰地域に東の「茶屋町」が成立したのである。

三　町名の変遷からみた茶屋町

卯辰地域における町名の変遷を追ってみよう。▼注[7]

元禄九年（一六九六）の町名に、川端町、御徒町、織部町、観音町、観音下大工町、観音古道町、観音山下町、観音坂下、卯辰袋町、茶屋町（元禄三年）、愛宕町、愛宕下町、愛宕門前、卯辰木町（元和二年）、念西町（万治二年）、木綿町、如来寺町、西養寺町がみえる。

一九世紀に入り、町名が改められ、新しい町立てがおこなわれた。愛宕門前は改められ、文化八年（一八一一）

には八幡町と呼ばれた。また、文政三年（一八二〇）に、茶屋町・愛宕町・愛宕下町の三町を合併して、卯辰茶屋町とした。文政四年（一八二一）には、観音下町・卯辰祇園前・西養寺前・誓願寺前が新設された。天保二年（一八三一）になると卯辰茶屋町は茶屋町に町名を変更され、弘化三年（一八四六）には茶屋町から愛宕一・二・三番町へと町名を改めている。慶応三年（一八六七）には、愛宕一・二・三番町が卯辰京町・中ノ町・老松町・宮川町へ変更された。

このように、一九世紀の卯辰地域は町名の変化がめまぐるしい。ここでは廓がおかれた茶屋町周辺の変化に注目して、一九世紀の茶屋町の歴史をたどってみよう。

（1）茶屋町

元禄三年（一六九〇）にすでに茶屋町という町名があった。卯辰地域に郭が形成される文政三年（一八二〇）より一三〇年も前から遊興の地であったことを伝えている。

（2）卯辰茶屋町

次に、文政三年（一八二〇）に茶屋町・愛宕町・愛宕下町の三町を合併して、卯辰茶屋町としたのは、藩が郭の設置を公認したことによる。この際、茶屋町・愛宕下町の町割が一変していたことが、文化八年（一八一一）町絵図と「浅野川茶屋町創立之図」を対比するとわかる。それまであった家々を、茶屋町建設のために買いつぶし、新たに卯辰茶屋町が形成されたのである。藩は、卯辰茶屋町に三五〇〇坪の地割りを与え、地主には年に地子銀七〇貫目を上納するように命じていた。

卯辰茶屋町の繁盛ぶりは、「綿津屋宗右衛門自記」に詳しく記されている。茶屋の営業については、廓公認の際に上・中・下からなる茶屋の格づけのほか、細かい規定がつくられた。また、遊女については、金一歩・銀十匁・銀二朱・銀五匁・銀三匁の五階層に分かれていた。金一歩の最高級の遊女は、上・中・

下のどの茶屋で抱えおいてもいいが、上茶屋でなければ接客ができないとされた。遊女の階層と店の格は関係しなかったが、茶屋の等級によって座敷に出る遊女の層を限定することで格式が重んじられていた。▼注[8] 勤めは、朝六つ（午前六時）から昼八つ（午後二時）、昼八つから暮六つ（午後六時）、暮六つから夜四つ（午後一〇時）、夜四つ以後の四回に分けられた。したがって、昼夜とも酒宴がもうけられ、三都にも劣らぬにぎやかさであったという。

（3）茶屋町

天保二年（一八三一）には、町名をふたたび茶屋町に戻している。大いににぎわっていた「茶屋町」であったが、地子を滞納している者もいた。文政一〇年（一八二七）には、茶屋の不景気を訴え、坪あたり五分の地子を支払えないと訴え、文政一一年（一八二八）三月には不景気で売家が多く、買う者もいないという状況であった。

茶屋町の不景気とともに、藩士の風紀の乱れも大きな問題となっていた。茶屋町では帯刀の者の出入りを禁じていたが、文政五年（一八二二）に御徒横目の石黒門馬が町方の接待を受けて茶屋町で遊び、蟄居《ちっきょ》を命ぜられている。また、文政九年（一八二六）には、六軒の店が不正に出合宿を開いたことにより、五〇目から九〇〇目の罰金を申し渡された。風紀の乱れは藩士にとどまらず、遊女が通り札を利用して市中を徘徊することで、家中の下々の婦女が遊女の服装・髪型をまねたともいう。

文政七年（一八二四）、横山蔵人は、郭の停止を献策し、文政一一年から同一二年（一八二八〜二九）になると、たびたび諸士の風俗に関する法令や取り締まりの覚書が出された。天保二年（一八三一）八月一八日、ついに藩主前田斉泰は老臣たちの意見を聞き、茶屋の廃止を決定した。茶屋町への町名の改正は、創設から一一年目、茶屋の廃止直後のことであった。

（4）愛宕一・二・三番町

弘化三年（一八四六）、愛宕一番町・二番町・三番町へと町名を変更した。茶屋町廃止にもかかわらず、その後も風俗に関する心得や出合宿、囲い女を禁止する定書がたびたび出されていたことから、町の風俗は一向に改まらなかったことがわかる。藩は、茶屋町の木戸を除去し、家屋も茶屋構の二階家を改めさせた。加えて、町名の変更により、茶屋町がもつ独特な世界を取り払おうとしたが、茶屋町独特の惣格子が並ぶ町並みには手が加えられなかったため効果はみられないまま幕末を迎えることになった。

（5）卯辰京町・中ノ町・老松町・宮川町

慶応三年（一八六七）九月九日、東と西の両茶屋町再興が提議され、公認された。再公認に際して、四度目の町名変更がおこなわれ、新たに卯辰京町・中ノ町・老松町・宮川町が誕生し、「東新地」と総称されるようになったのである。ここにおいて茶屋町は、最盛期を迎えることになる。同年に出版された「東新地細見のれん鏡」によると、東新地に大暖簾六一軒、中暖簾四二軒、小暖簾九軒があった。芸妓は一一九人、娼婦は一六四人、遠所芸妓は四五人、そのほかに、雛妓《すうぎ》がいたことがわかる。

（6）「東新地」の廃止

明治三年（一八七〇）、明治維新を迎えて、卯辰山開拓により新たに町立てがなされた。すなわち、東御影町・梅谷町・常盤町・粒谷町・末広町・九軒茶屋・玉兎町・御廻町の八つである。二年後の明治五年（一八七二）にふたたび改名され、梅谷町は東御影町に、粒谷町に、九軒茶屋は末広町に合併され、玉兎町・御廻町は廃止された。ほかに、織部町・観音下町は御徒町に合併され、御徒町は一番町から五番町まで定められた。観音下大工町・観音古道町・観音山下町・観音坂下は、観音町に合併され、観音町は一丁目から三丁目まで定められた。卯辰木町・念西町は木町とされ、一番丁から四番丁までと定められた。卯辰祇園前は鶯町に、元如来寺町は、卯辰高町と卯辰下町に分けられた。また、西養寺町・西養寺前・誓願寺前は、上小川町・下小川町に分けられた。

東新地は、卯辰京町が愛宕一番町に、中ノ町が愛宕二番町に、老松町が愛宕三番町に、宮川町が愛宕四番町に、それぞれ改変され、新地の呼称も廃止された。これは、明治五年（一八七二）、新政府が「芸娼妓解放令」を布告したことによる。同年一一月二二日、石川県では、東と西の両新地の家主および芸娼妓・幼女・年季雇いの婦女らを、それぞれの区会所に集め、布告の趣旨を説明し、二九日を限度として芸娼妓らすべてを本籍地へ戻し、その親元から当人引き受けの証書を提出させることにした。多くの芸娼妓らは生活の術を失い、自殺するもの、私娼や外妾《がいしょう》となるものが出たという。

（7）芸妓の町へ

次いで、明治六年（一八七三）、県は「芸娼妓、貸座敷営業所に対する仮規則」を出し、同九年（一八七六）、「芸妓自前仮規則」・「娼妓仮規則」等によって、芸妓・娼妓の区別を明らかにさせた。茶屋町のなかでは、芸妓のいる「上町」と娼妓のいる「下町」の区別が明確になった。芸妓のいる「上町」では武家風の作法を多く取り入れるなど格式を重んじ、芸妓としての誇りが生まれ、踊りや三味線・笛・太鼓・大鼓・小鼓などの芸に励み、その技を競った。他方、娼妓のいる下町は軽視される傾向が強くなっていった。明治二四年（一八九一）七月に発行された『金城三廓花の見立』によると、芸妓と娼妓の区別がされていることがわかる。また、新たに北の新地の名がみえ、廓はその規模を拡大していた。「芸娼妓解放令」は形骸化しつつあったのである。

（8）東山

大正デモクラシーの風潮から生まれた公娼廃止運動や、昭和期におけるカフェーの進出、第二次世界大戦といった茶屋町廃止の危機を乗り越え、遊郭は存続した。しかし、昭和三一年（一九五六）に「売春防止法」が公布されたことにより、石坂・愛宕の遊郭＝「下町」は廃止された。

昭和四一年（一九六六）、御徒町・観音町の一部・愛宕町・八幡町の一部・木町・木綿町・卯辰高町・卯

辰下町・上小川町・下小川町がすべて統合され、東山一丁目から三丁目に統合された。卯辰地域に「東山」が成立したのである。

こうして「茶屋町」は、公認、禁止、再公認、そして、隆盛へという変遷をたどり、時代の波にのまれた「下町」は廃れたものの、現代まで続く金沢特有の「上町」の文化を育んできたのである。

四　東山の成立

こうした町場空間の再開発と「東山」に改名した背景には、類似するモデルがあった。京都東山は、京都盆地の東に南北に連なる丘陵の総称である。[▼注9] 延暦一三年（七九四）の平安遷都以降、鴨川以東が郊外となったことから、恰好の葬送地とされた。なかでも、鳥辺野一帯は、西の化野、北の蓮台野とともに、代表的な葬送地となった。

この東山のふもとに成立した花街が祇園である。祇園は、鴨川の東に位置し、洛中にくらべ後進地域であった。寛文一〇年（一六七〇）、加茂川の東に位置する大和大路に沿って、祇園外六町が開かれた。四条河原に芝居町が発展したのに呼応して、正徳三年（一七一三）には祇園町の北に内六町が開かれ、茶屋や旅籠屋が軒を並べるようになった。やがて島原のみに限られていた遊女がましいものがあらわれ、寛政二年（一七九〇）以後、遊女屋が公認されるようになった。それ以来、祇園は島原と並ぶ京都の代表的花街として発展した。明治五年（一八七二）に催された博覧会の付帯事業として、市内各所にあった芸妓集団の舞踏会が開催された。このとき創案した祇園の「都おどり」をはじめ、今に至るまで京情緒を色濃く残した地域である。[▼注10]

昭和四一年（一九六六）に卯辰地域が「東山」を冠する地名へと変更されたのは、京都の東山をなぞらえたものだったと考えられる。

第一に、寺院群を卯辰地域に形成したのは、加賀藩前田家が京都の東山にならい、卯辰山を葬送地として位置づけたためと考えられる。事実、藩祖利家の神像を祀った卯辰八幡宮、豊国大明神を祀った豊国神社を卯辰山に創建した。第二に、京都東山に広がる寺院群と金沢卯辰山麓に広がる寺院群が重ね合わされるように、鴨川と浅野川とが相似の地形をなす。第三に、卯辰山のふもとに形成されたひがし茶屋街は、東山のふもとに形成された祇園になぞらえられ、ともに後発の遊郭街である点も共通している。第四に、芸妓の上町として成功した京都東山のイメージを金沢に重ねることで、昭和三一年（一九五六）の「売春防止法」によって廃絶した娼妓の下町というイメージを払拭する狙いがあったと考えられる。▼注[11]

戦後の卯辰地域に、京都東山になぞらえられた金沢東山が誕生した。葬送地・寺院群としての卯辰地域が、茶屋町の歴史をへて艶やかな文化を育む金沢東山へと生まれ変わっていったのである。

【注】

[1] 卯辰寺院群が成立する前史に、時宗の活動が見られる。鎌倉時代から室町時代にかけて時宗布教の重要拠点として選ばれていたのが、森下川右岸の梅田と、浅野川左岸の窪市である。さらに、窪市の対岸にあたる卯辰山麓にも、時宗の存在が確認できる。これら時宗布教の拠点は、中世における流通の拠点となる地域と重なっている。

[2] 金沢城下町に住む町人のうち、越中屋と能登屋が全体の約二〇パーセントを占めており、これらの町人は、特に卯辰地域を含む浅野川沿いに集中して分布していた。これにより卯辰地域には、能登・越中に由来する町人が多く住んでおり、越中の文化が広がっていたと考えられる。

[3] 七ヶ所とは、本来地子町であったが、本町のように夫役も負担するようになり、夫役と地子銀の両方を負担していた町のことである。

[4] 綿津屋政右衛門著・田中喜男校注『綿津屋政右衛門自記』（原田伴彦編『日本都市生活史料集成』五　城下町篇Ⅲ、学

習研究社、一九六七年、二六〇ページ）。

［5］金沢市教育委員会『旧東のくるわ――伝統的建造物群保存地区保存対策事業報告書』（北国書籍、一九七五年、一五・一六ページ）によれば、「堀川、浅野川下也。宮腰・大野・粟ヶ崎等より馬足の助として、下安江と云所まで堀川を通し舟の便ありけり。寛永の比迄此所に遊女を置。其有様は須磨・明石兵庫に異ならず。又中比河原町・野町の風呂屋に湯女と名付て女を置、江戸芝口・下谷とやらんに相似たり」（『加能越金砂子』）、「宮腰・大野より馬足の便とて、浅野川下安江と云う所まで堀川を通じ、舟のかよひ有りければ則ち堀川町とて傾城を置きて、其の所の有様は兵庫や須磨・明石に異ならず。中河原町に風呂屋有りて湯女と名づけて女を置き、江戸芝口・下谷とやらんに相似たり」（『三壺聞書』）、「金沢俳優伝記にもあさの川下安江すじ川堀通し、ひき船にて毎日荷物をあげ候事あまたなれば、堀川町とて荷つみ宿多く、傾城御免あり。また中河原町・野町その外所々に風呂やあって、湯屋と名づけて傾城を置候よし（中略）元和六年（一六二〇）頃は浅野川え宮腰より川舟上る。川岸端に遊女町有」（『金沢古蹟志』）とある。

［6］前掲注4「綿津屋政右衛門自記」（二六一ページ）。こうした出合宿が多く存在していたことは、文化一二年（一八一五）の町奉行への触れにおいても確認できる。

［7］町名の変遷は、森田平次著・日置謙校訂『金沢古蹟志』上・中・下（歴史図書社、一九七六年）および、『角川地名大辞典』一七（角川書店、一九八一年）に基づく。

［8］下茶屋で十匁の遊女を抱えていても、座敷に出すことはできず、上茶屋・または中茶屋へ出さなければならなかった。逆に、上茶屋または中茶屋に、銀五匁の遊女を抱えていても座敷に出すことはできず、下茶屋で接客しなければならなかった。

［9］『国史大辞典』一一（吉川弘文館、一九九〇年）。

［10］『国史大辞典』四（吉川弘文館、一九八四年）。

［11］弘化三年（一八四六）に、茶屋町から愛宕一番町・二番町・三番町と改名したのは、遊郭の印象を、取り払うためであったことからも、愛宕から「東山」へと町名を改めた理由が弘化三年（一八四六）のときと同じ理由であったといえるだろう。

第七章……書簡にあらわれた国家構想

橋本左内の「建儲」

❖森石　顕

外圧で動揺した幕末日本。開明思想家・橋本左内《はしもとさない》は、一橋慶喜を次期将軍にしようと奔走した。左内は、どのような国家を夢見ていたのだろうか。本稿では、書簡の語彙を丹念に調べ、その思想の真髄にせまった。今こそ日本国は、「建儲《けんちょ》」の下にひとつになるべき――。ひとり未来を見すえ、統一国家の形成をめざして駆けぬけた二六年。「建儲」「儲君《ちょくん》」というふたつの言葉から知られざる左内の思いが浮かび上がってくる。――北口加奈子・礪波玲央

一　橋本左内の国家思想

志士・橋本左内《はしもとさない》は、幕末随一の開明思想家といわれている。安政四年（一八五七）一三代将軍家定の継嗣問《けいしもん》

題《だい》では、松平春嶽のブレーンとして一橋慶喜擁立に奔走したが、安政六年（一八五九）安政の大獄によって刑死した。わずか二六年の生涯であった。

ペリー来航以来、列強諸国の圧力にさらされ続けた時代。日本は幕藩体制の解体を経て、天皇を元首とする主権国家が誕生した。この歴史的な政治体制の変化には、大きく三つの段階がある。

第一に、化政期から文久年間にかけての公武合体――攘夷である。第二に、徳川慶喜政権の公武合体――開国和親をすすめ、国際社会に自己を積極的に位置づけようとした。第三に、王政復古から五箇条の御誓文にかけて成立する天皇親政――開国和親である。

左内の生きた時代は、この第一段階にあたる。さまざまな国家構想が存在するなかで、左内はすでに主権国家の必要性を説いていた。きたるべき近代日本の国家のあり方をいち早く、正しく予見していたのである。さらに、こうした左内の国家観は、幕末にとどまらず、「明治国家」という近代日本社会の枠組みにも少なからず影響を与えていたはずだ。本稿では、橋本左内の国家観の考察から、日本の近代国家形成を主導したイデオロギーの一端を照射する。

二　橋本左内の古文書学

左内が遺した著作には、『啓発録』や『西洋事情書』があるが、きわめて少ない。一方で、左内がやりとりした書簡は膨大な数が残されている。この書簡群を手がかりに、左内の思想について考えてみることにしよう。▼注[1]

書簡の発給数と受給数を〔グラフ1〕にまとめた。いずれも安政四年（一八五七）から安政五年（一八五八）にかけてもっとも多くなっている。発給数は一九四通のうち一〇二通がこの時期に集中しており、全文書の約五二・五パーセントに相当する。受給数はさらに顕著で、三〇八通のうち二九一通がこれらの時期に集中し、

〔グラフ1〕書簡の発給数と受給数の推移

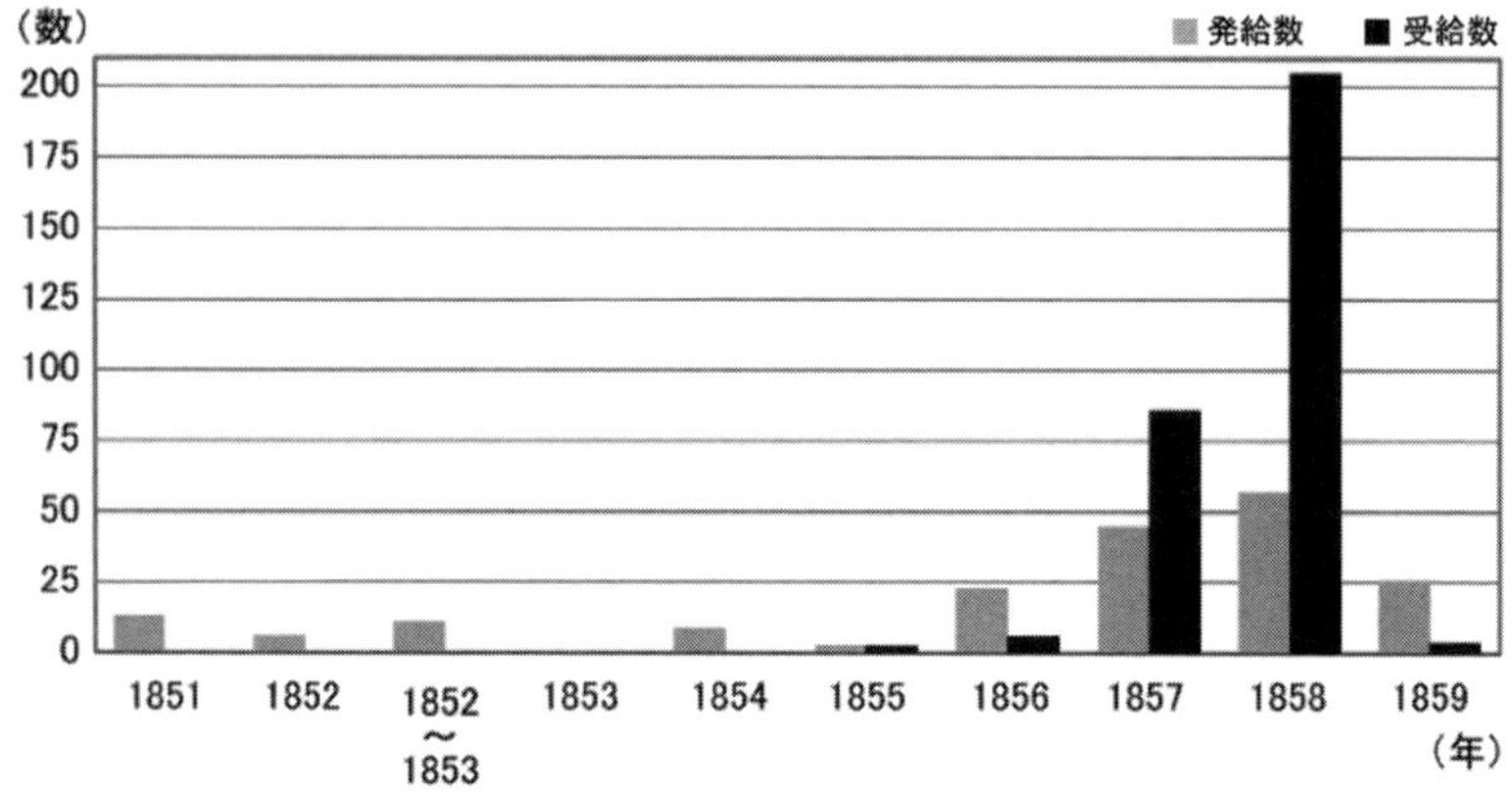

約九四・四パーセントである。安政四、五年（一八五七、五八）は、左内が慶喜の将軍推挙に奔走していた時期にあたる。この時期の書簡にこそ、左内の思惑が秘められているにちがいない。

安政四、五年（一八五七、五八）における左内の書簡の特徴は、次の三点である。

第一に、それ以前の医者仲間のみならず、越前藩の藩士との交流が多くなること。第二に、他藩の上級家臣とも交流をとりはじめたこと。第三に、幕府・朝廷関係者とも数多くの書簡を往信するようになることである。

このころ左内は、安政四年（一八五七）八月七日に将軍継嗣問題のために江戸行きを命じられるまで、福井明道館の学監を務めていた。春嶽の命を受け、左内が江戸に到着したのは八月二〇日。この日から左内の書簡が急増している。

将軍継嗣問題とは、嘉永六年（一八五三）六月二〇日、一二代将軍徳川家慶が死去したことに端を発する。家慶の子女は多かったがいずれも早世し、二〇歳を超えていたのは生来凡庸で病弱な家定だけであった。やむを得ず家定が将軍に就任したものの、ほどなく正室が相次いで早世、家定自身の病も悪化したことで、後継者争いが勃発した。後継者の候補として、大老井伊直弼は徳川慶福《とくがわよしとみ》を推したが、越前藩主松平春嶽は、英邁な徳川慶喜を推薦し、対立したのである。

安政四年（一八五七）六月一七日、松平春嶽のよき理解者であった老中阿部正弘が死去すると、春嶽は継嗣問題を進めるために左内を大抜擢した。将軍の一身にかかわる重大な問題であり、諸藩へのはたらきかけや幕閣への入説、建白書の草案など困難な問題が山積していた。安政四年（一八五七）九月一二日、左内ともっとも親密な同志であった村田氏寿に宛てて、「今般こそ副儲の義、申し立つべき機会」と述べている。左内は、春嶽の意によく応えて、一橋慶喜擁立のために尽力したのだった。

三　ふたつの国家観

橋本左内を扱った論文や著書は数多く存在する。橋本左内とはどのような人物だったのだろうか。研究史を整理してみると、左内の思想のとらえ方は大きくふたつに分けることができる。

（A）徳川幕府堅持説　山口宗之氏は、左内にとって徳川宗家は絶対無二のものであったという。[注2] そのため、開国によって諸藩からの信頼を失った幕府を立て直すために、年少の慶福ではなく、英明な一橋慶喜を立てようとした。すなわち、左内の慶喜推挙の真意は、徳川家維持のためであったとする説である。

（B）統一国家構想説　中沢護人氏は、左内の思想には「崩壊する政治体制をどう補強し、立て直すかというような考え方はどこにもない」という。[注3] 同様に、畦地享平氏も、「幕府の現状を維持しようとする封建反動や単なる封建支配体制の修正による強化を意味するものではない」と述べている。[注4] さらに、清水雅寛氏は、「日本国中を一家」とみる左内の政権構想を図式化しており、「各宰相のもとに身分を問わず有能の士を集めようとするものであり、明治政府の制度とも相通ずるものがある」としている。[注5] つまり、左内は、（A）説のような徳川幕府維持が絶対的であったのではなく、将軍を中心としながらも「日本国中を一家」とみた、ゆるやか

〔表1〕書簡で多用される言葉

凡例：1～5件　6～10件　11～15件　16件以上

	〈発給〉													〈受給〉													
	安政4年					安政5年								安政4年					安政5年								
	8	9	10	11	12	1	2	3	4	5	6	7	小計	8	9	10	11	12	1	2	3	4	5	6	7	小計	総計
建儲													36													27	63
儲君													7													10	17
天下													56													87	143
国家													35													51	86
一橋君（橋公）													50													33	83
西城													39													37	76
幕府													31													33	64
君上													21													36	57
皇国													32													13	45
君公													18													19	37
越公・越前守・越前様													18													16	34
神州													19													6	25
皇朝													14													9	23
萬国													11													9	20
将軍家													11													4	15

な統一国家を構想していた説である。

（A）説のような封建制重視も、（B）説のような明治国家のシステムも、いずれも一定の説得力をもっているといえよう。

四　橋本左内の国家論

（1）「儲君」「建儲」の発見

左内は、一橋慶喜《ひとつばしよしのぶ》を擁立しつつ、どのような国家観を思い描いていたのだろうか。

そこで、安政四年（一八五七）八月から安政五年（一八五八）一〇月までの左内関係書簡で多用されていた言葉を、〔表1〕に月別でまとめた。表をみてみると、左内は「国家」や「幕府」、「朝廷」、「春嶽《しゅんがく》」といった言葉のほかに、「建儲《けんちょ》」、「儲君《ちょくん》」という言葉を多用している。具体的には、「建儲」が六三回（発給三六回、受給二七回）、「儲君」が一七回（発給七回、受給一〇回）登場する。「建儲」と「儲君」――。実は、このふたつの言葉こそが、左内の思想がもっとも凝縮されたキーワードなのである。

（2）幕末以前の「儲君」「建儲」

「儲君」は、皇太子をあらわす言葉である。そもそも「儲君」という言葉は、いつごろから使われはじめたのだろうか。

日本で「儲君」が史料上にはじめて登場したのは、九世紀の『東寺文書』である。貞観一九年（八七八）一月一九日の箇所に「貞観七年八月儲君従東宮移内裏」とあり、皇太子であった貞明親王が東宮御所から内裏に移ったとされている。この場合、「儲君」は皇太子の地位にあった貞明親王を示している。「儲君」が使われはじめた時代の元号である「貞観」は、清和天皇の即位にともなう改元で定められた。政治の実権を握っていた外祖父藤原良房は、政治の模範とされた唐太宗の治世「貞観の治」にならって元号を選定したともいわれる。多くの優れた文化が日本に移入してくるなかで、唐から「儲君」という言葉ももたらされ、定着していったのであろう。

一方で、「建儲」という言葉も、宋代に使用されており、長子ではなくても英明な皇太子を立てるという意味で使われていた。ところが、日本では「建儲」という語の使用例はなく、天皇の世継ぎである皇太子をあらわす言葉として、もっぱら「儲君」だけが使われている。

つまり、「建儲」という言葉は、宋代に使用例が認められるものの、日本に移入されなかった外国語なのである。しかも、日本における「建儲」の使用は、安政年間の将軍継嗣問題が顕在化していた期間のみであった。

「建儲」とは、左内が生きた時代の特質を示す重要なキーワードにほかならない。もともと「儲君」という言葉は、九世紀から日本で使用され、皇太子を意味する言葉であった。この「儲君」を建てるという意味であるはずの「建儲」は、それまで日本における使用例がないまま、突如として安政四、五年（一八五七、五八）にかけて時限的に頻用されたのである。そして、将軍継嗣問題が収束すると、「建儲」の語はふたたび影を潜めたのであった。

（3）左内の「儲君」「建儲」

左内が「儲君」をはじめて使用したのは、安政四年（一八五七）八月二六日の村田宛の書簡においてである。

〔史料1〕

扨今般墨使国書直呈に付きては容易ならず大難事御座候。他事は姑打捨て置き、第一大樹公御病身にて、中々半時片刻も御安座遊ばれる儀相成申し難く、断らず顫震攣拘の御様子に在りなされ、御言語もとても明朗には御発し遊ばれがたき由、右に付堀閣等も甚だ迷惑致し居られ候様子逐々分明に相成申し候。就いては是非共換魂にて御名代御座有る廟議も之有り、且つ我公御直に堀閣へ御換魂然るべき段、御内達遊ばれ候処、随分聴受の様子相現れ候由、此上は御人選の御沙汰に相成べき運びの処、此に至りては種々難題之有り、無数の葛藤路次に充満致す居り、事軽に独木橋に落札にも相成難い景況に御座候。近来夷害迫切に趣き候以来は、先ず南紀は備儲の風評廃閣致し、却って専ら田安君と申巷説湧き出仕候。先ず方今の勢は一乎（一橋）安乎（田安）の内に落着き致すべき模様に御座候。（中略）前文の運びに付き（α）当節は専ら儲君の一義十二文の精神にて周旋致し居り申し候。

最近は、開国問題が難しくなっている。何よりも第一に家定が病気のため、なかなか安心することもできず、さらに、言語も明朗に発せられないほどのため、老中の堀田殿も大変迷惑している。代わりを立てることは朝廷でも議論されており、春嶽公も直接に堀田殿にも申し上げ、家定公も聞き入れてくださっている。人選には数々の難題があり、無数の葛藤があり、簡単には決定しない状況である。近来、外国に対抗するために、南紀派は慶福推挙をやめ、田安家当主徳川慶頼を推す説もでている。今のところ、一橋か、田安のいずれかに決着する情勢でしょう。（中略）このような状況ですので、（α）今はもっぱら「儲君」

の義を第一に万全の準備をして運動すべきでしょう。

左内は、将軍継嗣の情勢を伝えた上で、「儲君」を「一義十二文の精神」で取り持つべきだと述べている。ここでの「儲君」は、一橋慶喜を推挙する意味とみてまちがいない。ただし、これまで「儲君」は天皇の子どもである皇太子に対してのみに使われてきた。将軍の継嗣をめざす慶喜に対して、皇太子を意味する「儲君」という言葉が使われるのは、きわめて異例である。左内は、皇太子をあらわす「儲君」という言葉を、あえて一橋慶喜に対して使うことによって、次期将軍一橋慶喜を次期天皇たる皇太子のような政治的立場になぞらえようとしたのだろう。

「建儲」についても同様である。六三回の使用例のうち、安政四年(一八五七)一〇月二四日、当時の尾張藩側用人であった田宮弥太郎宛の書簡の一部を引いてみよう。

〔史料2〕

其上、上様には御多病にも在り無かれ候へば、恐れながら、当今の如き蝟集蜂起の御事務、御独身に御引き受け遊ばれ候事重々尊労至極の御訳と存じ奉り候。之より相考え候へば、何等の御良圖御長策も無くして、徒に光陰消却成られ候はば、萬一非常の変、草卒に起り候節、倉皇狼狽臣子忍ぶべからずの御事柄出来も仕るべき歟と、且つ夕宗家の為悶憂仕り居り旨、懇切に陳べられ候処、追々の御物語に相成、(β)然るは建儲の他に当今の急務は之無きべしと申し御談話に相運び候故、寡君申され候は、其義は固より願わくは敷義、さて其御当選は誰君に之有るべきや、拙存には一橋君に限られるべしと存じ奉り候。

家定公はご多病なので、今のような困難な政局をただ一人で引き受けるのは大変です。何も策を弄せず、無駄に時間をつぶせば、突然に万一の非常事態が起こったとき、臣たちは慌てふためき、宗家もお困りになることでしょう。そのことを春嶽は懇切に述べられ、（β）建儲の他に当今の急務はないと話し合いに臨まれたのです。春嶽公にとってももとより希望することであり、さて誰を主君としましょうか。私は一橋様に限られていると思います。

（α）と（β）を比較すれば、よく似た文脈で使用されていることがわかる。つまり、左内の書簡のなかにつづられた「一義」の「儲君」は、「急務」の「建儲」と同義であり、一橋慶喜の将軍推挙を示すものであった。以上のように、左内を中心とする越前藩や一橋派は、天皇の後継者である皇太子を立てるという意味の「建儲」を、将軍継嗣たる一橋慶喜に対して使用していた。それは、幕末という時代に、限られた集団によってのみ使われた時限的、かつ稀有な言葉であった。

五　橋本左内の「建儲」

（1）「建儲」の登場

近世日本において「建儲」の語を使用したのは左内だけではない。左内の主君である松平春嶽は、安政三年（一八五六）十月六日付尾張藩主徳川慶勝宛の密書のなかで使用している。▼注〔6〕これは、左内が使用した「建儲」の初例である安政四年（一八五七）八月二六日より一年早く使用したことになる。だが、書簡の書き方は、左内の文章に非常によく似ていることがうかがえる。また、島津斉彬《しまづなりあきら》も安政四年（一八五七）一一月二九日の春嶽への答申を初見にみえる。しかし、左内が使用した「建儲」の初例である安政四年（一八五七）八月二六日付の書簡をさかのぼることはない。

加えて、「建儲」の比較的早い使用例が松平春嶽や越前藩上層部のなかでみられはじめる点も重要であろう。おそらく「建儲」という言葉を最初に使用したのは橋本左内であり、「建儲」なる言葉は左内周辺から越前藩、一橋派の諸大名、藩士たちの間に急速に流布していったと推測される。さらに、左内が宋の文化に精通していたことも、「建儲」という言葉が登場する背景にあげられる。前述したように、「建儲」は宋代に使われていた言葉である。左内は、日ごろから『宋史』をこよなく愛読していたらしい。たとえば、安政四年（一八五七）一二月一九日の田宮宛の書簡において、左内は宋の仁宗の時代に言及している。ここでは、「建儲」という言葉をこの幕末の多難な時期に使用するべきだと述べている。仁宗の時代は、西夏との攻防が続き、さらに契丹との関係も悪化していた。こうした対外的な危機にさらされていた宋代に幕末を重ね合わせて、「建儲」の重要性を説いていたのだ。

以上のことから、左内は「建儲」という言葉をはじめて使用した人物としてふさわしい。「建儲」登場・流布の中核に左内がいたことはまちがいなく、みずからの思想を体現した「建儲」という言葉の使用を春嶽に進言したのではないか。そして、春嶽が「建儲」という言葉を採用したことで、越前藩内で共通言語となり、やがて一橋派へと普及していったと考えられる。

（2）将軍を天皇に擬す

安政四年（一八五七）一〇月六日、左内は村田宛の書簡のなかで「又海防の本は国内の人心を統一し、士気を励まし候事、此に至りては建儲の外に策なかるべし」と述べている。▼注〔7〕国内の人心を統一するためには、一橋派と南紀派が争っているわけにはいかない。左内は、国内の危機を打開し、人心を統一するためには「建儲」しか方法はないと考えていた。そこで、一橋慶喜を「儲君」とすることで、朝廷・幕府の融和を図ろうとしたと思われる。

この場合の「儲君」は、一橋慶喜を将軍継嗣の座につけることだけを意図したものではない。もともと皇太子を意味する「儲君」「建儲」は、将軍後継者たる慶喜を天皇と同等の国家元首にまつりあげることを想定していたはずだ。だからこそ、「建儲」という言葉は、左内の思想を凝縮した言葉として重要度を増すのである。左内は、尊王派や佐幕派が入り混じるなかで、統一した国家の必要性を説いていた。こうした思想は、天皇・朝廷や将軍・幕府という枠組みを超えた「儲君」「建儲」という考え方を生み出したのである。

（3）新しい国家元首

左内が生きた時代は、将軍継嗣問題と外交問題とが複雑にからみ合っていた。特に、将軍継嗣問題が浮上していた安政四、五年（一八五七、五八）は、幕府が開国へと舵を切るなかで外交問題が喫緊の課題として立ちあわれてきた時期であった。

将軍家慶が死去する直前の六月三日、アメリカのペリー艦隊が来航し、国内は混乱していた。老中阿部正弘は、諸大名から開国か、攘夷かについて意見を募った。

八月六日、松平春嶽は鎖国論を唱え、海防の重要性を説いたが、その四年後の安政四年（一八五七）一一月二六日の意見書では開国論に転じている。森谷秀亮氏によれば、春嶽の開国論は、左内の献策によるものであったとされている。▼注[8] もともと一橋派とは、慶喜の将軍推挙とともに尊王攘夷を目的とする集団であった。しかし、松平春嶽、島津斉彬、伊達宗城といった雄藩の藩主たちは、一橋慶喜を推挙しつつも、開国論を主張してゆくことになる。

開国論者の老中堀田《ほった》正睦《まさよし》は、日米修好通商条約の勅許を得るため、安政五年（一八五八）一月二一日に上京した。しかし、堀田や左内の努力の甲斐なく、勅許を得られぬまま、大老井伊直弼によって日米修好通商条約が締結されてしまう。

こうした世相のなか、日本を外国との通商によって発展させようとする重商主義思想も持ち合わせていた左内は、あえて対外的に国家元首を象徴する「建儲」なる言葉を使用した可能性がある。

日本の歴史を振り返ってみれば、諸外国に対して日本の国家元首の呼称が定められたことが三度あった。第一に、邪馬台国での女王卑弥呼が「親魏倭王」の称号を与えられたときである。第二に、足利義満が日明貿易に際して、「日本国王」と称したときである。第三に、江戸幕府将軍が外交上、「大君」と称したときである。これら「親魏倭王」や「日本国王」、「大君」は、いずれも対外的な日本国の首長の象徴として使用された称号である。

左内は、歴史に鑑み外交問題を抱えていた幕末の時代において、新しい日本国元首の象徴をつくろうとしたのではなかろうか。

「建儲」とは、将軍の継嗣に、天皇の後継者になぞらえた、日本の君主としての尊称を与えただけではない。「儲君」とは、古来、天皇の後継者たる皇太子の尊称であり、「建儲」も宋代以来の中国で同義に用いられた。橋本左内は、この「儲君」「建儲」を使用することで、将軍継嗣たる一橋慶喜を皇太子に擬し、天皇・将軍という枠組みを超えた新しい国家元首の理想を託していた。同時にそれは、列強をはじめとする諸外国に確固たる日本国元首の存在を示す意図を含んでいたと考えられる。

その証拠に、左内に蘭学を学んだ福井藩出身の実業家加藤斌《かとうなかば》は、のちに以下のような証言を残している。[注9]

〔史料3〕

私は先生の手記した或書類を秘蔵して居る、其に拠って見ると先生は非常に突飛な大計画を立てられたので、それは決して突飛ではない、実に卓見なものではあるが、其の当時にあっては突飛と思はれたであろう、其の大計画とは何であるかと云ふに、幕末封建の時代にあって、直に西洋の立憲政体、多数政治の趣旨を応用しようとしたのであった。

先ず一万石以上の大名を江戸へ招集して之れを議員とし、島津斉彬公を挙げて外国奉行として外交談判に当たらしめ、当時の閣老及春嶽其の他四五の大名を政務委員の如き者とし、徳川将軍を議長と為し、総て衆智を集め、多数の投票に依り、即ち多数決に依りて政務を処理する、国歩艱難の際に当たって内は内国の統一をはかり、外は欧米諸国と折衝し、万世一系の天皇を奉戴し、金甌無欠の我日本を泰山の安きに置き、世界諸国と対峙せんには虚構一致協力尽瘁せねばならぬ。

それには将軍家茂公では議長の大任は務まらぬ、聡明俊敏なる一橋慶喜公を以て之に代へねばなるまい、と云ふ、斯様な考えであったらしい。


左内が思い描いていた議会の多数決による政治において、一橋慶喜は議長となるべき人物であった。「建儲」という言葉に託されたもの。それは、これまでの幕府・将軍ではなく、朝廷・天皇でもない、新しい近代日本国家を創造する、新しい国家元首の理想だったのである。

その後、日本は開国し貿易を奨励して、慶喜を将軍後見職、松平春嶽を政事総裁職とする文久改革を押し進めてゆくことになる。▼注[10] 左内は、彼らを歴史の表舞台に立たせることで、数年後に現実化してゆく明治新政府の枠組みをいち早く予見していたのである。

【注】

［1］景岳会編『橋本景岳全集』（東京大学出版会、一九七七年）。

［2］山口宗之『橋本左内』（吉川弘文館、一九六二年）。

［3］中沢護人「『橋本左内論考』（『思想の科学』第五次　七、一九六二年）。

[4] 畦地享平「幕末における「公議政体論」の展開」(『日本史研究』四四、一九六〇年)。
[5] 清水雅寛「橋本左内の政治運動――将軍継嗣問題を中心として」(『政治経済史学』一六九、一九八〇年)。
[6] 日本史史籍協会編『昨夢紀事』二(東京大学出版会、一九八九年)。安中藩主板倉勝明から春嶽への安政三年(一八五六)九月二九日付けの書簡のなかで「儲君」の言葉が使われているが、これは春嶽への答書なので「儲君」は春嶽が先に使用した言葉ということができると考えられる。
[7] 前掲注1。
[8] 前掲注2。
[9] 山田秋甫編『橋本左内言行録』(橋本左内言行録刊行会、一九三二年)。
[10] 前掲注1。

コラム⑥

大学における卒論指導

黒田　智

東京のマンモス私立大学から金沢大学に教員として着任して九年あまりになる。この間にわたしが担当した卒業論文や修士論文、博士論文は四〇本を超えた。当初、地方国立大学に特有のアットホームなゼミの雰囲気と、北陸人気質ともいうべき真面目で我慢強い学生たちの姿に驚いた。なかでも、卒業を間近にひかえた四年生たちが論文制作に真摯に打ち込むひたむきな姿が何より大きな驚きだった。

毎年七月からはじまる教員採用試験を乗り越え、九月の金沢市内の小中学校での二週間の教育実習を終えた彼らは、休む間もなく卒業に向けた最後の関門を突破することに決して手を抜くことはしなかった。年をまたいで外には雪が降り積もった提出直前になると、研究室のソファーで泊まり込みを続け、毛布を頭からかぶって眠い目をこすりながらキーボードをたたいて執筆する。わたしも彼らにできるかぎりつき合い、調査やデータ処理、論文の構成や文章表現についてサポートして、ともに論文作成という闘いを共有してきた。

圧倒的に文献が不足している地方にあって、研究史の整理がややおざなりにされてきたきらいはある。それでも、大きくふたつの作業を通して卒業論文のオリジナリティを担保してきた。

ひとつは、愚直に自治体史や史料集をめくり、膨大な史料から丁寧で、精緻なデータベースを完成させたことである。

たとえば、本書所収の森石顕さんは、わたしが金沢に来てはじめて卒業論文を担当した学生のひとりである。優秀なバドミントンの指導者でもあるこの実直なスポーツマンは、『橋本景岳全集』と格闘して橋本左内に関連する膨大な書簡のなかから分析対象を安政四、五年(一八五七、八)の一〇〇通あまりに絞り込んだ。そして、それらの書簡に頻用される語彙を根気強く整理してゆき、「建儲」という一風変わった言葉のなかに左内の国家構想を読み取ることに成功している。

また、木村直登さんは文学作品に描かれた「剥ぐ」や一五世紀の盗賊史料を抽出し、髙澤由紀さんは『姓氏家系大辞典』から利仁流と秀郷流の藤原氏族の展開をたどり、中山貴寛さんは一六世紀の公家や僧の日記に書かれた天気をピックアップ、山科建太さんは公用銭状の支出項目・支出高を丁寧に腑分けしている。本書への収録を見送ったもののなかにも、加賀八家横山家譜や森蘭丸関係史料、巴御前像の収集、弥三郎婆さ伝説や八百比丘尼伝承の分類などがある。

もうひとつは、地域に眠る貴重な新出史料を調査し、整理・分析してきたことである。

山野晃さんや岡田彩花さんの論文は、いずれも金沢市内の寺院に所蔵されていた知られざる絵画や彫刻の調査に基づくものである。髙澤克幸さんは新潟県新発田市内の寺院、竹内央さん、小川歩美さんも、石川県内の寺院・神社に残された縁起や聖教類の調査成果をまとめている。加えて、加護京一郎さんや林亮太さんは、金沢市立玉川図書館近世史料館に残された加賀藩の一大史料、加越能文庫の史料群を扱っている。

こうした調査には、わたしや吉岡由哲さん、鳥谷武史さんら調査・撮影スタッフができるだけ同行し、均質な調査データと良質の画像データを提供できるようにしてきた。これまで金沢市宝集寺所蔵「高野大師行状図画」や金沢神社所蔵「天神像」、承証寺・高岸寺所蔵の板戸絵、松尾神社所蔵「天明三年加越能酒造交名奉納額」、能登町の「鵜川絵図」、富山県砺波市薬勝寺の大般若経、福井県あわら市松龍寺の千体仏等の調査を実施し、一部を学術論文として公表しつつある。

地域にはまだまだ豊かな史料が残されているはずである。学生たちとともに、地域に眠る史料を掘り起こし、根気強く収集・分類してゆく試みを継続してゆこうと思う。

草の根歴史学の未来を考えるためのブックガイド

絵画史料論を学びたい人へ

地域には膨大な絵画史料が眠っている。絵画を歴史的に読み解く絵画史料論、歴史図像学を学びたい人には、先導者である黒田日出男氏の著作をお薦めしたい。なかでも『絵画史料で歴史を読む』（ちくま学芸文庫、二〇〇四年）と『姿としぐさの中世史』（平凡社ライブラリー、二〇〇二年）が入門書としておすすめ。絵画の修辞学・コード論なら『歴史としての御伽草子』（ぺりかん社、一九九六年）、研究史整理と制作目的論なら『謎解き洛中洛外図』（岩波新書、二〇〇三年）をどうぞ。保立道久『中世の愛と従属』（平凡社、一九八六年）や斉藤研一『子どもの中世史』（吉川弘文館、二〇〇三年）も、絵画史料論を一から学べる入門書である。美術史研究者による図像学の成果としては、米倉迪夫『源頼朝像』（平凡社、一九九五年）、今橋理子『江戸絵画と文学』（東京大学出版会、一九九九年）、高岸輝『室町絵巻の魔力』（吉川弘文館、二〇〇八年）をご一読いただきたい。（黒田智）

地域の由緒と記憶をたどりたい人へ

一九九〇年代に入ると、近世由緒論がさかんになった。由緒論が射程とする史料群には、地域で生きる人びとのアイデンティティが凝縮されている。特に一八世紀の村の由緒については、久留島浩編『近世の社会集団』（山川出版社、一九九五年）、井上攻『由緒書と近世の村社会』（大河書房、二〇〇三年）、山本英二「日本中近世史における由緒論の総括と展望」（『歴史学研究』八四七、二〇〇八年）にまとめられている。こうした近世由緒論の成果が蓄積される一方で、中世史研究においても覚書や家譜をあつかった金子拓『記憶の歴史学』（講談社、二〇一一年）や、地域の史料を読み解いた馬部隆弘『由緒・偽文書と地域社会』（勉誠出版、二〇一九年）などの優れた研究が公表されている。

（黒田智）

縁起・奇談のなかの真実を知りたい人へ

地方寺社が創り出した物語、奇談・怪談に描かれた騙りにこそ地域の真実が隠されている。古代・中世の寺社縁起については、稲葉伸道氏を中心とする名古屋大学の科研によるデータベースや、ニール・グュルベルク氏の講式データベースなどがインターネット公開された。日本文学では、徳田和夫・堤邦彦編『寺社縁起の文化学』（森話社、二〇〇五年）、堤邦彦・鈴木堅弘編『俗化する宗教表象と明治時代』（三弥井書店、二〇一八年）といった良質の論文集が編まれている。近世奇談・怪談をめぐっては、堤邦彦氏による『江戸の怪異譚』（ぺりかん社、二〇〇四年）、『女人蛇体』（角川叢書、二〇〇六年）、『絵伝と縁起の近世僧坊文芸』（森話社、二〇一七年）などの一連の著作が参考になるだろう。そのほか小松和彦氏の妖怪研究、東アジア恠異学会の論文集など、怪異・妖怪研究の成果には枚挙にいとまがない。

（黒田智）

環境史の最前線を知りたい人へ

歴史学が対峙すべき二一世紀的課題のひとつに環境史があり、環境史はこれからの地域史研究の主要なテーマのひとつとなるだろう。荘園村落史・開発史から発展した環境史の成果が、田村憲美氏、高木徳郎氏らによって公表されている。二〇一二年から『環境の日本史』シリーズ全五巻（吉川弘文館）が刊行され、総合地球環境学研究所の気候適応史プロジェクトの成果もほどなく公刊されるだろう。災害や飢饉の歴史を研究したい人には、藤木久志『日本中世気象災害史年表稿』（高志書院、二〇〇七年）が必携である。

他方、環境倫理、環境をめぐる心性については、増尾伸一郎・北条勝貴・工藤健一編『環境と心性の文化史』（勉誠出版、二〇〇三年）を早い成果として、北條勝貴氏の仕事は刮目に値する。そのほかエコクリティシズムの成果として、野田研一・山本洋平・森田系太郎編『環境人文学』（勉誠出版、二〇一七年）や結城正美・黒田智編『里山という物語』（勉誠出版、二〇一七年）をお薦めしたい。

（黒田智）

古文書・聖教調査をしたい人へ

古文書の様式や解読法を身に付けるには、飯倉晴武『古文書入門ハンドブック』（吉川弘文館、一九九三年）や佐藤進一『新版古文書学入門』（法政大学出版局、一九九七年）などが便利である。また、古典籍を適切に扱うために、藤井隆『日本古典書誌学総説』（和泉書院、一九九一年）や堀川貴司『書誌学入門―古典籍を見る・知る・読む―』（勉誠出版、二〇一〇年）によって書誌学の目的や用語を学びたい。古文書や古典籍は、紙に書かれた文字だけでなく、紙そのものも重要な情報を持っている。宍倉佐敏『必携古典籍・古文書料紙事典』（八木書店、二〇一一年）は、紙の歴史や種類、調査方法などを知ることができるほか、付録の繊維判定用和紙見本帳により和紙に触れて学ぶことができる。なお、二〇一九年より刊行開始となった中山一麿監修『寺院資料学の新展開』全十二巻（臨川書店）は、地方寺院の悉皆調査の意味とあり方を世に問う画期的な成果である。

（藤巻和宏）

史料撮影に挑戦したい人へ

機材の一番の教科書は取扱説明書。色や出力のことは、桐生彩希『デジタル写真の色を極める！「写真の学校」』（雷鳥社、二〇一三年）など。レタッチソフトは日進月歩だが、基本は変わらない。写真史に興味をもった方は、鳥原学『日本写真史』上・下（中公新書、二〇一三年）。幕末から一〇〇余年の歴史を一望できる。より実務的な内容を知りたい方には、『文化財写真研究』八（文化財写真技術研究会、二〇一七年）。学術雑誌ではあるものの、埋蔵文化財・建築・古文書・彫刻など、あらゆる文化財の撮影方法がコンパクトにまとまっている。久留島典子ら編『文化財としてのガラス乾板』（勉誠出版、二〇一七年）は、古写真のアーカイブにまつわるノウハウが凝縮された一冊。JamesM,Reilly『Care and Identification of 19Th-Century Photographic Prints』（KodakBooks, 一九八六年）は英文だが、技法分類のフローチャートや材質の拡大写真が便利。

（吉岡由哲）

歴史教育を一歩前に進めたい人へ

西田正規『人類史のなかの定住革命』（講談社学術文庫、二〇〇七年）はコラム④で紹介済み。井澤英二『よみがえる黄金のジパング』（岩波科学ライブラリー、一九九三年）は、中世日本が大量の金を産出した（＝日本史を外国史とはまったく違った特徴で彩った）理由の、地球科学的説明を与えてくれる。大石慎三郎『江戸時代』（中公新書、一九七七年）、川勝平太『文明の海洋史観』（中央公論新社、二〇一六年）、速水融『歴史人口学で見た日本』（文春新書、二〇〇一年）はいずれも、教科書には載っていないスリリングな江戸時代像を提供。奥村正二『火縄銃から黒船まで』『小判・生糸・和鉄』（いずれも岩波新書、順に一九七〇年、一九七三年）はかなり古い本だが、技術史の入門書として今も光る。早坂忠『ケインズ』（中公新書、一九六九年）は、二〇世紀に二度も世界大戦が起きた経済的背景をわかりやすく解説。

（村井淳志）

おわりに

吉岡由哲

黒田研究室が扱う史料は実に多岐にわたる。古文書、仏像、絵巻物、仏画、肖像画、屛風絵、絵図、写真、イラスト、マンガ、さらには鐘の音色までもを射程におさめる。各地に残された文化の息吹き、歴史の断片を、画像解析や数量分析など、あらゆる手段をもちいてつなぎあわせてゆく。

たとえば、本書の紹介文を執筆した米田結華さんの修士論文では、重要文化財「大阪夏の陣図屛風（黒田本）」に描かれた七一〇〇人もの人物をすべて数えあげ、身分や装束などの詳細な分析をおこなっている。これは、超高解像度センサーをもつカメラによって撮影した高精細画像調査の成果であり、黒田研究室ではこうした最新の調査機器をフル活用した現地調査がおこなわれている。

フィールドワークも欠かさない。毎年二〇名近くの学生とともに地域の家々を訪問し、屋号や小地名などの聞き取り調査をおこなっている。脈々と受け継がれてきた歴史をひも解き、かつての景観の復原を試みる。

私は文化財写真をはじめとする技術面をサポートするため、いつも調査に同行している。バラエティ豊かな史料たちが、赤外線やスーパーマクロ撮影など撮影方法のちょっとした工夫によって、それまでとはまったく違った表情を見せ、研究にあらたな光をもたらす。毎度のことながら、さまざま調査対象や厳しい調査環境にも柔軟に対応し、限られた時間内で最大限の成果をまとめあげるチーム黒田に、まだまだ精進が足りんと鍛えられている。時にはカメムシの大群に襲われ、時には雪降る山奥で立ち往生しながらも、常に総力戦で挑む。こうして毎年すばらしい成果が仕上がってくると、微力ながらお役にたてていることを嬉しく思う。

本書の企画は、二〇一七年二月一七日のこと、金沢大学大学院教育学研究科の修了生四名の送別会でもちあがった。酒席での話題が、卒業生たちの活躍ぶりにうつった時だった。「ぜひ黒田先生の門下生たちで論集をつくってほしい」。社会科をたばねる村井淳志先生が切り出した。目をきらきらさせながら力説する村井先生の姿に、はじめは頷くだけだったほかの先生方も助太刀。「わるくないですねぇ」。ついに黒田先生が首を縦にふった。送別会がいつの間にか、企画会議になっていた。かくかくしかじか、私が編集役を引き受けることになった。

編集実務を担当したこともない吉岡が、はたして務まるのだろうかと、半ば見切り発車で執筆依頼を発送した。「みんな忙しいし、そんなに期待できないんじゃないかなぁ」。そんな話を黒田先生としていた矢先、予想以上の快諾回答をいただいた。「同僚のA先生が必死に原稿書いてるんだけど……」。別件で学校訪問した地理のY先生が小耳にはさんだという。「Bくんが原稿書くために、今度の週末調査いくらしいよ」。そんな話が風の噂で伝わってきた。もう後戻りはできない――。本屋に行き、編集と名のつく実用書を片端から読んだ。くしくも職場の同僚は、大手出版社の編集部にいた経歴の持ち主。担当した本を見せてもらいながら質問攻めにした。

そんなこんなでなんとか出版にたどり着いたが、本書を編むにあたり、多くの方々のご協力を賜った。

とりわけ史料調査、および図版掲載をご快諾くださった所蔵者のみなさま、現地調査で快くお話を聞かせてくださったみなさまに厚く感謝申し上げたい。論文やコラムをご執筆いただいた先生方には、執筆依頼を送付してから刊行されるまでおよそ三年のあいだ、度々の校正や問い合わせにも辛抱強くご対応をいただいた。大学を出てからも研究活動を続けてきた彼・彼女らの成果を、専門書の枠組みにとらわれることなく、幅広い読者のみなさまに見てほしい――。当初予定していた出版計画が頓挫しかかっていたとき、私たちの願いをくみ取ってくださったのが、文学通信の岡田圭介さん、西内友美さんだった。編集作業にあたっては、ともに調査をつづけてきた鳥谷武史さん、小川歩美さん、米田結華さんにご協力をいただいた。また、各論文の紹介文を小川歩美さん、北口加奈子さん、栖原佳乃子さん、礪波玲央さん、玉川泉妃さん、村中ひかりさん、山田鈴紗さん、山本湧也さん、米田結華さんにご執筆いただいた。ブックガイドでは急遽、藤巻和宏先生に筆を執っていただいた。記して謝意を表する次第である。

学校の教壇に立ちながら紡いできた一九の研究が、これからの草の根歴史学を拓く道しるべになれば幸いである。

掲載図版一覧

口絵

・カラー図版1　鏡天神　西方寺所蔵（吉岡由哲撮影）
・カラー図版2　鬼子母神像　真成寺所蔵（吉岡由哲撮影）
・カラー図版3　溝口勝政像　託明寺所蔵（吉岡由哲撮影）
・カラー図版4　溝口直養像　宝光寺所蔵・画像提供

第一部　絵画史料を読む

・扉絵　久田佐助関連古写真　鵜川公民館寄託（吉岡由哲撮影）

第一章　鎌倉公方の天神像

・カラー図版1（→口絵参照）

第二章　『遊行上人縁起絵』の手取川

・図版1　不動と毘沙門の加護によって洪水の河を徒渡る（京都金光寺所蔵「遊行上人絵」　宮次男・角川源義編『新修日本絵巻物全集』角川書店、一九七九年より転載）
・図1　手取川の流路変遷

第三章　なぜ泥棒は風呂敷を背負うのか

・図版1　四十一番　蔵回（『前田育徳会尊経閣文庫所蔵　七十一番職人歌合』勉誠出版、二〇一四年より転載）
・図版2　『サザエさん』にみられる唐草風呂敷を担ぐ泥棒（『サザエさん』二八、朝日新聞出版、一九九五年より転載）

コラム①

・書評の評価シート

第四章　前田利常の鬼子母神

・カラー図版2（→口絵参照）
・表1　十羅刹女像の銘文

第五章　新発田藩主の肖像画

・カラー図版3（→口絵参照）
・カラー図版4（→口絵参照）

第六章　肖像写真の胎動―久田佐助コレクション

・図版1　久田佐助の肖像　個人蔵（吉岡由哲撮影）
・図版2　久田佐助古写真（一部）　鵜川公民館寄託（吉岡由哲撮影）
・図版3　久田佐助の肖像　鵜川公民館寄託（吉岡由哲撮影）
・表1　久田佐助関連年表

主な調査履歴

日付	場所	調査対象
二〇一三年一一月	宝集寺（石川県金沢市）	高野大師行状図画ほか
二〇一四年　九月	明泉寺（石川県穴水町）	明泉寺絵図・棟札・仏像ほか
二〇一四年　九月	諸橋郷故地（石川県穴水町・能登町）	現地聞き取り調査
二〇一四年　九月	鵜川地区（石川県能登町）	鵜川天満宮棟札・鵜川絵図ほか
二〇一四年一二月	鵜川地区（石川県能登町）	鵜川絵図・地籍図・山林図ほか
二〇一五年　六月	松尾神社（石川県金沢市）	菅原道真像（絵画）
二〇一五年　六月	西養寺（石川県金沢市）	木造天神座像、石造天神座像
二〇一五年　六月	真成寺（石川県金沢市）	木造鬼子母神像・十羅刹女像ほか
二〇一五年　六月	鵜川地区（石川県能登町）	鵜川天満宮絵馬
二〇一五年　七月	鵜川・七見・小垣地区（石川県能登町）	現地聞き取り調査・小垣地区区有文書・久田佐助像（古写真）
二〇一五年　九月	金沢神社（石川県金沢市）	天満宮御尊影ほか
二〇一五年　九月	湯涌地区（石川県金沢市）	現地聞き取り調査・地籍図
二〇一五年　九月	吉祥院（滋賀県長浜市余呉町）	吉祥院所蔵文書・横山家墓碑ほか
二〇一五年一〇月	西方寺（石川県金沢市）	鏡天神（絵画）
二〇一五年一一月	承証寺（石川県金沢市）	萩兎図・竹虎図（板戸絵）ほか
二〇一五年一二月	真成寺（石川県金沢市）	十羅刹女像ほか
二〇一六年　五月	神奈川県立歴史博物館（横浜市）	秦野天神社所蔵菅原道真像（絵画）、天神縁起ほか
二〇一六年　五月	松尾神社（石川県金沢市）	加越能酒造交名奉納額ほか
二〇一六年　六月	高岸寺（石川県金沢市）	芭蕉群鶏図・滝兎図（板戸絵）ほか

二〇一六年　七月　よろづや（長野県山ノ内町）　唐獅子図屏風
二〇一六年　九月　矢駄賀茂神社（石川県志賀町）　棟札ほか
二〇一六年　九月　奈豆美比咩神社（石川県志賀町）　絵馬類
二〇一六年　九月　土田荘故地（石川県志賀町）　現地聞き取り調査
二〇一六年　九月　豊財院（石川県中能登町）　木造馬頭観音像・木造聖観音像・木造十一面観音像ほか
二〇一六年一〇月　西方寺（石川県金沢市）　鏡天神（絵画）
二〇一六年一一月　託明寺（新潟県新発田市）　溝口勝政像（絵画）ほか
二〇一六年一一月　宝光寺（新潟県新発田市）　溝口家歴代藩主像（絵画）ほか
二〇一七年　一月　個人宅（石川県金沢市）　獅子図・龍図（板戸絵）
二〇一七年　六月　正覚院（石川県羽咋市）　太元帥法・水天供関係聖教類
二〇一七年　九月　得橋郷故地（石川県能美市・小松市）　現地聞き取り調査・牛島地区区有文書ほか
二〇一七年一〇月　空印寺（福井県小浜市）　八百比丘尼縁起絵（絵画）ほか
二〇一七年一二月　薬勝寺（富山県砺波市）　大般若経、古文書、木造文坡祖広像ほか
二〇一八年　七月　観音院（石川県金沢市）　木造雨宝童子像・木造難陀龍王像ほか
二〇一八年　九月　般若野荘故地（富山県砺波市）　現地聞き取り調査
二〇一八年　九月　円池地区（富山県射水市）　木造釈迦如来像ほか
二〇一八年一一月　廣誓寺（石川県金沢市）　木造地蔵菩薩像、木造韋駄天像、頂相、古文書ほか
二〇一八年一一月　十輪院（奈良県奈良市）　雨宝童子曼荼羅（絵画）
二〇一九年　六月　西養寺（石川県金沢市市）　二股大根奉納絵馬ほか
二〇一九年　九月　松龍寺（福井県あわら市）　千体仏・古文書ほか
二〇一九年　九月　熊坂荘・坪江荘故地（石川県加賀市・福井県あわら市）　現地聞き取り調査
二〇一九年　九月　熊坂地区（福井県あわら市）　熊坂大仏ほか

執筆者一覧（掲載順）

黒田　智◉（編著参照）
山野　晃◉一九九二年富山県生まれ。金沢市立戸板小学校教諭
市河良麻◉一九九一年石川県生まれ。加賀市立山代中学校教諭
木村直登◉一九九一年新潟県生まれ。石川県立翠星高等学校教諭
岡田彩花◉一九九四年愛知県生まれ。豊川市立小坂井東小学校教諭
髙澤克幸◉一九九五年新潟県生まれ。柏崎市立第五中学校教諭
吉岡由哲◉（編著参照）
木村祐輝◉一九九三年福井県生まれ。福井県立三国高等学校教諭
竹内　央◉一九八七年石川県生まれ。能美市立寺井小学校教諭
土居佑治◉一九九二年石川県生まれ。元石川県立金沢西高等学校教諭
木越隆三◉一九五一年石川県生まれ。石川県金沢城調査研究所所長。単著『加賀藩改作法の地域的展開』（桂書房、二〇一九年）など
髙澤由紀◉一九九四年岐阜県生まれ。元大垣市立青墓小学校教諭（転勤予定）
河合　柚◉石川県生まれ。金沢市立西小学校 教諭
鳥谷武史◉一九八八年群馬県生まれ。金沢大学人間社会研究域附属国際文化資源学研究センター客員研究員
村井淳志◉一九五八年愛知県生まれ。金沢大学人間社会研究域学校教育系教授。同人間社会学域研究域長。単著『勘定奉行　荻原重秀の生涯』（集英社新書、二〇〇七年）など
山科建太◉一九九五年石川県生まれ。輪島市立河井小学校教諭
小川歩美◉一九九四年長野県生まれ。合同会社AMANE学術専門員
中山貴寛◉一九九一年福井県生まれ。福井県立勝山高等学校教諭
宮下和幸◉一九七五年石川県生まれ。金沢市立玉川図書館近世史料館学芸員。単著『加賀藩の明治維新―新しい藩研究の可能性　政治意思決定と「藩公議」―』（有志舎、二〇一九年）
加護京一郎◉一九九二年石川県生まれ。石川県立錦丘高等学校教諭
林　亮太◉一九八五年石川県生まれ。金沢市立玉川図書館近世史料館非常勤職員。単著「加賀前田家の墓目役と奥村家」（加賀藩研究ネットワーク編『加賀藩武家社会と学問・情報』岩田書院、二〇一五年）
西田夏希◉一九八八年石川県生まれ。白山市立広陽小学校教諭
森石　顕◉一九八八年福井県生まれ。福井県安全環境部県民安全課職員　元福井県立勝山高等学校教諭

イントロダクション執筆◉村中ひかり・山本湧也・玉川泉妃・米田結華・北口加奈子・小川歩美・礪波玲央・山田鈴紗・栖原佳乃子（登場順）

ブックガイド執筆◉黒田智・藤巻和宏・吉岡由哲・村井淳志

編著者

黒田 智（くろだ・さとし）

1970年 埼玉県生まれ。早稲田大学大学院文学研究科博士後期課程単位取得退学、博士（文学）。現在、金沢大学人間社会研究域学校教育系教授。
単著『藤原鎌足、時空をかける』（吉川弘文館、2011年）、『なぜ対馬は円く描かれたのか』（朝日選書、2009年）、共著『天皇の美術史』3　乱世の王権と美術戦略（吉川弘文館、2017年）、共編著『里山という物語』（勉誠出版、2017年）。歴史図像学と環境史を両輪とする中近世日本文化史の研究とともに、学校教員をめざす学生たちと加越能地域の文化財調査・地域史研究を進めている。

吉岡由哲（よしおか・よしあき）

1990年 福井県生まれ。金沢大学大学院教育学研究科修士課程修了、修士（教育学）。現在、金沢大学大学院人間社会環境研究科客員研究員。公益財団法人 岩手県文化振興事業団 埋蔵文化財センター職員。
単著「盛岡松尾神社所蔵『杜氏職由緒』を読む」（(公財）岩手県文化振興事業団埋蔵文化財センター『紀要』38、2019年）。東日本大震災の復興事業などで出土した十数万点にのぼる考古遺物を撮影するかたわら、加越能地域を中心に国内外の文化財の撮影をおこなっている。そのほか、美術雑誌（『聚美』ほか）や博物館・美術館図録に、撮影した文化財の写真が数多く掲載されている。

草の根歴史学の未来をどう作るか

これからの地域史研究のために

2020（令和2）年1月21日　第1版第1刷発行

ISBN978-4-909658-18-0　C0021　Ⓒ 2020 Kuroda Satoshi・Yoshioka Yoshiaki

---

発行所　株式会社 **文学通信**

〒170-0002　東京都豊島区巣鴨1-35-6-201
電話 03-5939-9027　Fax 03-5939-9094
メール info@bungaku-report.com ウェブ http://bungaku-report.com

発行人　岡田圭介
印刷・製本　モリモト印刷

※乱丁・落丁本はお取り替えいたしますので、ご一報ください。書影は自由にお使いください。

ご意見・ご感想はこちらからも送れます。上記のQRコードを読み取ってください。